Jan Peuker

Baukunst für Softwarearchitekten

Jan Peuker

Baukunst für Softwarearchitekten

Was Software mit Architektur zu tun hat

entwickler.press

Jan Peuker
Baukunst für Softwarearchitekten
Was Software mit Architektur zu tun hat

ISBN: 978-3-86802-118-9

© 2014 entwickler.press

Ein Imprint der Software & Support Media GmbH

Bibliografische Information Der Deutschen Bibliothek
Die Deutsche Bibliothek verzeichnet diese Publikation in der Deutschen
Nationalbibliografie; detaillierte bibliografische Daten sind im Internet
über http://dnb.ddb.de abrufbar.

Ihr Kontakt zum Verlag und Lektorat:
Software & Support Media GmbH
entwickler.press
Darmstädter Landstraße 108
60598 Frankfurt am Main
Tel.: +49 (0)69 630089-0
Fax: +49 (0)69 630089-89
lektorat@entwickler-press.de
http://www.entwickler-press.de

Lektorat: Theresa Vögle
Korrektorat: Nicole Bechtel, Jennifer Diener, Frauke Pesch
Satz: Dominique Kalbassi
Belichtung, Druck & Bindung: Media-Print Informationstechnologie GmbH,
Paderborn

Umschlaggestaltung: Maria Rudi, Flora Feher
Titelbild: ©iStockphoto.com/Corben_D, ©iStockphoto.com/Hiob und
© S&S Media

For Nadia

Inhaltsverzeichnis

Inhaltsverzeichnis

entwickler.press

Inhaltsverzeichnis

entwickler.press

Prolog

 You cannot only design a building to make it beautiful.
It has to really work well with the huge crowd that is using it.

Jacques Herzog

Warum ein Buch

Jacques Herzog sagt immer wieder, dass er nicht an Bücher über Architektur glaubt. Nicht weil er Bücher nicht mag, sondern weil er Sekundärliteratur für eine unnötige Einschränkung der Wahrnehmung hält. Als ein Gründer und Vordenker von Herzog & de Meuron, einem der wichtigsten Studios der Welt, muss er es wissen.

Die Zielgruppe dieses Buchs sind Programmierer, die neugierig sind, wie Strukturen ihre Arbeit beeinflussen können und dazu die Qual eines längeren Texts auf sich nehmen.

Dieser Text ist keine Einführung in die Architektur. Zwar wird Softwarearchitektur weder im Studium noch in der Arbeit hinreichend gelehrt, aber es gibt genug gute Sekundärliteratur zur Softwarearchitektur. Durchgängig hochwertige und breit angelegte Einführungen in das Thema Softwarearchitektur sind z. B. „Software Architecture" von Vogel et al. oder „Software Architecture in Practice" von Bass et al. und Starke und Hruschkas „Software-Architektur kompakt". Viel Arbeit haben mir Kathrin Passig und Johannes Jander mit „Weniger schlecht programmieren" erspart, indem sie ein Buch über Softwareentwicklung im Allgemeinen schrieben. Ergänzend hat Laurent Bossavit mit „The Leprechauns of Software Engineering" eine fabelhafte Einführung in die

Folklore des Softwareengineerings geschrieben. Beide kann ich guten Gewissens empfehlen. Neben den Büchern von Brooks[1], Fowler, Beck, Simon, DeMarco und Cunningham sowie den Beiträgen von Dijkstra, Kay, Fielding, Brand und Brown kann dieses Buch rein fachlich nicht mehr viel beitragen. Deshalb ist dieses Buch eine Reise.

Donald Knuth würde nach eigener Aussage nie mit „The Art of Computer Programming" fertig werden, wenn er auch noch im Internet stöbern würde. Ich schreibe diese Zeilen als letzten Teil des Buchs, während ich mich eigentlich auf die „MobileTechCon" in München vorbereiten sollte. Über Twitter laufen interessante Diskussionen zur Architektur, wie jedes Jahr zur Frühjahrskonferenzsaison. Diese kann ich nicht mehr aufnehmen. In Zeiten von Twitter ein aktuelles Buch zu schreiben, ist eigentlich unmöglich.

Der Vorteil eines Buchs gegenüber einem Blog ist der von vorneherein definierte Umfang des Manuskripts, das zu einem festen Zeitpunkt abzugeben ist. Blog wie Buch sind für mich Möglichkeiten, ein Thema neu zu betrachten. Wie Chad Fowler in seinem Blog Martin Fowler mit den Worten zitiert „Whenever I want to really learn about something, I write a book about it."[2] Das Buch zwingt zu einem größeren Rahmen. Als Buchleser bevorzuge ich das, denn dieser Rahmen gibt eine Idee, die im Kopf bleibt. Das Buch ist ein Schnappschuss eines Gedankengangs, wohingegen sich ein Blog weiterentwickelt[3]. Ein Blog funktioniert nach „Embrace change", er kann Antworten liefern. Das Buch muss Fragen stellen. Ein Buch muss dichter sein, einen Mehrwert in Form von Verweisen liefern, die über die aktuelle Diskussion hinausgehen. Das Buch kann eine Refe-

---

1   Brooks ist mein Lieblingsautor. Wenn man ihn liest, weiß man nicht, was man noch schreiben soll. Seine Erfahrungen gehen hauptsächlich auf IBM System / 360 zurück, von dem Dijkstra geschrieben hat, es sei nicht nur „Logisches Spaghetti", sondern „Logischer Stacheldraht". Das motiviert mich, Fehler machen zu dürfen und trotzdem etwas beisteuern zu können.

2   Chad Fowler, „On Having Something to Say", *http://chadfowler.com/ blog/2014/01/21/on-having-something-to-say/*

3   Siehe z. B. „Stock and Flow": *http://snarkmarket.com/2010/4890*

renz sein, die neben dem Tablet oder PC liegt, man kann es genervt in die Ecke schmeißen und wieder aufnehmen, Seiten einknicken, Fußnoten folgen, es verschenken und in die Kaffeeecke für alle legen.

Ätzende Architekturmetaphern

Auf der JAX 2013 habe ich den Vortrag „Ätzende Architekturmetaphern" gehalten[4], bei dem ich das erste Mal seit meinem Diplom 2009 Gebäude- und Softwarearchitektur gegenübergestellt hatte. Das Thema hatte mich schon lange verfolgt, da ich seit jeher Bücher über beides lese. Der Vortrag fokussierte vor allem die folkloristische Verwendung von Architekturmetaphern[5] im Softwareengineering, wie z. B. dem Wolkenkratzer als Sinnbild für die perfekte Ingenieurskunst, die man so auch im Softwarebereich anwenden solle. Ich hatte nie überlegt, ein Buch darüber zu schreiben, dennoch nahm ich das Angebot an, um mich dem Thema eingehender widmen zu können.

Viele Autoren haben betont, dass die Gebäudemetapher für Softwaresysteme nicht hilfreich ist und entsprechend auch die Architektenmetapher für die Rolle des Organisators nicht. Mario Barbacci hat 1998[6] bereits ganz trocken erkannt, dass die Ausbildung des Informatikers eher dem Bauingenieur denn dem Architekten entspricht. Parallel gab es z. B. mit Morville einige, welche den Aufbau von Beziehungen in den Vordergrund gestellt haben, oder wie James A. Highsmith das Lernende mit seinem Bild des Bergsteigers. Auch in Boochs berühmter Präsentation zu UML wird mit dem Beispiel des Hundehauses Architektur ironisch betrachtet. Und Kent Beck schrieb, dass wir uns generell von Metaphern aus der physischen Welt lösen wollten, weil diese immer nur schwer ver-

---

4   Verfügbar auf Prezi: *http://prezi.com/mj8wveox8dbs/atzende-architekturmetaphern-jax-2013/*

5   Metaphern als „regulative Idee" (Blumberg) oder „Systems Metaphor" will ich nicht diskreditieren, aber klären, dass sie nur Kommunikationsmittel sind.

6   *http://www.sei.cmu.edu/library/abstracts/news-at-sei/architectsep98.cfm*

änderbar seien. Was John Sonmez prägnant zusammenfasst „Software is living – bridges aren't"[7].

In „Beautiful Architecture" wird gar keine Metapher herangezogen, weil Software eben immateriell und komplex ist. Mein persönlicher Favorit aus „Pragmatic Programmer" erschien nur kurz später und hob hervor, dass unsere Arbeit eher dem „Garteln"[8] entspricht, da Software organisch ist. Entsprechend sind wir keine Hochhausarchitekten, sondern Unkrautjäter. John Brøndum hat mehrfach geschrieben, dass die Gebäudemetapher zu weit hergeholt ist. Ebenso Martin Fowler[9], der dazu Martin Pollan heranzieht, der auch ein großer Fan des Gartens ist, und argumentiert, dass der Architekt eigentlich ein Häufchen Elend ist. Im „Code Complete" führt uns Steve McConnell erst einmal in die Probleme von Metaphern generell ein, um dann doch zu klären, warum er „bauen" sinnvoller als „farming" (eine dem Garteln ähnliche Herangehensweise) betrachtet. Deshalb umschiffen Standards wie die IEEE SWEBOK den Begriff Architektur elegant und sprechen von „Software Construction". Dirk Riehle[10] verbindet dieses Bauen mit dem Alterungsprozess aus „How Building Learn" und erklärt, wie wenig Einfluss Architekten tatsächlich auf die Architektur haben. Vielleicht ist das der Grund für die sehr ausgewogene Herangehensweise der iSAQB-Zertifizierung: Sie akzeptieren den Begriff als Metapher, benutzen ihn aber nicht als Daseinsberechtigung. Denn Metaphern sind, wie Eric Evans festgestellt hat, zur Kommunikation nützlich. Sie helfen dabei, etwas zu identifizieren, was sonst informell und vage vor sich geht. Die beste Zusammenfassung dieses Problems liefert wohl Ruth Malan[11]:

---

7   *http://elegantcode.com/2011/06/22/why-software-development-will-never-be-engineering/*

8   *http://www.chrisaitchison.com/2011/05/03/you-are-not-a-software-engineer/*

9   *http://martinfowler.com/bliki/BuildingArchitect.html*

10   *http://dirkriehle.com/2012/10/20/software-architecture-is-a-poor-metaphor/*

11   Bredermeyer, „Architect, what's in a name?", *http://www.bredemeyer.com/Architect/WhatsInAName.html*

„You could say a house is but a pile of wood and bricks, nails and such, but it doesn't make sense to (only) see a house that way, if you want to build one. And it doesn't make sense to (only) see a software system as a bunch of bits, or even lines of code. We have to see the bigger structures. The rooms, the flow among them, the supporting walls, the sheltering roof. The components, the interactions, the mechanisms, the subsystems."

Disclaimer

Letztens habe ich einen Post von Erik Dietrich mit dem Titel „The Building Metaphor is dead" gelesen, der etwas provokant in Entwickler und Überarchitekten[12] trennt, wobei letztere durch ihre pure Genialität den Respekt der Gruppe haben. Doch Respekt in einem Fachgebiet macht noch keinen guten Architekten, es ist die Offenheit für neue Probleme. Dazu ein schönes Zitat von Naveen Jain auf der DLD 14: „As soon as you become an 'expert' you stop innovating, you're an incrementalist."

Ich war nie Experte, immer eher Generalist. Meine Interessensgebiete waren schon immer „T-Shaped"[13], Tiefe in Design sowie IT-Systeme, aber breites Interesse an allem Kulturellen. Das machte mich zum Nerd bei den Nerds, weder bei den Designern noch den Hackern war ich richtig aufgehoben. Dieses Buch ist weder nur für Gebäude- noch nur für Softwarearchitekten geschrieben, sondern versucht eine Brücke zu schlagen, ohne zu „bullshitten". Und dies weder mit dem Ziel, die beiden Gebiete zu separieren, noch willkürlich zusammenzuwürfeln, sondern die Metapher für sich stehen zu lassen und allen Softwarearchitekten die Geschichte der Architektur näherzubringen, mit dem Ziel, daraus zu lernen – genauso wie man aus der Geschichte der Kunst, Musik oder Mathematik lernen kann.

---

12 *http://www.daedtech.com/uber-architects-the-building-metaphor-is-dead*
13 Design Thinking Jargon, z. B. *http://www.ceri.msu.edu/t-shaped-professionals/*

Softwarearchitekten haben oft ganz unterschiedlichen Hintergrund. Nicht nur von ihrer Ausbildung, sondern auch dem Umfeld, in welchem die Software entwickelt wird. Klein- und Großunternehmen, Start-ups und Forschung, Produkt- und Individualentwicklung. Dieser Kontext wird mir zu häufig in Büchern und Blogs unterschlagen. Deshalb benutze ich häufig die Ich-Form. Ich habe in nicht so vielen Bereichen Erfahrung wie Architekturgurus, bin kein Opinion- oder Thought-Leader, Evangelist oder Fellow. Zwar habe ich sowohl mit prozess- als auch mit datengetriebenen Systemen gearbeitet; SOA, Batch, Messaging und extrem heterogene Architekturen integriert; in Java, JavaScript/Node, PHP, SQL, C++, Delphi und etwas Scala/Play professionell programmiert. Aber in der Produktentwicklung[14] war ich nur kurz, und das ist schon etwas länger her. Funktionale Programmierung, Embedded- und Systems-Engineering kenne ich nicht im Industriekontext. An wirklich maschinennahe Programmierung traue ich mich nach zehn Jahren nur noch spielerisch ran. Meine Erfahrung liegt in geschäftsprozessgetriebener Individualsoftware: Informationssystemen, wozu ich auch Mobile- und Webplattformen zähle, deren Integration und Life Cycle. Das ist der Kontext dieses Buchs.

Auch hat dieses Buch keinen wissenschaftlichen Anspruch, trotzdem nutze ich Referenzen zum Verweis auf interessante Quellen. Von diesen Quellen ging fast jeder Absatz aus. Ich habe dieses Buch mithilfe eines Kanban-Boards geschrieben. Erste Skizzen, Zitate oder Konzepte habe ich auf Papier an meiner Wohnzimmerwand geführt und diese dann als Phase „Idee" ins „Backlog"[15] übernommen. Von dort ging jede Idee in Entwurf, einen Absatz, ein Unterkapitel und ein Kapitel über. Dadurch ist das Buch sehr dicht, streckenweise frei assoziierend, geworden. Dies

---

14 Ich verwende hier die Trennung von produkt-/marketinggetriebener Entwicklung vs. Objective-/Value-getriebener Software z. B. von Bob Hughes. Ein gutes Buch zur Produktentwicklung ist „Beyond Software Architecture" von L. Hohman, Addison-Wesley
15 Eine Listen von Aufgaben, die abgearbeitet werden sollen

habe ich bewusst nicht reduziert, für mich sind die Querverweise genauso wichtig wie der Lesefluss.

Dieses Buch enthält wahrscheinlich Unschärfen und Fehler. Unter Twitter *@janpeuker* freue ich mich über Hinweise und konstruktive Kritik.

Aus Lesbarkeitsgründen benutze ich das Maskulinum für Titel. Ich möchte klarstellen, dass ich in jeden Titel alle Personen einschließe. In meiner täglichen Arbeit habe ich das Glück, mit Kollegen beider Geschlechter, unterschiedlicher Kulturen und Hintergründe zusammenarbeiten zu dürfen, für einen Arbeitgeber, dem Gleichberechtigung und Respekt für jedes Individuum so wichtig sind wie mir. Apropos Arbeitgeber: Die Ansichten und Beispiele in diesem Buch sind meine private Meinung und stellen keine Aussage von Accenture dar.

Danksagung

Sebastian Meyen möchte ich für seine Anregung danken, dieses Buch zu schreiben. Oswald W. Grube danke ich für seine architekturhistorischen Klärungen, Daniel G. Siegel und David Zülke für ihre Anregungen zur Technologiearchitektur und besseren Fokussierung, Henrik Mitsch und Boran Gögetap für ihre Gastbeiträge. Des Weiteren möchte ich mich bei vielen Kollegen bei Accenture bedanken, die mich unterstützt haben. Last but not least geht ein herzlicher Dank an Kathrin Schubert für ihr stilistisches Lektorat.

1 Planbarkeit

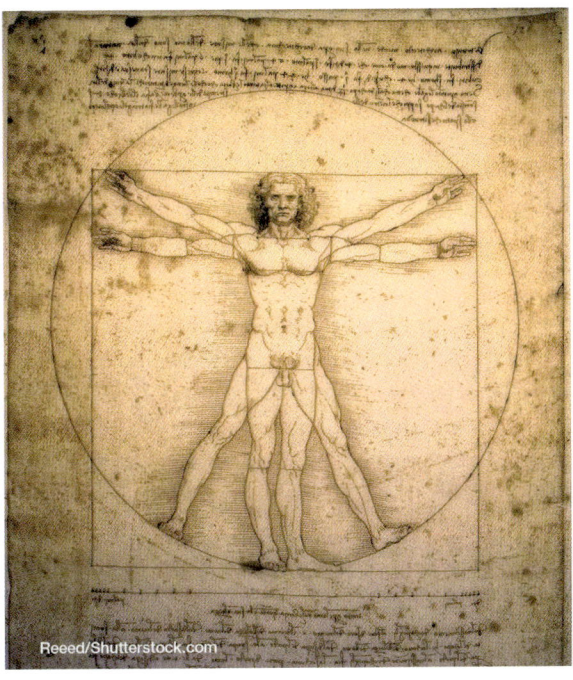

Reeed/Shutterstock.com

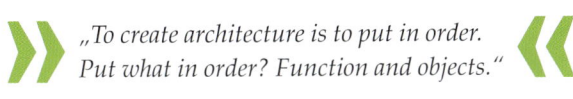

*„To create architecture is to put in order.
Put what in order? Function and objects."*

Le Corbusier

Architektur als Platz und Schutz existiert, seitdem der Mensch die Natur verändert. Seitdem man sich zusammentun muss, um Ressourcen gemeinsam zu nutzen, wird Stein um Stein gefeilscht. Je komplizierter die Architektur wurde, je mehr wurde sie zu einem Machtinstrument, die Macht über Schutz und Ressourcen hatte. So verwundert es nicht, dass Architektur schon zu römischen Zeiten ewige Macht symbolisierte und

Baukunst für Softwarearchitekten

mit der Ewigkeit auch den perfekten Plan – den Masterplan. Ich möchte das erste Kapitel mit der Frage beginnen: Ist Architektur planbar?

1.1 Chandigarh

Für den Schweizer Charles-Édouard Jeanneret-Gris war die Antwort einfach: Städte kann man perfekt entwerfen. Und er sollte diese Theorie im Alter von 60 Jahren endlich beweisen dürfen. Zu diesem Zeitpunkt war er bereits einer der berühmtesten Architekten der Geschichte und hatte sich den Künstlernamen Le Corbusier zugelegt.

Als 1947 Lahore Pakistan zufiel, suchte der indische Bundesstaat Punjab eine neue Hauptstadt – und entschloss sich, sie von Grund auf von Le Corbusier planen zu lassen. Also nahmen er und sein Cousin Pierre Jeanneret ein Tretboot und schipperten den See um Chandigarh an. Die Fürsten der Vergangenheit planten Städte wie Feldzüge am Reißbrett von oben. Le Corbusier bevorzugte die menschliche Perspektive – aus sicherer Entfernung.

CC BY 2.0/(vincent desjardins)

Abbildung 1.1: Der Garten auf der Unité d'Habitation (vincent desjardins)

Nachdem er in Paris den Stahlbeton und die Möglichkeiten der industriellen Fertigung kennengelernt hatte, formulierte er ein Manifest für das zweckmäßige Bauen nach geometrischen Formen: Die „fünf Punkte zu einer neuen Architektur". Es war ein Gegenentwurf zum vorherrschenden Jugendstil, dem Ornamentalen und Prunkvollen, aber auch eine Reaktion auf den höheren Wohnraumbedarf. In Deutschland und Österreich wurde parallel das „Neue Bauen" entwickelt, die Theorie, die den architektonischen Stil des Bauhaus in Dessau untermauerte. Le Corbusier griff die klaren Linien und den Funktionalismus des Neuen Bauens auf, wobei er sie um neue technische Möglichkeiten, wie nicht tragende Wände und eine wissenschaftliche Basis für komfortables Wohnen, erweiterte. Mit seinen Beiträgen zur Architektur wurde der begnadete Selbstdarsteller zu Lebzeiten eine Legende. Dieses Marketing war so überzeugend, dass er und seine Sozietät nach Indien eingeladen wurden, um ein modernes Monument, die Utopie eines neuen Bundesstaats zu errichten.

Le Corbusier war noch in einer Zeit aufgewachsen, in der man an das kartesische Weltbild und an das mechanische Menschenbild des funktionierenden Uhrwerks glaubte. Seit der Französischen Revolution hatte man sich wieder auf die Werte der Aufklärung besonnen. Obwohl in Literatur und Kunst neue Epochen eingeläutet wurden, war die Architektur recht unbeeindruckt im „Neoklassizismus" verhaftet geblieben. Sie wiederholte immer wieder die gleichen Formen aus der Antike und dem Mittelalter. Doch nun war die Zeit angebrochen, in der man die Grenzen der Mechanik erkannte. Fotografie, Psychologie und Pharmakologie schienen wie Wunder, die dem Menschen seine Grenzen aufzeigten. Städte explodierten und mit ihnen soziale Unruhen. Marx und Engels hatten ihre kommunistische Stadttheorie aufgestellt, die Kapitalisten hatten ihre Cité Industrielle. Freud hatte von unserer Frustration von der Kultur geschrieben. Angesichts der „modernen Zeiten" musste Ornament wie reiner Zynismus aussehen.

Die Relativitätstheorie war aufgestellt worden. Le Corbusier entwickelte, mit Albert Einstein im freundschaftlichen Kontakt stehend, seine industriell geprägten Ideen weiter. Er wandte sich einer Funktionalität des Bauens mit dem Menschen als Maßstab zu – einem Ordnungsprinzip, das er „Modulor" nannte. Häuser waren für Le Corbusier „Wohnmaschinen", industriell gefertigte Räume mit höherem Komfort und an den Grundbedürfnissen einer neuen Gesellschaft ausgerichtet, der Plattenbau als Idealtyp. Die Industrie sollte „Arbeitsmaschinen" bereitstellen, die nach Fords Prinzipien der Massenfertigung funktionierten[1], gemeinsam sollte dies Klassengrenzen aufheben und trotzdem die Produktivität hochhalten. Solange ein Masterplan das Zusammenleben nach klaren Regeln ordnete, konnte man Freiheit im Detail zulassen. Das war die Idee der *Ville Radieuse*, nach der dann z. B. Niemeyer, die brasilianische Hauptstadt Brasília baute. Le Corbusier wollte sie zusammen mit Sigfried Giedion auf seinem Kongress für die Moderne, den *Congrès Internationaux d'Architecture Moderne* (CIAM), als Konzept für die Zukunft der Gesellschaft manifestieren. Das geschah 1933 in der „Charta von Athen". 1932 war übrigens Huxleys „A Brave New World" erschienen.

Abbildung 1.2: Verfallende Gebäude in Chandigarh

---

1   Thilo Hilpert, Funktionelle Stadt, Vieweg, 1978, S. 148

Städte sind für Le Corbusier perfekt, wenn sie vier spezifische Funktionen getrennt voneinander immer wieder wiederholend anbieten. Diese definierten er und seine Mitstreiter in der Charta von Athen: Wohnen, Arbeiten, Erholen und Bewegen. Indem man diese iteriert, verkürzt man Transitzeiten und balanciert gleichzeitig die Interessen von Individuum und Allgemeinheit. Dazu wird die Stadt makroskopisch unterteilt, in eine innere Zone für Handel, Konsum und Kultur, eine Industrie- und Gewerbezone sowie Satelliten-wohnstädte. In den Wohnstädten vereinen Hochhäuser, die vertikalen Städte, alle wichtigen Lebensfunktionen. Jeder Sektor erlaubt dann kurze Routen, bei gleichzeitig großer Gesamteffizienz. Für Le Corbusier hatte die Großstadt kein Zentrum mehr, sondern eine Zentrale[2]. Die Idee klang einleuchtend, human und wurde nicht nur in Chandigarh, sondern auch teilweise in vielen europäischen Städten umgesetzt – Zonen hatte es ja schon im Mittelalter gegeben. In Chandigarh, wo sie am dogmatischsten verfolgt wurde, endet die Restrukturierung jedoch schließlich in der Zersplitterung der einst so modernen Stadt. Sie konnte nicht mithalten mit ökonomischen und demografischen Veränderungen, wurde genauso unkontrollierbar wie gewachsene Städte[3].

1.2 Die Geschichte der idealen Stadt

Weder Le Corbusier noch Stadtplaner der Moderne „erfanden" die Ideale Stadt. Sowohl Könige als auch Kirchen und Clans nutzten entsprechende Konzepte, um ihre Macht zu demonstrieren. Erst in der Renaissance entwickelten sich Städte hin zu eigenständigen, nationsunabhängigen Zentren. Das moderne Bild der Stadt entstand durch die Stadtplanung von Bürgern.

---

2   Hilpert, Funktionelle Stadt, S. 174
3   *http://www.brandeins.de/archiv/2009/stadt/ade-le-corbusier.htm*

Die Renaissance[4] markiert den Übergang des Mittelalters zur Neuzeit, die Wiederentdeckung der Natur und der Realität. Der Humanismus nimmt den einzelnen Menschen als kultiviertes Individuum wahr, antike Schriften, Wissenschaften und Philosophien werden wieder studiert. Die Bewegung entstand vor allem durch die wachsende Wehrhaftigkeit und Freiheit der Städte und ihrer Bürger. Handelsfamilien, wie die Medici und die Fugger, blühten in ihren Städten auf.

1.2.1 Leonardo da Vinci

Leonardo da Vincis Ideen beeindrucken uns bis heute. Natürlich hat auch er über Stadtplanung geschrieben, wenn auch hauptsächlich über technologische Aspekte wie Hygiene und Verkehrsplanung[5]. Als in Mailand die Pest ausbrach, konnte er sie mit Plänen zur Trennung von Brauch-, Ab- und Trinkwasser in der Kanalisation eindämmen. Er organisierte zudem die erste Müllabfuhr aus der Stadt hinaus. Für uns ist aber seine Idee am wichtigsten, die Stadt je nach Reinheit in Sektoren zu untergliedern, an welchen sich die Infrastruktur ausrichtete. Zu dieser Zeit waren Festungsbau und Stadtplanung noch eine gemeinsame Kunst – weshalb Schutzüberlegungen, z. B. für den Belagerungszustand, in die Stadtplanung mit einflossen.

Im Mittelalter waren Gilden bzw. Zünfte bestimmte Stadtteile mit jeweils einer Kirche zugewiesen, die sie fast selbstständig verwalteten. Die Stadtteile waren strikt nach Gesellschaftsklassen orientiert. Mit der Renaissance reorganisierte sich die Stadt langsam: Handwerk und Industrie rückten an den Rand, die reichen Händler ins Zentrum. Werke

---

4   Ich habe die Renaissance herausgegriffen, weil ihre Ideale die IT-Architektur am meisten beeinflussen. Aber auch in der islamischen und asiatischen Welt gab es herausragende Beispiele für Stadtplanung. Bagdad mit seinem konzentrischen Plan, Peking mit dem an den bürokratischen Klassen ausgerichteten Raster, die Städte der Maya, integriert in die natürliche Umgebung. Wen das interessiert, dem sei Joel Kotkins „The City" empfohlen und, als Inspiration, Italo Calvinos „Unsichtbare Städte".

5   Siehe *http://www.museoscienza.org/english/leonardo/navigli/*

aus der Antike wurden neu übersetzt, Künstler entdeckten wieder römische Ideale. Die Stadtluft machte frei und die Kirche verlor langsam ihren Einfluss. Die wachsende Macht des Fürsten erforderte eine zentrale Planung, was zu neuen Stadttypen und massiven Umbauten führte. Ihre Prachtbauten waren Statussymbole, nach denen ganze Stadtteile ausgerichtet wurden. Wie im alten Rom sollten profane, nicht sakrale Bauten, breite Siegesstraßen und Raster Ordnung in die neuen Städte bringen.

1.2.2 Der vitruvianische Mensch

Die Wiederentdeckung der Perspektive in der Malerei führte dazu, diese Idee der Planbarkeit eines Organismus den Fürsten verständlich zu machen[6]. Im Gegensatz zum Aufriss erlaubte die Perspektive einen höheren Blickwinkel und die Darstellung von Schatten, wodurch man dem Problem von Modellen ausweichen konnte, an denen immer nur Details diskutiert wurden. Damals war die Selbstdarstellung schon genauso wichtig wie später bei Le Corbusier; Modelle blieben nun einmal hinter strahlenden Gemälden mit dem Herrscher darauf zurück.

Diese gegenseitige Beeinflussung von Macht und Architektur wurde in der Renaissance erfunden. Idealisten schufen Gemälde zusammen mit Stadtplanungsideen, die an der Perspektive, am Raster, an der Lenkung und damit an einer machiavellischen Formung der Stadtbewohner ausgerichtet waren. Bereits Vitruvius hatte zu Beginn unserer Zeitrechnung den Mensch als Basis der Architekturästhetik und den „Modulus"[7] als Maßeinheit definiert, Augustinus im 5. Jahrhundert den Gottesstaat in seiner „City of God" entworfen. Leonardo da Vinci griff diese Ideen auf und baute sie, gemeinsam mit der Organismusidee des Humanismus, weiter aus.

Der Nachteil an Vitruvius' Konzept war die ausschließliche Nutzung von menschlichen Proportionen als Basis. Das war zwar einerseits sehr praktisch, weil man auf der Baustelle einfach Referenzelemente vertei-

---

6 Fraser, Envisioning Architecture, 1994, S. 131
7 *http://d-nb.info/977562662/34*

len konnte, aber andererseits schwierig zu planen. Angeblich war dieses Problem beim Brüsseler Justizpalast aufgetreten. Ein falscher Grundstein kam in flämischen Ellen auf die Baustelle, und das Bauwerk wurde exakt 20 Prozent größer als geplant skaliert, bis zu jeder Treppenstufe und jedem Fensterrahmen.

Da Vinci nahm also Vitruvius' Idee, bemaßte und vereinheitlichte die Notation und schuf damit die Ästhetik eines gesellschaftlichen Idealbilds, das berechnet werden konnte. Dieses Bild des Menschen, der „vitruvianische Mensch", das Titelbild dieses Kapitels, ist Popkultur geworden, abgebildet auf den Krankenkassenkarten bis hin zur italienischen Euromünze. Es zeigt das Urselbstverständnis des Architekten, als Idealbild des Menschen und der Planbarkeit.

Auf ihn folgte Filarete, eigentlich Antonio di Pietro Averlino. Sein Werk ist weniger kühn und visionär, sondern baut auf der tatsächlich damals vorherrschenden Architektur auf. Sein Hauptwerk „Trattato di architettura", das um ca. 1460 die ideale Stadt beschreibt, ist zudem als Roman erschienen, was gerne zur Verniedlichung benutzt wird. Er entwirft darin die Stadt „Sforzinda". Er kümmert sich darin auch um die weniger schönen Aspekte des Planens, wenn er beispielsweise ausführlich die Hygiene in Spitälern, Kanalisation und exakte Bautechniken beschreibt. Als Festungsbauer stand er in Diensten des Fürsten[8], der auch da Vinci beschäftigte. Filaretes Stadt ist daher eine große Festung, ein schwer angreifbarer Stern, der dadurch auch direkt die Stadtteile und Segmente definierte. Ziel war es, einen Organismus zu schaffen, denn seit der Renaissance wollte man alles auf ein aristotelisches Modell von organischen, aber kontrollierbaren Kräften herunterbrechen. Wenn wir heute von organisch sprechen, meinen wir oft evolutionär, nicht steuerbar. Damals wurde der Organismus als mechanisch, von Gott geschaffen angesehen, den man nachahmen wollte. Wäre dieser Organismus kontrollierbar, wären es auch seine Bewohner.

---

8   Lepik, Architekturmodell in Italien, Worms, 1994, S. 133

1.2.3 Alberti

Leon Battista Alberti, geboren 1404, war bereits mit der Erfindung eines Hilfsmittels zur perspektivischen Zeichnung berühmt geworden: Albertis „Fenster". Er nahm Leonardos Idee der berechneten Proportionen und wandte sie konsequent, und vor allem am erfolgreichsten, auf die Architektur an. Er formalisierte den Bauentwurf endgültig rein geometrisch, legte die Notation fest und führte maßstabsgetreue Zahlenreihen als Bemaßung ein. Er betrachtete die Rolle des Architekten systemisch, wie auch die des Gebäudes im Stadtbild. Damit verdeutlichte er, dass die perspektivische Zeichnung nur „Marketing" gegenüber dem korrekten Plan ist. Mit seiner Erfindung des Plans als Heilsbringer ist er der Urgroßvater aller selbsternannten Experten, Projektplandogmatiker, UML- und 5-GL-Evangelisten und Zukunftsforscher.

Er beendete aber auch den Mythos des Baumeisters als Universalgenie und steckte die Grenze zwischen „Architekt" und „Architektur" ab. Für ihn ist die Aufgabe des Architekten die Entwurfsplanung, nicht die Konstruktion. Er war besessen von der Idee der Kopie und der Reproduzierbarkeit und hegte eine krankhafte Angst gegenüber qualitativ niedrigwertigen Kopien. Das ist eine interessante Parallele zur heutigen Zeit, nur ging es Alberti um Qualität, nicht um Quantität. Er vertraute anderen Werkzeugen grundsätzlich nicht, und er ließ mangels Techniken zur Reproduzierung nur Originalpläne zu, wie Mario Carpo in einem meiner Lieblingsbücher „Alphabet und Algorithmus" schreibt: „In Albertis Theorie ist der Entwurf eines Gebäudes das Original, und das Gebäude die Kopie."

Deshalb kann man Alberti auch als einen der ersten neuzeitlichen Informatiker ansehen. Er war es, der Verschlüsselung und Entschlüsselung in seiner Schrift „De Cifris" neu erfand – bis diese Technologie von Alan Turing[9] überholt wurde. Dies hing eng mit seiner Idee der Autorenschaft und Planbarkeit zusammen. Diese Idee baute schließlich Filarete weiter

---

9 Friedrich Kittler, Unsterbliche. Nachrufe, Erinnerungen, Geistergespräche, Wilhelm Fink Verlag, Paderborn, 2004

aus und teilte Albertis Proportionen den Bauphasen zu, es gab pro Phase feste Maßstäbe. Er sah es als seine Aufgabe, mit seinem Auftraggeber, dem Fürsten, nur über die groben Maßstäbe zu sprechen. Damit beanspruchte er das Prestige, mit dem Fürsten auf einer Stufe zu stehen, und nicht mehr auf der Baustelle stehen zu müssen.

Die Idee von Planbarkeit, wie sie Alberti vorgesehen hatte, traf auf Widerstand. Das lag gar nicht an der Planung, denn Alberti hatte deutlich mehr Freiheitsgrade[10] für die einzelnen Bauleiter vorgesehen, sondern an der ungewohnten Freiheit der Handwerker. Diese hielten sich nun mit Kommunikation auf, da sie nicht „frei" genug waren, selbst zu entscheiden. Heute würde man das Gruppendynamik nennen. Dabei hatte es Alberti nur gut gemeint, z. B. mit seiner Vorgabe, Holzmodelle so einfach wie möglich zu gestalten, um nicht den Eindruck des Masterplans zu erwecken. Diese Idee haben unsere Wireframe-Tools in den vergangenen Jahren wiederentdeckt. Doch die Handwerker sahen das ganz anders: Es war nicht ihr Job, ständig über die Architektur zu diskutieren, sie hatten schon genug Probleme in den Zünften.

Marco Carpo erzählt die Geschichte von Brunelleschi, einem Zeitgenossen. Der konnte die Kuppel des Doms von Florenz angeblich nur bauen, weil er die damalige Bauorganisation sprengte. Sprengen ist hier wörtlich gemeint, denn die Bauweise war vom Baumeister und einer mehr oder weniger agilen Organisation rund um die Zünfte geprägt. Was herauskam war meist „Design by Committee", eine suboptimale Lösung. Zudem waren Korruption und Manipulation weit verbreitet, Machtspiele an der Tagesordnung, der ein oder andere Brudermord unter Freunden. Brunelleschi wollte die Autorenschaft für die Kuppel beanspruchen und nahm sich Albertis Prinzipien zu Herzen. Allerdings kehrte er es um: Er war ständig auf der Baustelle, betrieb für jedes Detail Mikromanagement und beantwortete jede Frage sofort und umfassend. Gleichzeitig kämpfte er ständig gegen die Zünfte, unterschlug Informationen und spielte sie

---

10   Lepik, Architekturmodell in Italien, S. 124

gegeneinander aus. Den Typ würden Gernot Starke und Peter Hruschka im „Knigge für Softwarearchitekten" als „Edlen Ritter" bezeichnen, vermischt mit dem negativen Touch des „Proaktiven". Simon Munroe nennt ihn „Embedded Architect"[11]. Ein Charakter, der nach außen freundlich und immer helfend erscheint, aber doch immer nur Teile offenbart. Im Endeffekt bleibt der Plan, die „Hidden Agenda", im Kopf, ein Problem der Autorschaft, das erst hunderte Jahre später mit dem Patentrecht gelöst werden sollte.

1.2.4 Palladio

Nicht hunderte, sondern nur hundert Jahre später trat Andrea di Piero della Gondola, genannt Palladio auf den Plan. Alberti hatte die Architektur grundlegend verändert und Palladio wagte den nächsten Schritt: die Auftrennung des Plans und damit die Öffnung der Architektur gegenüber der Gesellschaft. Zur selben Zeit war Morus' „Utopia" erschienen, der erste Roman einer idealen Gesellschaft in einer idealen Stadt. Auf Albertis Basis konnte Palladio endlich nur noch Architekt sein und verfasste in diesem Sinne die „Quattro Libri", seine Bücher zur Architektur. In diesem theoretischen Werk entwickelt er eine konsistente Formensprache um einfach anwendbare, ableitbare Regeln, eine *Pattern Language* der Renaissance. Er hebt den Kontext der architektonischen Lösungen hervor, die Bedeutung des Ortes, der Wege, des Lichts und der Unterscheidung von Stil und Konstruktion. Er ist einer der ersten Funktionalisten und baut Gebäude im Hinblick auf ihre Nutzung aus streng geometrischen Formen und Proportionen auf. Aber er erwartet auch vom Bewohner, sich diesen Funktionen zu unterwerfen. Seine Villa Capra, genannt „La Rotunda", ist bis heute ein Beispiel für idealisierte Architektur und wird immer wieder als Beispiel für die perfekte Villa genannt. Damals sollte sie auch ein humanistisches, utopisches, „per-

---

11   In: „IT Architecture – The Usual Suspects", 2008: *http://simonmunro.com/ 2009/09/08/it-architecture-the-usual-suspects/*

fektes Leben" implizieren. Übrigens trägt ein MDD[12]-System den Namen Palladio: sehr treffend.

1.2.5 Descartes

Es dauerte weitere hundert Jahre bis Descartes in der Aufklärung das „kartesische Weltbild" prägte. Er sah die Architektur als Ideal des Rationalismus und übertrug ihren mechanisch-planerischen Idealanspruch als Struktur auf alle Wissenschaften. Er beginnt sein Werk „Discours de la méthode" als Schule eines neuen Denkens (daher unser Begriff der Scholastik) mit dem Beispiel des Hausbaus auf einem neuen Fundament – und zieht diese Metapher konsequent durch. Als Vater eines Großteils unserer Mathematik und der Berechenbarkeit der Geometrie ist er, nach Alberti, einer der ersten Informatiker. Man könnte also sagen, er hat 1637 das erste Mal die Architekturmetapher in der Informatik genutzt, unter der wir bis heute leiden. So steht auch Le Corbusier klar in kartesischerer Tradition.[13] Seine mathematischen Proportionen, wie die Fibonacci-Sequenzen, die natürliche Ordnung unterstreichen sollten, beruhen auf Prinzipien da Vincis und Palladios, algorithmisch weiterentwickelt. Colin Rowe beschreibt diese hunderte Jahre überdauernde Tradition in „The Mathematics of the ideal villa"[14], die Palladios „La Rotunda" wie folgt analysiert: „Geometrically, both architects may be said to have approached something of the Platonic archetype of the villa."

Vielleicht ist genau diese ideale Ordnung der Grund, warum Rationalismus und Palladianismus als Architekturstile in den USA erfolgreicher waren als in Europa. Die protestantisch geprägten Siedler bevorzugten analytisch-logische Lösungen. So wurden die meisten Universitäten nach neohumanistischen Prinzipien gebaut, mit lateinischen Slogans, und Washington oder New York als streng gezonte Raster angelegt, wie

---

12 Model-driven Development
13 J. Binotto, „Descartes, Le Corbusier und der Terror der idealen Stadt", in: Modulor Nr. 7/2011
14 Architectural Review, March 1947

römische Planstädte. Und vielleicht war es genau diese Architektur, welche die Grundsteine für die Informationstechnologie nach ihrem Ebenbild gelegt hat: Divide et Impera.

1.3 Was wir aus der Geschichte lernen können

Irgendwann im „Mittelalter der IT" gab es wahrscheinlich einen ähnlichen Moment, in dem jemand in PowerPoint entdeckte, dass man Layer als Rechtecke darstellen kann. Eine weitere Entdeckung war, dass Systemarchitekturen sofort verständlicher sind, wenn die Rechtecke eine schöne Zahl ergeben und sauber aufeinandergestapelt sind. Genau wie die Architekten der Renaissance erkannte man den Vorteil des Marketings: Dass man mit Planbarkeit und Macht über Prozesse nicht nur persönlichen Status erlangen kann, sondern vielleicht sogar einen Platz in der Geschichte. Wie Descartes nahm man sich das Ideal der Formensprache, aus der sich alles zusammensetzen lässt, zur Hand und entwickelte daraus eine neue Methodik: auf einer Zeitachse angetragen vielleicht die funktionale oder objektorientierte Programmierung. Und irgendwann kam der Le Corbusier der IT-Architekten, skalierte diese Planbarkeit und argumentierte, wenn man nur alles bis hin zur gesamten IT-Landschaft aus Formen und natürlichen Constraints errechnen würde, basierend auf einer Unified Modeling Language, wären die Systeme ein platonisches Ideal.

Mit der Vereinheitlichung von Individualisierung und Produktion nahm Le Corbusier das Bausteinprinzip der Architektur voraus und damit eine Metapher, die uns Softwarearchitekten bis heute begleitet, der allgegenwärtige Legostein als Element der SOA, ROA, WOA und ähnlich einfach zusammensteckbarer Modulsysteme. Es wäre ja eigentlich möglich gewesen, jede andere Metapher für Softwaresysteme zu verwenden, nachdem jemand herausfand, dass Modularisierung Sinn mache. Die frühen Kybernetiker nutzen Elektrotechnikbegriffe für ihre Systeme, die objektorientierte Programmierung militärische Begriffe, weil sie in diesem Umfeld erfunden wurde[15], oder in Deutschland industrielle Begriffe, wie z. B. „Verfahren", was ein immer noch häufig gebrauchter Terminus ist. Die Taxonomien von Geografie, Logistik, Biologie und Zoologie sind ähnlich systematisch aufgebaut. Ein zwingender Grund für die Architekturmetapher lag also nicht vor. Aber Le Corbusiers eingängiges Dogma, dass Architektur aufeinander abgestimmte Funktionsbausteine industrieller Produktion seien, setzte sich durch.

Dieses Prinzip schien perfekt anwendbar auf die Softwareproduktion. Funktionsbausteine sind aber statisch, haben feste Grenzen und erlauben keine Aussage über ihre zugrunde liegenden Ideen – ein eher unglückliches Paradigma für Softwareentwicklung. Dijkstra, einer der Architekturpioniere, hatte Metaphern umschifft und lieber Lebenssituationen herangezogen.[16] Doch mit seiner Referenz auf Herbert A. Simons „The Architecture of Complexity", einem Werk aus der Hochphase der Rosa-Brille-Zeit der Anfangsphase der Systemtheorie, trat er eine Welle los. 1968 hatte die erste NATO-Konferenz zum Software-Engineering stattgefunden, T. H. Simpson beklagte sich deutlich über die „Pseudowissenschaft". Doch kurze Zeit später sprachen Dahl und Nygaard in ihrer Beschreibung von Simula von „Building Blocks"[17] . In den 1990er-Jahren manifestierten Perry und Wolf[18] sowie Garland und Shaw[19] den Begriff endgültig. Dabei gingen sie von einer Evolution des Designs aus, davon, dass Architektur sich ohnehin im Entwicklungsteam entwickelt

---

15 Vgl. z. B. den Einsatz von Simula für Flugbahnberechnungen in „Inside Innovation" von Jan Rune Holmevik, *http://simula.no/about/history/inside_innovation.pdf*, S. 16

16 Dijkstra, z. B. Programmierung als „how not to get lost!", *http://www.cs.utexas. edu/users/EWD/transcriptions/EWD04xx/EWD469.html*

17 Online zu finden z. B. unter *http://simula67.at.ifi.uio.no/Standard-70/common-base. text*

18 1992, „Foundations for the study of software architecture" unter *http://dl.acm.org/ citation.cfm?id=141884*

19 1994, „An Introduction to Software Architecture" unter *http://dl.acm.org/citation. cfm?id=865128*

und man diese Entwicklung nur formalisieren und fachübergreifend definieren müsse.[20] Eine gute Idee – bis die Marketingmaschine einsetzte und Architektur als industriellen Planungsprozess bagatellisierte, zu etwas, das ein paar Jahrzehnte zuvor in Chandigarh misslungen war[21].

Der Glaube an die kartesische Planbarkeit und eine allumfassende Sprache findet sich leider immer wieder in Enterprise-Architekturen, die durch ihre „Einfachheit" bestechen und damit die einzelnen Verfahren und Anwendungen in ein Raster zwingen wollen – im Glauben, dadurch würde man innere Ordnung erlangen. Auch gerne benutzt in den Technologiebeschreibungen von COTS-Software, bei denen ein paar Blöcke den Bausteincharakter illustrieren sollen, man aber keinen Hinweis auf Schnittstellenprotokolle, Laufzeitumgebung oder Plattformanforderungen findet. Das war nicht Albertis Idee. Seine Theorien haben bis heute erstaunlich dem Zahn der Zeit standgehalten. Zur rein illustrativen Architektur führte wohl eher eine Mischung aus Managementtheorien und einem zeitweisen Desinteresse an IT sowie an Fehlinvestitionen in New Economy und Wirtschaftskrise, die zum „IT Doesn't Matter"[22] führten. Heraus kam das Schimpfwort „PowerPoint-Architekt"[23], der die Entwickler bis an die Grenzen des „Death by PowerPoint"[24] trieb. Also Architekturen, bei denen der Plan nicht nur wichtig ist, sondern Plan und Ausführung nur noch wenig gemeinsam haben, bei denen die Architektur als reine Managementinformation gesehen wird und dahinter mehr schlecht als recht unter starkem Budget- und Zeitdruck die Software irgendwie zum Laufen gebracht wird. Die damit einhergehenden Probleme sind reichhaltig. Eine Illustration, die von der Realität zu weit weg ist, trägt irgendwann weder zum Verständnis noch zur Dokumen-

---

20 Zuletzt wieder von Leslie Lamport geschrieben in *http://www.wired.com/ opinion/2013/01/code-bugs-programming-why-we-need-specs/*
21 Siehe J. Baragry und K. Reed, „Why We Need a Different View of Software Architecture", 2001
22 *http://hbr.org/2003/05/it-doesnt-matter/ar/1*
23 *http://simonmunro.com/2009/09/08/it-architecture-the-usual-suspects/*
24 Siehe R. Tufte, „The Cognitive Style of PowerPoint", 2006

tation bei. Sie wird zu einer „Leaky Abstraction"[25] oder eben zum reinen Marketing, zu einem Machtinstrument[26], statt zu einem Leitfaden und einer Gedankenstütze.

So wie die Bauleiter des Mittelalters vor Alberti dieses Bauen nach Plan und das neue Prestige des Architekten gar nicht befürworteten, empfinden das auch die Entwickler, wenn einer von ihnen plötzlich eine organisatorisch höhere Hierarchiestufe nur aufgrund eines Titels einnehmen soll. Der Architekturdiskurs der 1990er-Jahre gipfelte in einem generellen Misstrauen gegenüber Architekturplänen, die Martin Fowler 2003 in „Who Needs an architect?"[27] zusammenfasste. Er beginnt mit der These, Architektur sei nur die von der Gruppe der Entwickler akzeptierte Menge der wichtigsten Teile einer Software: „Architecture is about the important stuff". Daraus folgert er, dass der Architekt besser „Lotse" (Guide) genannt werden sollte, jemand der ständig mitverfolgt, welche wichtigsten Entscheidungen getroffen werden und gegebenenfalls in der Gruppe gegeneinander abwägt. Das Ziel muss sein, die Anzahl der nicht mehr umkehrbaren Entscheidungen und damit die ungewollte Komplexität zu reduzieren. Der Lotse muss vor allem das Team coachen und unumkehrbare Entscheidungen aufzeigen – vor allem jene, die aufgrund von falschen Annahmen (Bias) des Designs, der Organisation oder der Gruppe gefällt werden. Der Architekt ist in der agilen Entwicklung ein reiner Coach, wie z. B. der Scrum Master. Das Problem mit diesem Idealbild ist, dass Architektur nicht einfach nur die wichtigen Dinge umfasst. Diese wichtigsten Dinge erschließen sich nicht immer dem Entwicklungsteam und die Veränderlichkeit kann durchaus anders eingeschätzt werden.[28]

Unsere Architekturmetapher fußt auf dem kartesischen Weltbild, das die Welt als eine berechenbare Maschine begriff. So wie Chandigarh sich am

25 *http://www.joelonsoftware.com/articles/LeakyAbstractions.html*
26 Zum Thema Macht im System siehe Gilles Deleuze, „Postskriptum über die Kontrollgesellschaften", 1990
27 *http://martinfowler.com/ieeeSoftware/whoNeedsArchitect.pdf*
28 Zur Diskussion siehe *http://c2.com/cgi/wiki?WhatIsArchitectureAnyway*

Ende doch zu einem, wenn auch geordneten, Chaos entwickelte, wurden auch die idealen Städte des Mittelalters kuriose Festungen inmitten dynamisch wachsender Städte. Wenn wir als Software- oder Enterprise-Architekten von vollständig beschreibbaren Systemen ausgehen, müssen wir uns eingestehen, dass wir einer feudalen Denkweise erliegen, und uns dieser Gefahr bewusst sein.

Plattenbau

Wenn Le Corbusier auch den standardisierten, klassenlosen, an menschlichen Bedürfnissen orientierten Wohnraum erfand, so erfand er nicht den Plattenbau im baustatischen Sinne. Le Corbusier bevorzugte die Skelettbauweise. Plattenbauten sind mit ihren korrekt als „Wandscheiben" benannten Elementen selbsttragend, also Massivbauten sowie Mauerwerkgebäude. Skelettbauten haben im Gegensatz dazu tragende Strukturen, wie Säulen und Balken, was nicht tragende Fassaden und Wände möglich macht. Le Corbusier war grundsätzlich an einem hohen Lebensstandard für alle Gesellschaftsmitglieder interessiert und nutzte in seiner Unité d'Habitation deshalb aus Effizienzgründen die Platte. Die Unité d'Habitation, auch genannt Cité radieuse oder vertikale Stadt, war das Ideal der nach Funktionen getrennten Wohnblöcke. Diese waren über Schnellstraßen mit den anderen Zonen für Industrie, Erziehung und Vergnügen verbunden, dazwischen lagen nur Parks. Der Plattenbau war, als er Anfang des 20. Jahrhunderts aufkam und erstmals in New York großflächig eingesetzt wurde, vor allem eine Reaktion auf schnelles Wachstum der Städte und auf gestiegene Qualitätsanforderungen. Beton konnte nicht in hoher Qualität vor Ort hergestellt werden, ihn in Industriehallen wetterunabhängig vorzuproduzieren ging schneller und erforderte vor Ort weniger menschliche und maschinelle Ressourcen. Le Corbusier wollte diesem gedankenlosen Einsatz entgegenwirken und den Plattenbau bewohnbarer machen. In den wenigen realisierten Unités d'Habitation, eine davon in Berlin, schien die Sonne in jedes Wohnzimmer. Es gab Dienstleistungen von der Wäscherei bis zu Kindergärten auf dem Betongartendach und ein Hotel für Gäste.

2 Hütten

Photo: Iwan Baan

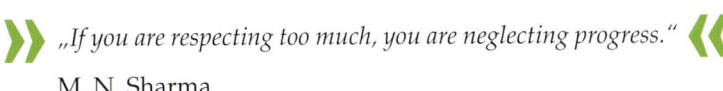

„If you are respecting too much, you are neglecting progress."

M. N. Sharma

In Kapitel 1 habe ich die Geschichte des kartesischen Weltbilds als Abbild der Architektur erzählt. Das Ideal der Renaissancearchitektur bestimmt bis heute analytische, rationale Denkmodelle. Es ist die Einfachheit und Prägnanz grafischer Darstellung, kombiniert mit mathematischer Eleganz, die diese Herangehensweise so verführerisch macht. Le Corbusiers „Charta von Athen" war eines der revolutionärsten Denkmodelle rund um die Stadtplanung, und im indischen Chandigarh hatte er dieses Konzept fester Zonen umgesetzt. Zurück gehen diese Ideen allerdings auf eine andere Revolution.

2.1   Die Guillotine

1789 war es leicht, seinen Kopf zu verlieren. Vergniaud erkannte auf dem Schafott, dass die Französische Revolution ihre Kinder frisst. Claude-Nicolas Ledoux hatte die Absicht, seinen Kopf zu behalten. Als der Umsturz ausbrach, war er, der „Architekt des Königs", gerade mit dem Ausbau der Salinen in Arc-et-Senans beschäftigt – einer Idealstadt, gebaut nach den Prinzipien der Aufklärung. Dummerweise war er nicht nur Royalist, sondern das Salzmonopol auch einer der Hauptkritikpunkte der Revolutionäre. Was ihn weit oben auf die Abschussliste setzte. Er überlebte, indem er seine Pläne der Idealstadt als Utopie einer demokratischen Gesellschaft umdeklarierte.

Auch dank dieses Zufalls wird er heute als Ausgangspunkte für die Architektur der Moderne gesehen. Als erster Architekt rückte er das Individuum in das Zentrum der Funktionalitätsbetrachtungen Palladios. Er gestaltete seine Räume entsprechend vom individuellen Nutzen ausgehend – während andere Architekten weiterhin Gebäudekomplexe entwarfen, die aus recht gleichförmigen Räumen im Sinne des Barock bestanden. Der Barock war der Versuch gewesen, der bereits zurückgedrängten Kirche denselben Prunk wie dem Adel zuzugestehen. Bischöfe und Fürsten steigerten sich gegenseitig im Ornament, in Licht und Schatten; große Leerräume und Treppen sollten den Himmel auf die Erde holen. Ledoux war dieser Symbolik überdrüssig und stellte die Macht des Absolutismus lieber durch strenge Formen dar. Statt den Himmel anzustreben, soll der König die Natur beherrschen. Ledoux wollte, dass sich die Funktion der Gebäude dem Betrachter direkt erschloss und nahm damit „Form follows function" der Moderne voraus. Sein planerischer Anspruch auf die Gesellschaft, in dem Verkehr und funktionale Zonen radial angeordnet wurden, sollte die Basis für die Disziplin der bürokratischen, republikanischen Stadtplanung legen.

Nicht ganz hundert Jahre später erreichte diese Art der Stadtplanung mit den von Baron Haussmann durchgesetzten Änderungen in Paris ihren Höhepunkt. Napoleon, der Kaiser nach der Republik, wollte eine saubere Stadt, ohne Slums, und mit Prachtstraßen für seine Militärzüge. Haussmann stellte das mittelalterlich verrottete Paris auf den Kopf: mittels baulicher Eingriffe und Gewalt, aber auch mit Bürokratie. Er erstellte Regeln, wie Häuser genau zu renovieren waren, wenn man sie vor dem Abriss retten wollte. Die Stadt wandelte sich zu dem, was wir heute als Gesamtkunstwerk sehen. Kurz darauf wurde der Kaiser abgesetzt und Haussmann ins Exil geschickt. Der Eiffelturm wurde zum neuen Wahrzeichen der Stadt, ein Symbol der Ingenieurskunst und neuen Republik zum hundertsten Jahrestag der Revolution – in den Augen vieler aber auch Symbol für die Macht der Industrialisierung.

Abbildung 2.1: Haussmanns Boulevards in Paris

Während auf dem europäischen Festland weiterhin eine absolutistische Architektur unter dem Deckmantel der Republik vorherrschte, hatte sich der Barock im vereinten Königreich nie richtig durchgesetzt. Hier war man einer roheren Natur verbunden, wie man am Beispiel der konstruierten französischen Parks gegenüber den wilden, englischen Gärten sieht. In England und den USA entwickelte sich daraus – nach langer Zeit des Klassizismus – die Gartenstadtbewegung. Die Stadt sollte zwar auch in feste Nutzungszonen aufgeteilt werden, aber nicht aus militärtaktischen oder feudal-ästhetischen Gründen, sondern zur Steigerung der Lebensqualität. Die Bewohner sollten ihrer Arbeit und Bezirken zugeteilt und der Verkehr fest geregelt sein; organisiert wurde das alles von einer Kommission. Zwischen den Zonen wären konzentrisch um einen Kern angeordnete Parks und Boulevards. Wachsen würde nur die Anzahl dieser Kerne, nicht die Stadt selbst. Dadurch konnte der Plan einfach, vervielfältigbar und verständlich gehalten werden.

Weltweit wurden zu Beginn des 20. Jahrhunderts sogar ein paar Dutzend dieser Städte gebaut. Schnell wurde aber klar, dass die Bewohner sich dieser strikten Vorbestimmung nicht unterwerfen wollten und die Gartenstadtbewegung verkümmerte. Das war der Ausgangspunkt für Le Corbusiers *Ville Radieuse*, die bereits im vorherigen Kapitel thematisiert worden ist. In den USA hingegen wurden, weniger strikt, die Ideen im *City-Beautiful*-Programm verwirklicht. Man sah Parks und Plätze nicht mehr als strukturelle Elemente, erkannte ihre Wirkung auf die Gesellschaft jedoch an. Wichtiger war eine gleichmäßige Verteilung mit Besitz und Land für jeden. In den *Urban-Renewal*-Projekten in der Folge des *New Deal* in den 1930er-Jahren wurden Neubauprojekte, rigoros als Slumbereinigung und Aufhübschung getarnt, durchgesetzt, ohne totalitäre Strategie, aber mit nicht weniger Gewalt.[1] Wrights „Broadacre City" in den USA bzw. Reichows „autogerechte Stadt" in Deutschland, mit ihrer Verbreiterung der Straßen und zentralen Konsumtempeln, waren die vorherrschenden Konzepte.

---

1   Vgl. dazu Peter Hall, „Cities of Tomorrow", Blackwell, 2002, S. 240 f.

entwickler.press

Erst fast siebzig Jahre später konnte nachgewiesen werden, dass Blumenbeete, Verkehrsberuhigung und Ordnung tatsächlich die Kriminalität reduzieren können, wenn sie mit einer gemeinsamen Nutzung in mittlerer Dichte einhergehen[2]. Doch da war es schon zu spät. Los Angeles, als City Beautiful geplant, wurde zu einer anonymen, zersiedelten Stadt („Urban Sprawl"), zu einer Mischung aus Trabantenstädten ohne Zentrum. Anfang des 20. Jahrhunderts belächelt, konnten die wenigen realisierten Gartenstädte nicht ihre Skalierbarkeitsversprechen einhalten. Die Lebensqualität hingegen ist, übrigens auch in Chandigarh, hoch. Canberra, Hauptstadt von Australien, wurde von Burley Griffin als Gartenstadt geplant und genießt, trotz eines niedrigeren „Quality of Life Index"-Rangs als Sydney, bei den Einwohnern einen guten Ruf.

2.2 Ein neues Zentrum der Welt

Jane Jacobs hat als eine der ersten den wahren Wert der Städte erkannt. Die resolute New Yorkerin organisierte 1960 eine der ersten Bürgerbewegungen gegen die *Urban-Renewal*-Neubauprojekte. Laut ihr sind im Gegensatz zu Staaten Städte zu ständiger Erneuerung imstande. Jacobs schaffte es, Selbstorganisation, Nachhaltigkeit und Wirtschaftlichkeit in den Städten hervorzuheben, nicht mehr so stark die staatliche Planung und den Statuscharakter. Organische Stadtentwicklung heißt für sie nicht nur Evolution, sondern auch Einbettung in die Landschaft, die Stadt als Zentrum der Region. In „Cities and the Wealth of Nations" lenkt Jacobs den Blick weg von Adam Smiths Nationen hin auf die Städte – und argumentierte, dass man Industrien nicht einfach auslagern kann, wenn das Ökosystem nicht darauf vorbereitet ist, ebenso wie man allen schadet, wenn Städte entfernte ländliche Regionen unterstützen.

---

2   Wie New York als berühmtestes Beispiel mit der „Broken Glass Policy" bewies, vgl. dazu P. D. Smith, „City", Bloomsbury, 2012, S. 228 f.

Seit 1984 sind Städte unaufhaltsam zu den neuen Wirtschaftsmächten geworden.[3] Paul Romer schlägt unabhängige „Charter Citites" vor, um von Städten ausgehend Länder zu entwickeln.[4] Und viele Bürgermeister haben heute mehr Macht als Parlamentarier. Der „Global City Index" stellt trocken fest:

„One of the linchpins of the Global Cities Index has been the notion that globalization represents a transfer of power from national states to a network of global cities. The world today is more about cities than countries."[5]

Die Gartenstadtbewegung kombinierte zwei Konzepte miteinander, die eigentlich unvereinbar sind: Auf der einen Seite rigide, strikt rationale Planung, und auf der anderen Seite Lebensqualität und organisches Wachstum. Diese beiden grundsätzlichen Denkschulen finden sich in allen Wissensgebieten wieder. Im Zuge des Verschwindens der alten Autoritäten Anfang des 20. Jahrhunderts und des Aufkommens von Physik, Psychologie und Evolution entwickelten sich diese beiden Pole immer weiter auseinander. Erst in letzter Zeit versuchte man, sie wieder zusammenzuführen.

Eine Lösung für die perfekte Stadtplanung gibt es nicht. Daher ist es hilfreich, die Entwicklung in den beiden Denkschulen zu verstehen. Die nächsten beiden Unterkapitel, Denkschule 1 und Denkschule 2, stellen diese Entwicklung bis heute aus der Vogelperspektive dar.

---

3   Geoffrey West in: „Why Cities Keep on Growing, Corporations Always Die, and Life Gets Faster"
4   Vgl. Brand Eins 10/2009
5   *http://www.citymayors.com/statistics/global-cities.html*

2.3 Denkschule 1: Die Stadt als Erfolgsmodell des Chaos

Denkschule 1 ist das „geordnete Chaos", sieht die Stadtplanung als komplexes System an, dem Gegenstück zu Le Corbusier, Palladio und Ledoux.

Jane Jacobs war immer für einen Seitenhieb auf die europäische Avantgarde, besonders Le Corbusier, zu haben. Was für ihn Freiheit sei, sei nicht individuelle Freiheit, sondern Freiheit von Verpflichtungen, das Abgeben von Verantwortung an den Staat. In ihrem Buch „The Death and Life of Great American Cities" argumentiert sie gegen Stadtplanung, vor allem gegen die vertikale Stadt von Le Corbusier. In ihren Augen fälschlich mechanisch-inspiriert, steril, institutionalisiert, akademisch und verkünstelt. Laut Le Corbusier war die Welt im Begriff, im Chaos unterzugehen.[6] Aber für Jacobs war es genau dieses Chaos, was die Stadt ausmachte. Für sie ist die Kunst der Stadtplanung nicht wissenschaftlich, sondern „die Organisation der Komplexität", vor allem die Organisation von Handel und „sozialem Kapital". Dieses soziale Kapital sind die Verbindungen wie in einem Dorf, das Begegnen auf Bürgersteigen und das Begrüßen im Laden um die Ecke. Für Jacobs muss sich eine Stadt ständig „selbst zerstören", um sich zu erneuern, die Bevölkerung und das Kapital müssen sich verändern. Es ist die Aufgabe der Stadtplanung, diese Veränderung zu forcieren, um die Kraft der Evolution und emergenten Selbstorganisation freizusetzen. Dazu sei vor allem die Unterstützung diversifizierter Bebauung, Verkehrsplanung, insbesondere kleinere Straßen statt Autobahnen, signifikante visuelle Bauten als Symbole und Planung von Industrie- und Handelszonen geeignet. Alles, nur nicht Planung durch Komitees von oben herab: „The pseudoscience

---

6   In: R. Fishman, „Urban Utopias in the Twentieth Century", MIT Press, 1982, S. 13

of planning seems almost neurotic in its determination to imitate empiric failure and ignore empiric success."[7]

Architektur zwischen den Weltkriegen

In der ersten Hälfte des 20. Jahrhunderts dominierten die Weltkriege die Geschichte, daher gab es in dieser Zeit nicht viele stadtplanerische Neuerungen. Die kommunistische beziehungsweise industrielle Stadt war eher eine technische Weiterentwicklung, der internationale Stil der Moderne eher eine Ästhetik. Die Verzahnung von Natur und Stadt, wie von Hilberseimer und Wright vorgeschlagen, eher eine Philosophie, die schon früher mit der Gartenstadtbewegung begann. Und die von Le Corbusier in Europa und Frank Llyod Wright in Amerika realisierten Privatvillen sind in diesem Kapitel nicht wichtig. Zwischen den Weltkriegen bleibt das „goldene Zeitalter", die 1920er- und 30er-Jahre, geprägt von der Kunst des Expressionismus, Kubismus und Dadaismus, dem Art Deco und Art Noveau, die vom modernen neuen Stil verteufelt wurden. Technologie strahlte Macht aus und die Stadt war die Krönung der Technologie. In New York schossen die Hochhäuser wie die Börsenkurse in die Höhe, ohne groß dahinter liegende stadtplanerische Ideen. Der Eiffelturm war ein nationales Symbol der Revolution – das Chrysler Building das Symbol eines Konzerns. Stadtutopien des goldenen Zeitalters beruhten auf Ideen der sozialen Hierarchie, angelegt in Ebenen und Funktionen. Birons „Paris futur" war so ein Entwurf, unendlich hohe Wolkenkratzer mit Brücken durch den Himmel, geprägt von Verkehrswegen; ebenso Fritz Langs „Metropolis" mit den unterirdischen Mechanikern. Und natürlich die dystopischen Romane aus dieser Zeit, wie z. B. H. G. Wells' Zeitmaschine. Die Stadt wird zur Maschine und zum Moloch, die Stadt nimmt wie eine riesige Gartenstadt oder Broadacre City alles Land ein. Bis heute haben diese Bilder als „Steampunk" aber auch etwas Idealisiertes, fast Romantisches einer großen Pionierzeit.

Auf akademischer Seite waren es Lewis Mumford und Aldo Rossi, die in eine ähnliche Richtung gingen. Mumford, der Verfechter einer neuen organischen Sicht auf Technologie und kleiner gewachsener Städte, um der „Maschine" unserer Gesellschaft zu entkommen. Und Rossi, der 1966

---

7   In: J. Jacobs, „Death and Life of great American Cities", S. 183

etwa gleichzeitig zu Jacobs gefordert hatte, die „kollektive Erinnerung"[8] zurück in die Stadtplanung zu bringen und damit das komplexe Gefüge der Stadt wieder in den Vordergrund zu rücken. Was er damit, so selbstverständlich das heute klingen mag, in die Stadtplanung zurückbrachte, war die Zeit, die Geschichte und den Prozess. Nach den Kriegen standen Wiederaufbau und Wohnraum im Vordergrund, historischer Erhalt dagegen nur punktuell. Rossi erkannte die Bedeutung der Monumente und historischen Plätze, an die sich Beziehungen knüpfen ließen. Jacobs „soziales Kapital" passt ideal in diese Stadt der unsichtbaren Beziehungen und mit ihr Mumfords Nutzung von Technologie.

Die drei bilden die Eckpfeiler der zeitgenössischen europäischen Stadtplanung, die zwischen Neubauten mit höherer Wohndichte innerhalb alter Grenzen, Stadterweiterung und Denkmalschutz balanciert. Die von Jacobs so stark geforderte Selbstorganisation funktionierte wahrscheinlich besser als wirtschaftliches Konzept, als sie selbst gedacht hatte. Denn die Marktkräfte wandelten die von ihr so behutsam erhaltenen Stadtteile schnell um in Edelbezirke – einen Begriff, den wir heute als *Gentrifizierung* kennen. Immer etwas wohlhabendere Bürger wollen den alternativen Stil genießen, die jeweils wieder etwas mehr renovieren, woraufhin wieder wohlhabendere einziehen – so lange bis sich das System bzw. der Stadtteil selbst zerstört hat, so wie die Französische Revolution ihre Kinder fraß.

2.4 Die Zeit der Hippies

Die folgenden Abschnitte enthalten eine hohe Dichte an Informationen und sollen vor allem eine Zeitleiste darstellen.

Am wichtigsten in dieser Zeit war Archigram[9], ein britisches Kollektiv. Sie begannen erst mit einer Extremform von Le Corbusiers Ideen, dem

---

8 In: „The Architecture of the City", 1984, aus K. Nesbitt, „Theorizing a New Agenda for Architecture" S. 345 ff.

9 Siehe das Archigram Archive, *http://bldgblog.blogspot.de/2010/04/archigram-archive.html*

Brutalismus, arbeiteten dann im Bereich der japanischen Wohnkapsel-idee, dem Metabolismus, und wandten sich dann immer avantgardisti-scheren Experimenten zu. Sie wurden zunehmend futuristisch, begriffen die Stadt als tatsächlich lebenden Organismus. Eine ihrer Ideen war z. B. die Plug-in City, eine Megastruktur als Basis für bewegliche Wohn- und Arbeitskapseln, oder die Walking City, in der Roboter eine sich ständig bewegende Megastruktur bilden, die Menschen als Nomaden behausen. Man sieht schon am Begriff „Plug-in", dass man hier zahlreiche Paral-lelen zur IT ziehen könnte, was ich an dieser Stelle bewusst vermeide. Denn es waren ja Visionen, und ich bin mir sicher, jemand anderes kann diese in visionäre IT übertragen. Die Ideen von Archigram waren beein-flusst von der „Situationistischen Internationalen", Cedric Price, Yona Friedman und Richard Buckminster Fuller, die ich nun näher vorstelle.

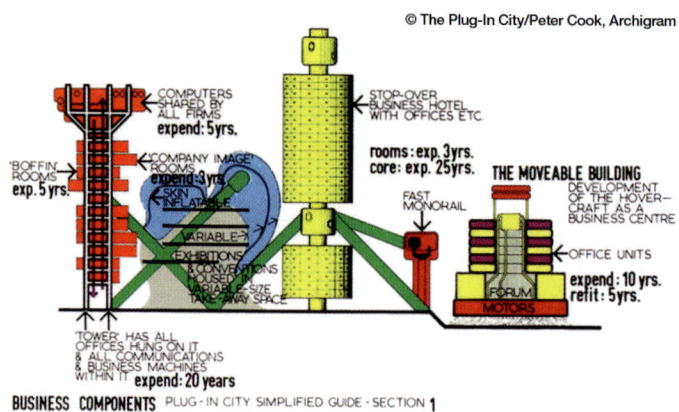

Abbildung 2.2: Archigrams Plug-In City

Die „Situationistische Internationale" war eine Künstlergruppe, die das Aufbrechen der Stadtstrukturen durch Dezentralisierung vorantreiben wollte. Das Ziel war eine weltumspannende Stadt, ihr Hauptvertreter

Constant nannte sie „New Babylon": eine Stadt der absoluten Mobilität, eine ständig veränderbare und daher erinnerungslose Gesellschaft, ein Koordinatensystem mit Raster und beweglichen Wänden.[10] Ziel ist dabei, die Verbindungen zwischen Menschen zu stärken, und das Leben zu einem „ständigen Spiel" werden zu lassen. Seit einigen Jahren erforscht die Architektursoziologie diese Ideen wieder, denn „Durchgangsräume" und sog. „Nichträume" wie z. B. Flughäfen, sind zu unseren ständigen Begleitern geworden.

Abbildung 2.3: Buckminster Fullers Biosphere, Montreal

Der Fun Palace, den Cedric Price zusammen mit Gordon Pask gebaut hatte, war die erste Idee eines Gebäudes, das sich ständig den Bedürfnissen des Benutzers anpasste. Prices Idee der Stadt der Zukunft war eine reine Nutzenabhängigkeit. Wenn dieser Nutzen nicht mehr gegeben sei, verschwinde die Architektur. Wurde der Fun Palace auch als Vergnü-

---

10 Siehe S. Sadler, „Archigram: Architecture Without Architecture", MIT Press, 2005

gungspark konzipiert, war es doch eines der ersten Beispiele partizipatorischer Installationen, wie sie heutzutage als multisensuale Events wieder gehypt werden.

In Frankreich entwickelte Yona Friedman ebenfalls ein Raster, welches aber über der Stadt schweben sollte. Er nannte diese Erweiterung der Städte um eine Dimension die „Ville Spatiale", in welcher mobile Architektur eingebaut werden sollte und schwebende Wohnkapseln alte Boulevards ergänzen.[11]

Auch wenn diese Konzepte nur Visionen blieben, haben sie doch bis heute die Architekturtheorie beeinflusst. Bleibt als letzter Einfluss Richard Buckminster Fuller, auf den wir noch einige Male zu sprechen kommen werden. Er war es, der nicht nur das Design und vielleicht sogar die Usability, sondern auch die Nachhaltigkeit salonfähig gemacht hat. Für ihn war es das Ziel aller Ingenieure, elegante Lösungen zu finden, die aus weniger Material mehr Wert schaffen konnten. Statt der Wohnmaschine Le Corbusiers wollte er, dass der Mensch im Mittelpunkt einer allumfassenden Maschine steht. Er entwarf einfach ausbaubare Wohnstrukturen, die Geodätische Kuppel und eine selbsterhaltende, schwimmende Stadt.

Was er „Design Science Revolution" nannte, inspirierte zahlreiche Informatiker dieser Zeit. Nicht zuletzt einen gewissen Steve Jobs, der Computer zu dieser Maschine mit dem Menschen im Mittelpunkt machen wollte. Im berühmten „Think Different"-Spot von Apple sieht man Buckminster Fuller, wie er eine seiner Wohnstrukturen aufbaut. Zu Ende ging diese Epoche schließlich mit den zynischen Entwürfen der *Urban Crisis*. Man erkannte überall die Umweltprobleme und Fehlschläge der geplanten Städte, aber auch die Unzulänglichkeit der Visionen. Dystopien wurden bestimmend, z. B. in den Ideen von Superstudio, deren ausdruckslose Blöcke Landschaften durchbohren, oder Archizoom, mit einem weltumspannenden Mad-Max-artigen Camper-Raster. Lebbeus

---

11 Siehe M. De Michelis, „La città nuova", Silvana, 2013

Woods erklärte schließlich Architektur als Krieg, Labyrinth und selbstreferenzielles Problem.

Nach dem Zweiten Weltkrieg wurden Städte die neuen Machtzentren, die staatliche Pläne mit ihrem Wachstum und ihrer Wirtschaftskraft überrollten. Mit ihrer Ausuferung, dem „Urban Sprawl", ignorierten sie die meisten Flächenpläne; die globale Urbanisation, 1950 noch auf 29 Prozent ist heute bei über 50 Prozent. Die „vertikalen Städte"', nach Le Corbusiers Ideen in Casablanca errichtet, sind ein schönes Beispiel, heute kaum wiederzuerkennende, an allen Stellen modifizierte und umbaute Mischbebauungen. Oder Chandigarh, die von Le Corbusier geplante Stadt, die am Ende auch nur ein Moloch wurde – ein wenig geordneter, mit besserer Infrastruktur, doch trotzdem Chaos. Bereits während der Fertigstellung war dies an den Trampelpfaden zwischen dem angelegten Straßenraster zu erkennen – denn 1956 hatte fast niemand in Indien Fahrzeuge. Le Corbusier hatte sich gegen eine rein kartesische Planung[12] entschieden und lokale Planer die Details ausführen lassen, wohingegen er nur die Regeln vorgab, z. B. ein Straßenraster nach sieben Prinzipien. Wir würden das Pattern Language nennen[13]. Da Le Corbusier aber an die Kraft der Architektur als Symbol glaubte, verbot er jegliche Form der Dokumentation, sogar Bilder des Baus. Während in Europa eine falsche Interpretation der Charta von Athen Hochhauswüsten entstehen ließ, blieben die Regeln in Indien zwar stehen, nach seinem Tod wollte sie aber niemand konkret weiterentwickeln. Da niemand mehr den Prozess, die Geschichte, kannte, wurde aus den Regeln zwecklose Bürokratie, die dem Stadtwachstum schutzlos ausgeliefert war. Das beklagt auch der Chefplaner M. N. Sharma in einem Interview[14]. Von ihm stammt das einleitende Zitat: „Wenn man zu viele Regeln respektiert, verhindert man Entwicklung."

---

12 Siehe „Albertianische Vorurteil" in: Scheidegger, „Chardigarh", Scheidegger und Spiess, 2010, S. 56
13 Nach Jeff Sussnas Prinzip der kleinen Regeln, der großen Vision „Lean Architecture" oder IBM's Lightweight Modeling
14 Högner, „Living with Le Corbusier", Jovis 2010, S. 168 f.

In der Urbanisik sind seitdem mit der ökonomischen Erforschung von neuen Städten Missstände in Form von Slums oder Hüttensiedlungen zu einem eigenen Forschungsfeld geworden. Die interessantesten Entwicklungen gibt es in und um die neuen Megastädte, wie Rio, Mumbai und Lagos. Städte, die außer Kontrolle sind – und dennoch auf eine Art funktionieren, die uns fremd erscheint. Rem Koolhaas, einer der bedeutendsten zeitgenössischen Stadtplaner, zeigt in der Dokumentation „Lagos/Koolhaas" auf, wie wir diese Megastädte als eine neue Form eines selbstorganisierenden Organismus begreifen müssen, der sich jeder Kontrolle im Guten wie Schlechten widersetzt. Koolhaas hat dieses aus kollektiver Aktivität herauskommende Chaos „Junkspace" genannt, er glaubt nicht an plötzliche Ordnung. Für ihn ist die Moderne mit allen ihren Ideen gescheitert und mit ihr die Stadtplanung selbst. Es könne keinen Urbanismus mehr geben, der „Neue Urbanismus" sei, Unsicherheit zu akzeptieren, die Theorie der Stadt zu Nietzsches „fröhlicher Wissenschaft" werden zu lassen.

Häufig wird an dieser Theorie der Komplexität die fehlende wissenschaftliche Basis kritisiert, doch ist das Konzept wichtig, um Systeme zu verstehen, die global Ordnung aufweisen bei gleichzeitig lokaler Heterogenität. Deshalb erarbeitet Koolhaas auch überhaupt keine Lösung für die Missstände, obwohl sein Organisationsplanungsbüro AMO schon 2003 mit Wired eine Spezialausgabe zu neuen Räumen verfasste, in denen auch Emergenz und Selbstorganisation als Grundkonzepte von Agile ein Rolle spielten. Er glaubt nicht an selbstorganisierende Ordnung, sondern nur an organische Unordnung. Wo Jane Jacobs noch an Selbstorganisation ganzer Gesellschaften glaubt, sieht er nur lokale Organisation. Diese kann nur an Orten einsetzen, die dafür geschaffen wurden. Deshalb stellt er den kritischen Prozess als wichtigstes Element seiner Arbeit vor: kein Planen, sondern Kurieren des Fortschritts. Seine Herangehensweise wird als „sozialer Verdichter" bezeichnet, da er „dynamische Koexistenz", also überlappende Nutzung, fördert. Für ihn ist die Stadt eine gemeinsame Identität, die nur mit Gebäuden interagiert

–, was Robert Ezra Park „The city is a state of mind" nannte[15]. Wie die Gesellschaft unterliegt die Stadt ständigem Wandel, sie kann ihn kaum beeinflussen.

Die Zeitschrift, „Tactical Urbanism", welche sich mit diesen Städten im ständigen Wandel auseinandersetzt, beginnt ihre zweite Ausgabe mit dem Zitat eines brasilianischen Bürgermeisters, Jaime Lerner:

„Planning of a city is a process that allows corrections; it is supremely arrogant to believe that planning can be done only after every possible variable has been controlled[16]."

Besonders in den Megastädten Südamerikas und Afrikas kann man diese Unplanbarkeit beobachten. Doch die Regierung begreift diese Ohnmacht als erneuernde Kraft im Sinne Jane Jacobs. Mein Lieblingsbeispiel dafür ist der „Centro Financiero Confinanzas"-Wolkenkratzer in Caracas, auch „Torre David" genannt, das Eingangsbild zu diesem Kapitel. Nachdem die Bauruine mit ihrer halb fertiggestellten, glitzernden Glasfassade jahrelang verrottete, besetzten irgendwann Wohnungssuchende das Gebäude. An dem technischen Monument entzündete sich Selbstorganisation. So wurde es zu einem „vertikalen Slum", in dem heute 2 500 Menschen leben. Es ist eine traurige, aber passende Parallele zu vielen Enterprise-Architekturen, die edle Vision, bevölkert von Kleinstsystemen, welche die Struktur vollkommen anarchisch nutzen. Die „Ball of Mud"-Architekturen sehen eher aus wie Slums, schreibt Cris Kobryn[17]. Passenderweise leitet das sehr empfehlenswerte Buch zum Torre David[18]

---

15 Aus Joel Kotkin, The City
16 „Tactical Urbanism", Street Plans Publishing, Vol. 2, 2012, S. 4
17 In der Einleitung zu C. Hofmeister et al., „Applied Software Architecture", Addison-Wesley, 1999. Man muss ergänzen, dass Slums für ihre Bewohner oft als Chance, nicht als Endzustand wahrgenommen werden. Siehe *http://lebbeuswoods. wordpress.com/2010/10/12/knots-the-architecture-of-problems/*
18 Erschienen bei Lars Müller 2013, andere Bücher wie „Maximum City", „Hollow Land„ oder „Arrival City" versuchen diese Bewegungen ebenfalls literarisch zu erfassen, Fotobände wie „From Camp to City" oder „Confrontier" erzählen die Geschichte neuer Städte, die ebenso chatorisch als Reaktion auf Konflikte entstehen.

ein Zitat vom oben genannten Yona Friedman ein: „The problem is not architecture. The problem is the reorganization of things which already exist."

2.5   Denkschule 2: Die Stadt als Labor der Kybernetik

Während sich auf der einen Seite die Komplexitätstheorie aus den synthetischen Ansätzen entwickelte, schickte sich die andere Seite an, dem Problem der Stadtplanung analytisch zu begegnen. Die Kybernetik, die Wissenschaft des Feedbacks, entwickelte sich parallel zu den Ideen der Denkschule 1 und ließ sich am Anfang schwer davon trennen. Beiden geht es um Komplexität – der Kybernetik aber analytischer, systemischer. Norbert Wieners Definition aus dem Jahre 1948 wird oft als Ursprung gesehen, es gab aber schon früher ähnliche Ideen – meist aus dem militärischen Kontext wie Grace Hopper, Offizierin der US Navy, angeblich sagte: „Life was simple before World War II. After that, we had systems."

Die Methode der Kybernetik beruht auf der Idee der Rückkopplung und der Steuerung von Systemen durch Kopplung ihrer Parameter. Wenn man alle Parameter eines Systems und ihre Beziehungen untereinander (Wiener nennt diese „Kommunikation") kennt, kann man das System kontrollieren. Als Konzept der Möglichkeit von vollständig erfassbaren Systemen ist die Kybernetik auch die Wissenschaft von Organisationen und Effizienz, und als solche auch die Basis für die organisatorischen Plankonzepte wie Strategic Planning, TQM, Six Sigma und Operational Research. Obwohl Wiener sich selbst davon distanzierte, die Kybernetik als holistische Wissenschaft oder gar als Basis für soziale Systeme zu betrachten, kam in den 1960er-Jahren die Idee wieder in Mode, dass die Natur nur eine Maschine sei.

Biologen und Systemtheoretiker taten sich zusammen, um endlich das kartesische Weltbild zu beweisen, und das Unwissenschaftliche aus

Denkschule 1 zu eliminieren. Alan Turing forschte an der Morphogenese, der biologischen Strukturbildungstheorie als Basis für eine neue theoretisch formalisierte Biologie. Dies war wahrscheinlich einer der wenigen Momente in der Geschichte, in denen Architektur und Informatik für einen Moment eins wurden als integrierte Systemwissenschaft[19]. Der Idee vom Chaos als Unordnung, wie es Jacobs und Le Corbusier beide jeweils als Chance und Grundübel verstanden hatten, stellen die Systemtheoretiker das Chaos als höhere Ordnung, als offenes System, gegenüber. Der erste Architekt, der diese Idee aufbrachte, war der Bauhausarchitekt Ludwig Hilberseimer. Er begann mit einer vertikal geplanten Stadt ähnlich der von Le Corbusier, erkannte aber deren Grenzen. In seiner „New City" forderte er einen Plan, der Natur und Stadt vereinte, um auf einfachen Regeln beruhend eine klare Planung möglich zu machen.

Städte sollten nicht mehr wie die Gartenstadt geplant sein, sondern begriffen werden als dezentrale, spontane Anordnung „unabhängiger ökonomischer Einheiten", die wiederum auf noch kleineren Räumen des Lebens beruhten, den „elementaren Zellen"[20]. Die Aufgabe der regionalen Planung (Stadtplanung gäbe es nicht mehr) sei es, Zonen für die Entwicklung dieser Zellen festzulegen, und Infrastruktur dazwischen zu entwickeln. Nur so könne man individuellen wie kollektiven Bedürfnissen gleichzeitig gerecht werden.

Über die Zeit entwickelten sich in der Informatik aus ähnlichen Ideen Stephan Wolframs *New Kind of Science* und seine zellulären Automaten das Spiel des Lebens. Biologen machten sich auf, mithilfe von Computern das Leben zu inventarisieren, in der Hoffnung, daraufhin die ideale Gesellschaft umsetzen zu können: Wenn man alle Parameter kenne, könne man ein natürliches Gleichgewicht berechnen. Es war dieselbe

---

19 1968 wurde am MIT von Nicholas Negroponte, selbst studierter Architekt und Informatiker, die „Architecture Machine Group" gegründet. Peter Glaser vergleicht diese Initialzündung mit dem Bauhaus, welche ebenfalls eine neue Moderne konvergierender Stile einläutete: *http://www.heise.de/tr/artikel/Der-Gedankengebaeude-Architekt-278227.html*
20 Vgl. Manfredo Tartufi, „Architecture and Utopia", MIT Press, 1976

Hoffnung an eine funktionierende Maschine wie bei Buckminster Fuller, den wir als Visionär kennengelernt haben. Was die Biologen fanden, war jedoch Chaos, wie Daniel Botkin damals frustriert feststellen musste[21]: Je mehr sie suchten, umso mehr Parameter und Fakten aus der Natur sie in ihre Computermodelle speisten, desto chaotischer, unvorhersehbarer wurden die Modelle – ein Vorhersagbarkeitsparadoxon. Die simplizistische Kybernetik der Anfangsjahre musste weiterentwickelt werden.

Eine neue Kybernetik der Beziehungen war das Ziel von Russell Ackoff. Der Architekt war desillusioniert vom mechanischen Vorgehen des Architekturstudiums und wechselte den Studiengang auf Ethik, da ihn menschliche Interaktionen mehr reizten. Statt nur die Parameter in der Gleichung der Kybernetik zu optimieren, wies er auf dynamische Beziehungen als Kern eines Netzwerks hin, ähnlich wie es Léon Krier und Hilberseimer in der Stadtplanung getan hatten. Für Ackoff musste jedes System den Menschen als kleinste dynamische Einheit einbeziehen. Dieses „Systems Thinking" bezeichnete den Unterschied zwischen Korrelation und Kausalität, die systemische, statt analytische Behandlung von Problemen. Er setzte dem kartesischen Prinzip von Aktion und Reaktion das Produzentenprinzip, die Aggregation, entgegen. So versuchte er dem offensichtlich falschen Top-down-Ansatz einer Natur im Equilibrium einen Bottom-up-Ansatz von einfachen, generativen Regeln entgegenzusetzen, die sich reproduzierten. Er überführte damit die Ideen der zellulären Automaten in die Realwelt. Man kann ihn als einen der ersten Vordenker agiler Managementideen sehen, er war gut befreundet mit Peter Drucker. Für ihn waren Probleme immer im Kontext verknüpft, den „Mess", den es durch „Interactive Planning", statt durch „Strategic Planning" zu beherrschen galt. Wir nehmen ihn als Ausgangspunkt, da sich auf dieser Basis ein neuer Weg der regelbasierten Stadtplanung entwickelte[22].

---

21 Die Geschichte stammt aus der sehr empfehlenswerten BBC-Fernsehdokumentation „Machines of Loving Grace" von Adam Curtis
22 Heute akzeptieren viele Unternehmen, dass sich Organisationen nicht vollständig modellieren lassen; vgl. *http://www.fastcompany.com/1802732/generation-flux-meet-pioneers-new-and-chaotic-frontier-business*

Buckminster Fuller und Steve Jobs verband ein Dritter, Stewart Brand, der Autor des „Whole Earth Catalog", Steve Jobs Bibel[23]. Stewart Brand schrieb auch „How Buildings Learn", die agile Bibel für Fortgeschrittene, und nahm sich darin auch dem Thema der Stadtplanung an. Man muss verstehen, dass Stewart Brand das Hippieprojekt inzwischen als Fehlschlag betrachtet[24], und ebenso Selbstorganisation, wenn er sarkastisch konstatiert, dass die Kuppeln von Buckminster Fuller nie wasserdicht waren.

Er hatte sich am Anfang stark für die Ideen der Singularität, der Einheit von Mensch und Maschine, begeistert. Die Ideen von damals, wie z. B. das MEMEX bildeten die Basis für Internet und iPad. Doch dann wandte er sich wieder der Gesellschaft zu. Heute propagiert er vor allem langfristiges Denken à la Buckminster Fuller und sieht Städte als Zukunft der Welt, Orte, an denen jeder ohne Restriktion arbeiten kann, schlägt vor, informelle Wirtschaft zuzulassen und Infrastrukturen bedarfsabhängig zu bauen. Technologie sieht er dabei als weniger wichtig an, Selbstbestimmung bleibt sein Schlüssel zu Effizienz, aber mit Zentralorgan, Grundregeln und festen Grenzen – dem „Ökosystem". Brands erste Grundannahme ist, dass Städte aufgrund ihrer Dichte, ihrer Unterschiede und ihres ständigen Wandels nicht nur effizienter, sondern auch umweltfreundlicher sind.[25]

Seine zweite Grundannahme: Da sich Systeme stabilisieren wollen, muss man der Stadt nur den richtigen Nährboden bieten. Er kombiniert damit das geordnete Chaos von Jacobs mit der zellulären Evolution von Hilberseimer und Ackoff. Es hat sich bereits eine neue Disziplin der systematischen Erforschung dieser Ökosysteme herausgebildet: die Stadtökologie. Doch all dies wird überschattet von wachsenden Abgasproblemen, steigendem Energie- und Fleischhunger, sozialen Unruhen

---

23 Vgl. Fred Turner, „From Counterculture to Cyberculture", University of Chicago Press, 2006
24 Vgl. Brand Eins 01/2012
25 Peter Calthorpe forscht auf diesem Gebiet und untermauert einige dieser Annahmen

und dem Klimawandel. Zwar gibt es Ansätze, auch hier noch komplexere Modelle aufzustellen, um die gesamte Umgebung einer Stadt mit abzubilden, aber wie nach dem Zweiten Weltkrieg haben viele Länder heute nicht mehr die Zeit, diese Selbstorganisation zu analysieren und zu lenken – es scheint, als ob sich Systeme vielleicht doch nicht stabilisieren wollen.

Die Lösung für die globalen Probleme und die Erkenntnis notwendiger Selbstorganisation soll der „New Urbanism" sein: eine noch extreme Planung mit der Unterstützung der Erkenntnisse aus der IT[26], Systemtheorie und Komplexitätswissenschaft. Auf dem Reißbrett entworfene Städte, die aber wie gewachsen aussehen sollen, weil sie auf einfachen Regeln beruhen. Sie verbinden die Flexibilität des römischen Rasters mit der Eigendynamik enger mittelalterlicher Städte. Das offene, chaotische System soll die elegante Ordnung von Fraktalen entstehen lassen. Ganz in Le Corbusiers Tradition wollen sie einen „SmartCode", modulartige Muster für Städte, einführen. Dieser Code hat sogar Major- und Minor-Release-Nummern, der CamelCase in der Bezeichnung unterstreicht bereits den Bezug zur Software[27].

Durchgezogen wird der New Urbanism vor allen in Arabien und China, wo sich die strikt gerasterten Städte als planerische Katastrophe erweisen, die in alle Richtungen explodieren. China muss das unkontrollierbare Ausufern der Städte, den „Urban Sprawl", begrenzen und stattdessen frühere Kleinstädte schnell zu Metropolen ausbauen, wie z. B. Shenzen, das in den letzten dreißig Jahren von 30 000 auf 10 Mio. Einwohner gewachsen ist. Das könne man nur mittels einer „Smart Growth Initiative", getrieben von Andres Duanys Idee der Zusammenführung von

---

26 Mit den Computersystemen der „Space Syntax" wurde in den 1970er-Jahren begonnen, soziales Verhalten von Menschen in Städten zu simulieren und daraus Architektur abzuleiten. Heute ist man noch weiter und bildet im „Urban Metabolism" alle Material- und Energieströme ab.

27 Ironischerweise empfinden Architekten scheinbar Softwareprojekte als so gut geplant wie wir Architektur, beide wissen nicht viel von dieser „Leaky Abstraction".

Alexanders Patterns[28] mit mathematischer Komplexitätstheorie.[29] Der „New Urbanism" will eine neue Welle der Planung auf Basis von kleinen, zellulären Einheiten, sowohl markt- wie auch regierungsgetrieben, lostreten. Sie wollen gleichzeitig rational und empirisch, prozess- und prinzipienbasiert sein. Was sie nicht als Ziel sehen, ist ein gemeinsames, gesellschaftliches Verständnis, eine Community. Damit sind sie doch wieder nah an der falschen Universalitätsidee der Charta von Athen, obwohl sie den Planbarkeitsanspruch vordergründig verurteilen, indem sie Zertifizierungen und Regulierung als Lösung vorschlagen. Sie wollen ein System erschaffen, dass sich wie Wolframs „New Kind of Science" aus kleinsten Regeln organisiert, von Batty die „New Science of Cities" genannt.

Weil diese Regeln aber zentral definiert werden, wird Duany oft vorgeworfen, er sei reaktionär, konservativ und tief im inneren absolutistisch. Sein Gegner Daniel Solomon kritisiert am oben genannten SmartCode[30], der wie eine „Pattern Language" für Kontexte und ihre Lösungen funktioniert, den Universalitätsanspruch. Der zeitlose, perfektionistische Anspruch sei zu starr – er dreht Alexanders Idee der Entwurfsmuster auf den Kopf in einen Glauben an Bausteinsysteme mit fixen Lösungen, die nur angepasst werden müssen.[31] Die neuen Städte in Asien und Arabien werden meist nur Mimikry, Kitsch oder schlichte Kopien europäischer, gewachsener Städte. So stehen viele von ihnen leer und sind reine Trabantenstädte, diese „Ghost Towns" und ihr ständiger Verfall werden zu einem immer größeren Problem.

Es bleibt ein Paradox – überfüllte Metropolen und leere Geisterstädte.[32] Als letzte Hoffnung versuchen sie, in Neuplanungen nach dem Prinzip

---

28 Christopher Alexanders Idee idealistischer Entwurfsmuster, siehe Kapitel 7
29 Ein guter Blog dazu ist Katarxis N° 3, *http://www.katarxis3.com/Introduction.htm*
30 Herausgegeben vom Center for Applied Transect Studies (CATS), allein der Name erinnert schon an CIAM. Die ganze Diskussion unter *http://www.youtube.com/watch?v=i6kO09bIq34*
31 Ich paraphrasiere hier „Solutionism", ein Wort von Evgeny Morozov.
32 *http://www.archdaily.com/425651/how-to-bring-china-s-ghost-towns-back-to-life/*

des „Small Block" die Regeln zurückzunehmen und innerhalb von Grenzen mehr Flexibilität zuzulassen. Das soll den Geisterstädten in kleinen, dorfähnlichen Schritten („Urban Village") Leben einhauchen. Dies ist ein weiterer Versuch, Jane Jacobs mit Le Corbusier zu verheiraten.

Abbildung 2.4: Niemeyers Brasilia, eine Ville Radieuse als Hauptstadt Brasiliens

2.6 Wer hat gewonnen?

Le Corbusier oder Jane Jacobs, Plan oder Evolution, Bottom-up oder Top-down, was ist die richtige Richtung? Man kann die vier Schulen, wenn man möchte, in Quadranten einteilen. Gehen wir von Bottom-up und Top-down aus, kann man als zweite Dimension antragen, ob der jeweilige Ansatz geplant/geregelt/fraktal oder evolutionär/emergent/selbstorganisierend ist. Ich halte das Modell nicht für richtig, aber so kann man die Unterschiede herausstellen.

Top-down	CIAM/Le Corbusier, Garten-stadt, Urban Renewal	Koolhaas, Rossi, Archi-gram, Hilberseimer, Krier
Bottom-up	Duany, Batty (New Urbanism), Brand, Buckminster Fuller	Jacobs, Alexander, Daniel Solomon
	geplant	evolutionär

Tabelle 2.1: Versuch einer Kategorisierung der Stadtplanungsansätze

Es gibt natürlich alle Grauabstufungen zwischen dieser Schwarz-Weiß-Darstellung, so ist Duany mit seiner Anlehnung an Alexanders Patterns eher am evolutionären Ansatz und mit seiner Einbeziehung der Regierung etwas mehr Top-down. Krier ist mehr Bottom-up, weil er traditionelle Entwicklung an monumentalen Strukturen entwickeln sieht. Die tatsächlich heute angewandte Stadtplanung, zumindest in Europa, pickt sich hier aus den verschiedenen Denkschulen die Rosinen heraus. In den USA sieht man bereits neue Strömungen aufkommen, die vor allem auf der Erkenntnis beruhen, dass dort das unaufhaltsame Wachsen der Städte bereits vor zehn Jahren seinen Höhepunkt erreicht hatte. Stattdessen gibt es aufgrund der Mietpreisexplosion langsam wieder einen Trend zu den kleineren Städten und ländlichen Regionen.

Es scheint sich also insgesamt eher der geplante Bottom-up-Ansatz durchzusetzen, ein neuer Pragmatismus vor dem Hintergrund der Erkenntnis, dass man soziale Strömungen nicht aufhalten kann. Stadtplanung rückt wieder näher an die Architektur und damit kleine Änderungen (abgesehen von China und Arabien). Architekten entwickeln wieder Projekte, die sich in existierende Strukturen einfügen, statt wie um die Jahrtausendwende skulpturale Parasiten in die Städte zu pflanzen. Architekturbüros und Think Tanks, wie z. B. BIG, Architecture Research Unit (ARU) oder Architecture BRIO, sind besonders für diesen hybriden Baustil, der sich stark in seine Umgebung einfügt, bekannt. Die ARU konzentriert sich stark auf die Integration von Stadt und Land in diversifizierten Ökosystemen und die Weiter- und Umnutzung existierender Strukturen. Noch extremer begegnet die BIG mit ihrem Manifest „YES IS

MORE" den Theorien aus allen vier Quadranten mit dem gleichen Argument: „Ihr seid wertlos, wenn ihr die existierende Umgebung ignoriert". BIG spielen mit dem System, sie stellen jeden Dogmatismus in Frage. Dabei gehen sie einen Schritt weiter als Koolhaas und stellen sogar das Dogma der unaufhaltsamen Evolution infrage. Für sie ist jede Form von Reibung eine Möglichkeit etwas besser zu machen, wenn sie schreiben: „What if design could be the opposite of politics? Not by ignoring conflict, but by feeding from it."[33]

2.7   Was wir daraus lernen können

Mit dem Agilen Manifest entwickelte sich eine Bewegung gegen jede Form von Architektur und Planung, die in sich genauso dogmatisch[34] war wie Jahre zuvor die Wasserfallplanung[35] und Operations Research. Dann haben wir von beiden Seiten Ansätze gesehen, aufeinander zuzugehen, z. B. den Rational Unified Process (RUP) und Scrum. Das Grundproblem, nicht dogmatisch sein zu wollen, wurde nur selten diskutiert. Stattdessen fanden alle Seiten blumige Beschimpfungen für eine zu laxe Anwendung der Regeln. Würde man diesen nur endlich folgen, funktionierte es. Die Geschichte der Stadtplanung zeigt, dass dies weder Top-down noch Bottom-up, weder blind selbstorganisierend noch strikt geplant funktioniert. Die Stadtplanung illustriert dieses Problem so gut, weil sie die Organisation der Prozesse auf einer anderen Zeitachse sichtbar macht. Das war es, was Jane Jacobs als „Organisation der Komplexität" umschrieb, und was die Kybernetiker später vergeblich versuchten, in eine zeitlose Formel zu gießen. Komplexität ist integraler Bestandteil der Softwareentwicklung, das hat schon Fredericks Brooks festgestellt:

---

33   Bjarke Ingels in: „MAS Context", Issue 1, „More", Spring 2009; siehe auch *http://www.mascontext.com/issues/1-more-spring-09/yes-is-more/*

34   Jim Webber schrieb angesichts dessen er sei ein „Agile Atheist", *http://jim.webber.name/2006/11/agile-atheism/*

35   Im Sinne von SSADM, V-Modell. Zur Frage, ob das Wasserfallmodell jemals so gemeint war, vgl. „The Leprechauns of Software Engineering" von L. Bossavit

„The complexity of software is an essential property, not an accidental one. Hence, descriptions of a software entity that abstract away its complexity often abstracts away its essence."[36]

Für Fred Brooks war Architektur konzeptuell, das Verhalten eines Systems. Doch die Aufgaben eines Architekten sind weitreichender. Die Komplexität der Software hat, wie die Stadt, eine zeitliche Komponente, einen sich ständig evolutionär ändernden Prozess. *Conway's Law* nennen wir die Feststellung, dass sich Organisation und Softwarearchitektur gegenseitig beeinflussen, genau wie die politische Struktur der Megastädte deren Siedlungsarchitektur. Die Geschichte, der Prozess und der Kontext, die Mumford und Rossi beschrieben, bestimmen die Organisation und damit unsere Systeme. Das hat Frank Buschmann in einem Artikel schön umschrieben:

„This close relationship between architecture and process means that architects must think beyond structure and technology to how a system's development unfolds in time."[37]

Architektur muss ein Prozess sein, denn an Software arbeiten heißt, mit Komplexität zu arbeiten: „What architecture wants from process is space and time to learn."[38]

Das heißt nicht, dass ein Prozess automatisch eine gute Architektur produziert, die Prinzipien und Artefakte sind ebenso wichtig.[39] Aber der Prozess, der zeitliche Verlauf, ist eine zentrale Komponente der Architektur und der Rolle des Architekten. Im ersten Kapitel von „Beautiful Architecture" erklären John Klein und David Weiss, dass die Schönheit in einer Systemarchitektur vor allem in einer strukturellen Konsistenz

---

36 Frederick P. Brooks, „The Mythical Man-Month", zitiert aus: Booch et al., „Object-Oriented Analysis and Design with Applications", Pearson, 2007, S. 8

37 In: IEEE Software Vol. 30, Mar/Apr 2013 bzw. unter *http://www.infoq.com/articles/architecture-and-agility-good-friends*

38 Ebd.

39 In „Beautiful Architecture" wird auf Jim Waldo verwiesen, der in „On System Design" gezeigt hat, dass ein Prozess noch keine Architektur macht.

liegt, welche effizient und effektiv erreicht wurde. Damit erweitern sie Fred Brooks Konzept der „konzeptuellen Integrität" um den Begriff der Struktur. Ihr Ziel ist dabei eine „Hall of Fame" schöner Strukturen darzulegen, an deren Beispiel neue Architekten ihre Architekturen orientieren können. Der zentrale Faktor, um in die Hall of Fame aufgenommen zu werden, ist für sie das Bestehen eines Systems gegen den Zahn der Zeit, die „Changeability", die Anpassbarkeit an die Umstände. Ich mag die Idee der Galerie statt einer Silver Bullet, was mir aber fehlt, ist die Erklärung des Prozesses und der Umstände. All die aufgeführten Systeme haben dem Zahn der Zeit standgehalten – aber als einzelnes System. Dies kann man auch über das rigorose Management der Umstände erreichen – einige der vorgestellten Systeme sind VMs, die per Definition den Kontext abschirmen. Es wäre interessanter gewesen, Systeme zu zeigen, die aufgeteilt wurden, mit anderen verschmolzen oder sich im Inneren vollkommen veränderten.

Was wäre eine geeignete Metapher, um den zeitlichen Prozess, um die Organisation der Komplexität darzustellen, statt der konzeptuellen, statischen Struktur? Wie ich in der Einleitung gezeigt habe, sind Gebäudearchitektur und Bauwesen keine besonders guten Metaphern. Einer meiner Favoriten stammt aus dem „Pragmatic Programmer": „Software is more like gardening – it is more organic than concrete [...] You constantly monitor the health of the garden."[40] Diese Aussage ähnelt jener eines zeitgenössischen Gebäudearchitekten, Luis Barragán: „I don't divide architecture, landscape and gardening to me they are one."[41]

Das Problem an der eigentlich so schönen Gärtner- bzw. Farmermetapher ist, dass sie von recht unkontrolliertem Wachstum ausgeht – nicht von innewohnender Komplexität sondern von falscher, unbeabsichtigter Komplexität. Und um diese zu organisieren, gibt es genauso viele Stile wie in der Stadtplanung. Die etwas starke Betonung des Monitoring klingt

---

40   A. Hunt und D. Thomas, „The Pragmatic Programmer", Addison-Wesley, 1999, S. 184
41   In: Molly Jane Quinn, „It's Lonely in the Modern World", Chronicle, 2011, S. 90

stark nach Lean und Kontrolle, nach kybernetischen Prinzipien. In der Geschichte der Gärten gab es genauso die Renaissanceparks und absolutistischen Gärten des Barock, die durchaus das kartesische Weltbild der kontrollierten, vermessbaren Natur übertragen wollten. Erst im Rokoko fingen die Gärten an, verspielter zu werden und das „Landhaus"-Idyll kam auf. Der Durchbruch der Parks nach englischem Vorbild kam erst mit der, sehr wohl auch geplanten, Gartenstadtbewegung[42]. Also wäre vielleicht der Landhausgärtner mit dem geordneten Chaos ein besseres Vorbild? Der Unkrautjäter? Oder der Bonsaigärtner[43]? Der Gartenstadtarchitekt? Oder der Großgrundagrarwissenschaftler?

Hier bewegen wir uns offensichtlich wieder im Feld der oben genannten Denkschule 1, der Evolution. Was aber, wenn Denkschule 2, das kartesische Ideal, doch möglich ist, wenn man nur tief genug graben müsste, um im Sinne einer „New Kind of Science" alles simulieren zu können? Fowler schlägt vor, den Architekten eher als Lotsen zu sehen, was sehr dem Ansatz von Rem Koolhaas' sozialer bzw. räumlicher „Verdichtung" entspricht, der Entscheidungen, aber auch Dynamik provoziert. Und wer weiß, ist der Lotse nicht auch das Bild, dem die Kybernetik zugrunde liegt – das Steuern über ständige Rückkopplung? Greg Bryant forscht an dieser Grenze zwischen Komplexitätstheorie, Biologie und Wahrnehmung mit seinem „Blooming Logic"-Projekt[44]. Seine Grundannahme ist, dass ein Programm aus Sequenzen, die zu Strukturen zusammengefasst werden, sich organisch entwickelt und daher wie ein Baum oder eine Blume „entblättert". Es besitzt eine inhärente Struktur, die wir sofort erfassen, ohne verschiedene Ideen der Dokumentation betrachten zu müssen. Also ist die bessere Metapher vielleicht die des Biologen, mit seiner strengen Taxonomie der Gattungen? Der Zoologe? Der Naturforscher à la Alexander von Humboldt?

---

42 Wen das interessiert, dem sei der Gartendesigner Piet Oudolf, *http://www. oudolf. com/piet-oudolf/process-of-making*, empfohlen.
43 Ein Bild von Victor Grgic, *http://leanarch.eu/2012/07/30/bonsai-agile-architecting-metaphor/*
44 Siehe *http://www.corememory.org/* und *http://www.gregbryant.com*

Irgendwann am Ende meiner Schulzeit saß ich abends öfter in meiner Stammkneipe und las Hofstadters „Gödel, Escher, Bach". Das Buch faszinierte mich, auch wenn mich damals nach *Blade Runner* die Idee der künstlichen Intelligenz eher abschreckte, und ich kämpfte mich unter Qualen durch jede Seite. Eine Mathematikleuchte war ich nie. Aber obwohl ich fast nichts aus dem Buch verstand, löste es einen gewissen Optimismus aus, der mich dann im Studium mit demselben Misserfolg Wolframs „A new kind of Science" lesen ließ. Auch hier war ich von der reduzierten Idee eines weltumspannenden Computers, der Weltformel, nicht überzeugt. Dafür war ich als Designer zu stark in der echten Welt und der kritischen Theorie verankert. Doch ebenso wie bei Hofstadter reizte mich die Komplexität der Einfachheit, die Kunst, aus etwas nicht Wissenschaftlichem etwas annähernd Wissenschaftliches, das holistische System, zu machen. Zelluläre Automaten haben, wie künstliche Intelligenz und der Turing-Test, eine gewisse Faszination, der man sich nicht entziehen kann. Doch selbstorganisierende Kritikalität ist bei Weitem nicht als allgemeingültiges Konzept anerkannt und von Maschinenbauerfreunden weiß ich, dass die Turbulenzlehre immer noch dunkle Magie ist. Von den Quantenphysikern ganz zu schweigen. Es scheint wohl so, dass wir Realweltsysteme und mit ihnen den Bau von Softwaresystemen nie wirklich verstehen können.

Denkschule 1 und 2 lassen sich nicht einzeln betrachten, genauso wenig wie die vier willkürlichen Quadranten oben. Wir müssen, so wie in „YES IS MORE" geschrieben, die Herausforderung annehmen, uns je nach Kontext umentscheiden zu können. Statt dogmatischer Methodiken müssen IT-Architekten aus dem Konflikt Kraft schöpfen. Nicht nur resilient, also fehlertolerant, sondern, wie es Nicolas Taleb genannt hat, „Antifragil" sein. Nicht nur die Systeme, die wir bauen, sondern wir selbst müssen an Herausforderungen wachsen. In den letzten Jahren wurden diese Ideen in vielen Bereichen umgesetzt. Angefangen mit Adaptive und Affective Computing, die zuerst Kunst und Informatik verknüpften, um die Wahrnehmung von Software hinter ständiger Anpassung verschwinden zu lassen. Dann Pervasive Computing, das Ideal der in Dingen verschwindenden Software. Etwas weniger visionär, anknüpfend an Darwins Aussage, dass die erfolgreichste Spezies jene sei, die „most responsive to change" sei, dann „Responsive Design". Erst Schlagwort für HTML-Oberflächen, die sich jedem Gerät und Nutzungskontext anpassen, heute der Standardausdruck für „Anti-Fragilität". Längst hat sich das Reponsive-Prinzip bis in die Architektur durchgesetzt – Netzwerke, Ressourcen und APIs sollen responsive sein: „Responsive Everything". Und zuletzt „Resilience", aufgekommen in DevOps und Teil des „Reactive Manifesto" um zu zeigen, dass alle IT-Systemdimensionen flexibel sein müssen. Reactive Software, die man auch genauso antifragil nennen könnte, ist laut Martin Odersky einer der wichtigsten Entscheidungstreiber für heutige Technologieplattformen.

Etwas weniger plakativ als Taleb und Odersky hat das John Gall in seinem zweiten Gesetz zum Überleben für Systeme seiner empfehlenswerten (humoristischen) „Systems Bible" formuliert: „In Order to remain unchanged, the system must change."[45] Manny Lehman hat das in die IT übernommen und erklärt, dass sich selbst überlassene Softwaresysteme immer komplexer werden, wenn nicht das ganze Team eine Meisterschaft darin entwickelt, diese Komplexität aktiv zu reduzieren. Geoffrey Moore hat das noch weiter auf Enterprise-Architekturen übertragen: Der Technology Adoption Life Cycle gilt, die Welt um uns ändert sich ständig – und das heißt, Systeme müssen sich daran anpassen: „The winning strategy does not just change as we move from stage to stage, it actually reverses the prior strategy."[46]

Menschen, und dazu gehören auch Architekten, sind sehr schlecht darin, die Zukunft vorauszusagen – selten funktionieren prediktive Modelle besser als ein Münzwurf.[47] Das erkannten bereits weitere Wissenschaftler kurz nachdem die kybernetischen Managementmodelle, wie z. B.

---

45 J. Gall, „The Systems Bible", General Systemantics Press, 2002, S. 163
46 G. Moore, „Inside the Tornado", Harper Business, 1999, S. 10
47 Wen das interessiert, dem sei „Thinking Fast, Thinking Slow" oder „Blink" und „Predictibly Irrational" empfohlen.

Strategic Planning, aufkamen. Daraufhin entwickelten sich Konzepte wie Mintzbergs „Emergent Strategy" oder C. S. Hollings „Adaptive Management". Diese waren iterative Verfahren, um auf Basis von Kennzahlen einen Plan anzupassen. Später wurden alle zusammen mit Russels „Strategic Thinking" vermischt[48]. Trotzdem ist das „Linear Thinking", also das einfache schrittweise Befolgen eines Plans, auch dreißig Jahre später immer noch häufig anzutreffen. John Gall hat das „Axiom der vollständigen Vorbereitetheit auf die Vergangenheit" aufgestellt: Ein Plan kann die Zukunft nicht vorhersagen, die Vergangenheit nur weiterspinnen. Er zitiert Parkinson, der am Beispiel der Architektur von Versailles, dem Palais des Nations und dem Pentagon zeigt, dass Planbarkeit nur ein Symbol ist. Denn alle diese Gebäude wurden von politischen Systemen erstellt, die kurz vor dem Zusammenbruch standen. Sie nutzten die Symbolkraft der Architektur, um ein letztes Mal die eigene innere Verrottung zu übertrumpfen. Wie er es ausdrückt: *„Perfection of planning is a symptom of decay."*[49]

Jared Diamond zieht diese Erkenntnis auch beim Zerfall von Nationen[50] heran, meist kommt der Fall direkt nach dem Höhepunkt, weil sich kurz- und langfristige Interessen widersprechen. So kollabierten die Maya kurz nachdem sie ihre größten Städte fertiggestellt hatten[51]. In jeder Disziplin gibt es die Planer, welche Perfektion für möglich halten, die Unwägbarkeiten nur mit noch komplizierteren Plänen entgegentreten. James Scott vergleicht Le Corbusiers Pläne mit denen des Leninismus und sieht als Gemeinsamkeit, dass beide die Zufälligkeit der Zukunft vollständig ignorieren. Lenin wollte Russland mittels Elektrizität zu

---

48 Heute hört man manchmal VUCA (Volatility, uncertainty, complexity and ambiguity) oder Impact Mapping als Nachfolger.
49 J. Gall, „The Systems Bible", General Systemantics Press, 2002, S. 32
50 J. Diamond, „Collapse", Penguin, 2005
51 Grady Booch forscht an den ethischen Implikationen des „Computing" und beobachtet auch, wie Computer, ähnlich wie Städte, die Geschichte von Nationen verändert haben: *http://computingthehumanexperience.com/resources-4/lectures/woven-on-the-loom-of-sorrow/*

einer neuen Gesellschaft machen[52]. In ihrem Ziel einer transformierten Gesellschaft waren sich die beiden also sehr ähnlich. Zusammenfassend kann man sagen: Dogmatismus und Perfektionismus sind immer vereinfachend und daher gefährlich. Softwarearchitekten müssen für jede Zeit eigene Entscheidungen finden, welche zwischen rational und empirisch, zwischen Top-down und Bottom-up entscheiden. Nicht versuchen, dogmatische Ansätze zu verheiraten, sondern einen hybriden Ansatz zu finden, der sie neu für den organisatorischen Kontext denkt. Denn, wie C.A.R. Hoare schon in Microsofts „Code Complete"-Buch geschrieben hat:

„There are two ways of constructing a software design: One way is to make it so simple that there are obviously no deficiencies and the other way is to make it so complicated that there are no obvious deficiencies."[53]

---

52   Vgl. den Vortrag *https://static.pinboard.in/webstock_2014.htm*
53   S. McConnell, „Code Complete", Microsoft Press, 2004, S. 78

3 Zwei Denkmodelle

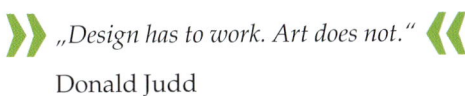 *„Design has to work. Art does not."*

Donald Judd

3.1   Kunst vs. Wissenschaft

In Kapitel 2 habe ich zwei Denkmodelle eingeführt. Ich habe sie, in Anlehnung an „Thinking fast, Thinking slow"[1] einfach nur 1 und 2 getauft. Man könnte sie aber auch die künstlerische und wissenschaftliche, oder, nach David Gelernters „The Aesthetics of Computing" die synthetische und die analytische Herangehensweise nennen.

---

1   Ein Buch von Daniel Kahneman, der zwei Systeme der Entscheidungsfindung im Hirn präsentiert: langsam und logisch sowie schnell und emotional.

Diese beiden Systeme oder diese Gegenüberstellung finden sich immer wieder. Die Frage, ob Programmierung eine Kunst oder eine Wissenschaft ist, kann nicht beantwortet werden, denn sie ist beides. In Kapitel 1 habe ich kurz beleuchtet wie NATO und ACM in den 1960er-Jahren versucht haben, die Programmierung aus den Bereichen Kybernetik, Linguistik und analytischen Philosophie herzuleiten. Viele formale Methoden aus dieser Zeit haben sich bis heute erhalten. Dem gegenüber standen die Künstler, die Hacker, z. B. Edsger Dijkstra, Donald Knuth und Paul Graham. Sie argumentierten immer wieder, Programmierung sei eine Kunst, weil sie vor allem Einfallsreichtum, Kreativität und Sinn für Schönheit[2] erfordere. Doch diese drei Attribute kann man auch auf die Wissenschaft anwenden[3]. Es ist wie Richard Feynman es beschrieben hat: Wissenschaft ist, die Regeln von Schach zu kennen, Kunst ist, gut spielen zu können. Kunst kann andere Spiele spielen, aber das Spiel der Natur muss die Wissenschaft mit derselben Kreativität herausfinden. Obwohl Donald Knuth sein Lebenswerk „The Art of Computer Programming" genannt hat, ist er kein Freund der objektorientierten Programmierung, da sie sich nicht formal beweisen lässt.

3.2 Phänomenologie vs. Konzept

Glücklicherweise konkurrieren diese beiden Konzepte nicht nur in der Informatik, sondern in so gut wie jedem Wissensfeld miteinander. Die Philosophie nennt diese beiden Denkschulen analytische Philosophie, oder Positivismus, und Phänomenologie. Manchmal wird letztere auch als „kontinental" bezeichnet, weil die analytische Philosophie im angelsächsischen Sprachraum besonders stark war[4]. Beide waren sehr unterschiedliche Reaktionen auf Kants rationale und empirische Erkenntnis, haben sich zwischenzeitlich jedoch wieder angenähert. Es gibt immer

---

2   Der eine ganze Einführung in die Wissenschaftsphilosophie unter *http://www.paulgraham.com/knuth.html* schreibt
3   Vgl. dazu z. B. P. Rowe, „Design Thinking", MIT Press, 1987, S. 112
4   Siehe auch die „Analytic-Continental Divide" und Bertrand Russels Arbeiten

noch Diskussionen. Wen das interessiert, dem sei die Debatte Slavoj Žižek vs. Noam Chomsky ans Herz gelegt.

In der Gebäudearchitektur und Stadtplanung, die ich immer gemeinsam betrachte[5], gab es diese Bewegung genauso. Kant war ein Zeitgenosse von Ledoux, welcher als Ausgangspunkt für die Moderne in der Architektur betrachtet wird. Nach der französischen Revolution bewegten sich wie in der Philosophie auch in der Architektur diese beiden Denkmodelle auseinander[6]. In der Architektur spricht man von der Phänomenologie auf der einen, und Rationalismus auf der anderen Seite. Begriffe wie „funktional" und „modern" sind hingegen zweideutig und häufig, wie beim Bauhaus, nicht klar einer Schule zuzuordnen. Deshalb habe ich in Kapitel 2 nicht diese strikte Trennung sondern Achsen verwendet, um die Denkmodelle gegenüberzustellen.

Die Phänomenologie beruht auf unserer Wahrnehmung und dem Gefühl, die Architektur solle sich um den Menschen kümmern, und den Kontext einbeziehen. Heideggers „Bauen Wohnen Denken" ist hier der Schlüsseltext, aber eigentlich geht diese Schule bis auf die traditionelle Architektur zurück, auf empirische Erfahrung und Sinneseindrücke. Einer der berühmtesten Protagonisten ist Peter Zumthor, dessen Therme Vals, das Titelbild dieses Kapitels, eines meiner Lieblingsbauwerke und Zufluchtsorte ist.

Der Rationalismus hingegen ist das analytische, konzeptuelle, oft mathematische, die „Top-down"-Herangehensweise. Er besitzt viele Unterströmungen wie die Kybernetik, die Zeichentheorie (Architektur als Symbol) und die Architektur der Aufklärung. Streng betrachtet ist der Rationalismus nur eine kurze Phase, soll hier aber für alle konzeptuellen Herangehensweisen stehen, welche den Kontext der Methode unterordnen – für sie ist der Plan die Architektur, nicht das Gebäude. Damit ist das Bauhaus rational, genau genommen funktional, ebenso wie die Postmoderne, nicht aber zwingend die Moderne.

---

5   Im Sinne von Rossi „architecture is a small city and the city is a big building"
6   Eine hervorragende Einführung „Peter vs. Peter" von AJ Artemel unter *http:// architizer.com/blog/peter-versus-peter/*

3.3 Organisch vs. mechanisch

Dass diese beiden Denkansätze auch in der Philosophie nicht gelöst sind, sollte uns helfen zu verstehen, dass sie sich gegenseitig ergänzen. Man kann die beiden Ansätze auch Top vs. Bottom oder Mikro-Makro nennen.

Die andere Dimension ist die Entwicklung von konzeptuell und empirisch. In der zeitlichen Entwicklung, dem Prozess, gibt es die Möglichkeit, ständig zu planen und einzugreifen, bzw. Abweichungen vom Plan gar nicht erst zuzulassen. Oder eben mit dem Fluss zu schwimmen, die Evolution des Systems zu nutzen und nur einzugreifen. Der Begriff organisch wird in der Architektur gerne verwendet, hat sich jedoch gewandelt. Seit Aristoteles war man der Meinung, der Körper sei eine Maschine. Sprach man also von „organisch", meinte man damit, was wir heute als „mechanisch" bezeichnen würden. Das mechanistische Weltbild kam mit Descartes, Newton und Leibniz auf, die den Mensch im „Uhrengleichnis" als Maschine betrachteten. Obwohl das Maschinenparadigma von Kant gebrochen wurde, und die Zeit der Naturwissenschaft anbrach, gab es die Notwendigkeit, Wissen zu formalisieren, wie z. B. Carl von Linnée mit seinen Taxonomien in der Biologie – die mechanische, formalisierte Betrachtung der Welt blieb für immer in unserem Wortschatz. Architekten wie Palladio und Ledoux versuchten, aus ihrer Profession eine Wissenschaft zu machen. Oder Marc-Antoine Laugier, der auf Basis von einfachen Bauregeln ähnlich der zellulären Automaten des New Urbanism, alle Gebäude aus Grundformen wie „Säule", „Block" und „Pyramide" heraus erstellen wollte. Ebenso Jean-Nicolas-Louis Durand, der ein streng geometrisches Raster entwarf, mit dessen Hilfe man Gebäude aus Eisenfertigteilen „berechnen" konnte.

Dank Darwin entwickelte sich unser Bild von „organisch" weiter, und Themen wie Emergenz und Evolution rückten in den Fokus. Das alte mechanisch-organische wurde zu organisch im Sinne von natürlich, im Leben, sich mit dem Körper befassend – der Phänomenologie. Aber auch zum „Survival of the fittest", einer neuen Ordnung auf Basis individueller Macht.

Anthony Vidler nennt diese beiden Entwicklungswege Typologien[7], also Klassifikationssysteme. Die Typologie der „Hütte" laut Laugier, und die Typologie der „Industrie", nach Le Corbusier. Während der Ansatz der Hütte auf Emergenz aufsetzt, unter der Annahme einer natürlichen Ordnung der Natur, setzt der industrielle auf die Mechanik. Beide sind sich jedoch darin ähnlich, dass sie ihre innere Natur von einer anderen Metapher ableiteten, der Maschine bzw. der Evolution. Vidler argumentiert, dass Ende der 1970er eine neue, dritte Typologie entstand. Diese löst sich von den alten Metaphern und besinnt sich auf ihre eigene Kraft. Statt sich nach alten Ideologien aufzuteilen, baut sich diese Typologie aus neuen Regeln auf, die Geschichte und Kontext einbeziehen. Die Architektur ist demnach nicht mehr ein Werkzeug der Mächtigen sondern nur noch sie selbst.

Damit wurde aus der Architektur ein selbstständiges Feld, das nicht mehr von Romantik, Utopie, Nostalgie oder Folklore[8] geprägt war. Ich wünsche mir, dass die Softwarearchitektur einen ähnlichen Schritt unternimmt und sich zu einer eigenen Wissenschaft ohne Metaphern und Methoden aus Gebäudearchitektur, Mathematik, Management oder Industrie entwickelt. Um diesen Anspruch zu unterstreichen, habe ich die Entwicklung der Konzepte in Gebäude- und Softwarearchitektur illustriert (siehe dazu die Abbildung auf der Innenseite des Umschlags). Beide Welten verlaufen parallel – nur in kürzerem Zeitabstand. Die horizontale Achse ist teilweise historisch, aber nicht konsequent. Wichtiger ist eher zu verstehen, dass es Extreme gibt, aber auch die „Third Typology", die Zusammenführung. Wie Vidler sagt: „Architecture, in this final apotheosis of mechanical progress, was consumed by the very process it sought to control for its own ends."[9]

---

7   A. Vidler, „The Third Typology", 1976, in „Theorizing, A new Agenda for Architecture", Princeton Architectural Press, 1996
8   Zur Folklore in der Softwareentwicklung siehe Laurent Bossavit „The Leprechauns of Software Engineering"
9   A. Vidler, „The Third Typology", in: K. Nesbitt, „Theorizing: A new Agenda for Architecture", Princeton Architectural Press, 1996, S. 260 ff.

Mein Lieblingszitat aus der Softwarearchitektur zur „Third Typology"
kommt aus einem Node.js-Blog. Dem Eintrag, bei dem mir das erste
Mal die Parallelität zu den Typologien so extrem aufgefallen war. Emily
Tanaka-Delgado schrieb, Node.js sei[10] „kinetic,connected, scalable, modular, mechanical and organic."

Formale Beweisbarkeit

Ob Programme formal beweisbar sein sollten oder überhaupt könnten, ist eine ebenso unbeantwortbare Frage wie die, ob Programmierung Kunst oder Wissenschaft ist. Hier verweise ich auf Evan Miller,
der das im „Mathematical Hacker"[11] sehr gut zusammengefasst hat.
Hin und wieder tauchen jedoch mathematische Konzepte in Programmiersprachen auf, die zwar aus dieser Tradition der Informatik stammen, heute aber keinen Sinn mehr ergeben. Eines meiner Lieblings-
beispiele sind Fließkommazahlen nach IEEE 754. Das mathematische
Konzept dahinter ist sinnvoll und bietet für einige Berechnungen, z. B.
in Statistik und Computergrafik, Vorteile. In den meisten Geschäftsanwendungen aber hat die inhärente Ungenauigkeit der Fließkommazahlen nichts zu suchen. Hier schleppen moderne Programmiersprachen
ein Konzept aus der Frühzeit der Computer mit, das nur noch sehr selten benötigt wird – und dann bewusst mit Fachkenntnis der Unend-
lichkeit und Nullbehandlung angewendet werden sollte. Schon in den
1970er-Jahren hieß es in „Elements of Programming Style": „Floating
Point numbers are like sandpiles: Every time you move one, you lose
a little sand and you pick up a little dirt". Warum hat Java nicht wie andere Sprachen eine Klasse *DoublePrecisionNumber* eingeführt, die
auch wirklich den gesamten Standard abdeckt, und stattdessen jede
mit einem Punkt getrennte Zahl als BigDecimal interpretiert? Gut,
damals war noch alles viel langsamer und musste optimiert werden,
und den Pentium Bug hätte es nicht gegeben. Smalltalk hat uns den
Fraction-Datentyp für rationale Zahlen geschenkt, bei Clojure Ratio
genannt. Aber warum hat auch JavaScript die C-Syntax übernommen
und schlimmer gemacht?

---

10 *http://blog.nodejs.org/2011/07/11/evolving-the-node-js-brand/*
11 Siehe *http://www.evanmiller.org/mathematical-hacker.html*

4 Raum

CC BY-SA 3.0/brian donovan

 „Architecture should have little to do with problem solving – rather it should create desirable conditions and opportunities hitherto thought impossible."

Cedric Price

In Kapitel 1 hatte ich die Mutmaßung geäußert, dass die USA den Palladianismus, also die neoklassizistische Architektur nach strikten Regeln, so mochten, weil sie tendenziell eher mit der analytischen Philosophie sympathisieren. Palladio und später Ledoux definierten Architektur als die Folge von Räumen, statt nur Struktur von Wänden. Sie führten ein System um den Menschen herum ein, das Le Corbusier mit seinem *Modulor*-Raumsystem perfektionierte. Le Corbusier war, obwohl er dieses

System, welches nach strikten Regeln funktioniert, hatte, überraschenderweise in den USA nicht sehr erfolgreich.[1]

4.1　Form follows Function

Im Jahr 2013 ist das „Maker Movement" in. Zeitschriften und Blogs zum Selbermachen und Selberhacken schießen wie Pilze aus dem Boden. Webseiten wie Etsy sind Superstars, Konferenzen sind überflutet von Minirobotern und Strickkunst um Parkpoller ist zum normalen Teil des Stadtbilds geworden.

Vor gut 100 Jahren gab es in England und den USA eine ganz ähnliche Bewegung – damals *Arts and Crafts Movement* genannt[2]. Sie kämpfte gegen die Industrialisierung an, indem sie „Craftsmanship" und die Zusammenarbeit der Künste förderte, beruhend auf dem Ideal der Romantik, der Gärten und der Gilden. Ihre Formensprache, die Art Nouveau, bei uns Jugendstil genannt, war eine gleichzeitig organische und graphisch klare Illustration: Technik und Natur kombiniert. Die Natur darin läutete einerseits die Phase des Heimwerkens ein, mit Zeitschriften wie „House and Garden" oder „The Craftsman". Deren Ideen haben sich über die Selbermachenpropheten bis heute hinübergerettet, nicht zuletzt in die Architekt-als-Gärtner-Metapher und das *Software Craftsmanship* Movement. Aber andererseits läutete der Art Noveau mit seiner disziplinierten, graphischen Darstellung auch das Gegenteil ein – was in England „Modern Style" genannt wurde. Damit wurde der Jugendstil zum Ausgangspunkt dessen, was wir als „Moderne" bezeichnen.

---

1 Le Corbusiers Stadtplanungsideen waren in Europa genauso wenig erfolgreich wie in den USA, allerdings wurden in Europa einige Gebäude nach der Idee der Unité d'Habitation umgesetzt. Grund dafür war in Europa wohl eher die bestehende Bausubstanz und weniger politische Handlungskraft als in Asien und Südamerika.

2 Siehe Morozov in New Yorker *http://www.newyorker.com/arts/critics/atlarge/2014/01/13/140113crat_atlarge_morozov*

Als einer der ersten benutze Louis H. Sullivan die organischen und graphischen Illustrationen als Basis für eine neue Klarheit, die mit revolutionären Bautechniken wie Stahlbeton zu erreichen war. Damit prägte er den US-amerikanischen Hochhausbau. Im Gegensatz zur europäischen Moderne, die dogmatischer und funktionaler war, auf Adolf Loos' „Ornament und Verbrechen" gegründet, beruhte die amerikanische Moderne also auf der Romantik und dem Selbermachen. Dies war der Hintergrund, vor dem Sullivan schließlich, an Vitruvius Ideale anknüpfend, das berühmte Mantra der Moderne formulierte: *Form (ever) follows function.*

4.2 Prairie

Sullivan erklärte auch, dass das Leben sich immer an die Umstände anpasst. Form follows function ist kein Dogma, sondern eine Feststellung: Das Leben sucht sich immer die *fitteste* Form heraus. Er nimmt dies zum Anlass, den Sinn eines Gebäudes herauszustellen, die Nutzung und Organisation der Räume flexibler und fitter zu machen. Er wollte damit, obwohl die Wolkenkratzer so technisch waren, eine Rückkehr zur Natur herstellen.

Glaubt man Michael Pollan[3] ist dies der zentrale Unterschied zwischen der europäischen und der amerikanischen Architektur. Die europäische ist schützend, aus der Historie des Mittelalters, Raubrittern und Kleinkriegen, während die amerikanische naturbesitzergreifend ist, aus der Historie der Besiedlung. Die unterschiedliche Interpretation der Moderne in Europa und den USA ist auf der europäischen Seite die gesellschaftlichen Umerziehung, und auf der anderen Seite des Atlantik das Lossagen von der Tradition und das bessere Zusammenleben in Freiheit und mit der vom Menschen geformten Natur.

---

3   In „A Place of my own"

CC BY-ND 2.0/Rex Brown

Abbildung 4.1: Richard Neutra, das Kaufmann House

Dieses Zusammenleben mit der Natur inspirierte Frank Llyod Wrights Prairie-Stil. Frank Lloyd Wright war, nach eigener Aussage unter Eid, der bedeutendste Architekt der Welt. Man kann all die Geschichten voller Eitelkeiten, die um ihn kreisen, nicht alle glauben. Angeblich ist er bei Marilyn Monroe im Auto eingeschlafen, und einem Kunden soll er empfohlen haben, einfach Eimer unter das tropfende Dach zu stellen. Modelle seiner Häuser ließ er nicht zu, es waren immer Zeichnungen aus der Froschperspektive, um das Monumentale der Gebäude zu unterstreichen. Wrights Privatleben verlief alles andere als ruhig. Nach langer Ehe verließ er plötzlich seine Familie, um mit der Frau eines Auftraggebers nach Deutschland zu gehen. Zurück in den USA, erlitt er einen schweren Schicksalsschlag: Sein eigenes Haus brannte nieder, bevor seine neue Familie rechtzeitig flüchte konnte. Er ging daraufhin nach Japan und heiratete wieder. Nach seinen ersten Erfahrungen im Büro von Sullivan entwickelte er, mit Einflüssen aus Japan, einen ganz anderen, noch organischeren, natürlichen Stil und probierte ihn in seinen im Niemandsland gelegenen Ateliers aus.

Seinen neuen Baustil wollte er als „Living City" auf die Stadtplanung übertragen, seine „Broadacre City" sollte als unendliche Gartenstadt in die Natur eingebettet werden. New York könne man stattdessen „einfach in die Luft sprengen". Und seine „Usonian Houses" sollten eine neue Wohnqualität für alle schaffen – auch für Normalverdiener. Sie unterschieden sich von Le Corbusiers Stil durch ihre Einfachheit und Personalisierbarkeit. In seinem Manifest „The Art and Craft of the Machine" stellt er die Industrialisierung in Frage, da die Maschine immer der Kunst untergeordnet sein müsse – nicht der Mensch der Wohnmaschine, wie es Le Corbusiers Vision war.

Abbildung 4.2: Guggenheim Museum, von Frank Lloyd Wright 1943 geplant

In die Architekturgeschichte ging Wright jedoch nicht dank seiner Exzentrik ein, sondern aufgrund seines Bezugs zu Räumen. Mit den ihm zur Verfügung stehenden Bautechniken konnte er auf den Konzepten von Palladio, Ledoux, dem Bauhaus, Sullivan und seinen Erfahrungen aus Japan aufbauen. Er durchbrach das System der festen Räume: Der

„Open Plan" war geboren[4]. Bestes Beispiel ist wohl sein Spätwerk, das Solomon R. Guggenheim Museum in New York. Revolutionär war daran, dass ein einziger, sich windender Raum Kunst und Architektur zu einer „Symphonie" zusammenführen sollte. Die Architektur sollte die Kunst erlebbar machen.

Wright stammte aus einer Farmerfamilie, und all seine Gebäude spiegeln dieses Ausgreifen in die Natur wieder. Diese Ruhe „auf der Suche nach Licht", als Wertschätzung der Schönheit der Natur, wollte er in seinen Häusern wiederfinden. So verwendete Wright immer wieder japanische Wände[5], statische, dekorative, aber auch bewegliche. Seine Prairie-Architektur sollte das Prinzip der Einbettung von Gebäuden in die Natur und das Aufbrechen der einzelnen Räume in kleinere, in den Garten übergehende Bereiche auch beherzigen. Die Architektur sollte in das Land hinausgreifen, unsichtbar werden, aber gleichzeitig so konzentriert und ruhig wie japanische Häuser. Auch seine Idee der Transparenz, der sich auflösenden Wände, geht auf die beweglichen Papierwände und den japanischen Leichtbau zurück. Er ist damit der Vater der Konfigurierbarkeit, der Adaptability, der Modularität, der Organisation des Raums an den Bewegungen und dem Lebensstil, nicht den Maßen des Menschen.

Diese Transparenz der Wände griffen seine Folgeschulen ganz anders auf: auf der einen Seite der deutlich strengere, noch offenere *International Style*[6], auf der anderen Seite der noch natürlichere, gedrängtere *kritische Regionalismus*. Wrights Räume bestanden aus geschichteten Natursteinwänden, großflächigen, glatten Holzverschalungen, Kunst sowie raum-

---

4   Wright standen noch nicht die Techniken zur Verfügung, einen vollen freien Grundriss zu gestalten, doch er war einer der Ersten, welcher Räume nicht funktional aufteilte, sondern Funktionen über Räume. Der echte „freie Grundriss" wurde schließlich von Le Corbusier und Mies van der Rohe, auf dem „De Stijl" aufbauend, durchgesetzt. Erst im Strukturalismus, z. B. von Kenzō Tange, wurde beides wieder vereint.
5   Siehe „Frank Lloyd Wright and the Art of Japan" von Julia Meech
6   Was wir häufig „Moderne" nennen, z. B. die neue Nationalgalerie von Mies van der Rohe, welcher das Motto „Less is more" populär machte.

hohem Glas. Heute sind japanische Kunst und Buddhafiguren zum esoterischen Kitsch verkommen, Holz und Stein findet man in jedem billig gemachten Designhotel. Dass sich Wrights Stil aber doch als wahrhaft internationaler Stil in allen Bars dieser Welt durchsetzte, während „International Style" und „Kritischer Regionalismus" als zu konzeptuell verstanden wurden, ist dieser etwas kitschigen wohnlichen Qualität zu verdanken. Er erkannte zum richtigen Zeitpunkt die Bewegung weg vom Exterieur und hin zum Interieur: Behaglichkeit steht über der repräsentativen äußeren Funktion[7], Wände schränken eher ein, als dass sie schützen, und ein Haus ist immer Teil der Gesellschaft um es herum. Er bewies, dass ein Raum transparent sein kann, solange er ein Zentrum besitzt: die Feuerstelle in der Hausmitte[8]. Damit schafft er es, Form und Funktion gleichzeitig in der Raumorganisation zu berücksichtigen. Er umschreibt das so: *„We have no longer an outside as outside. We have no longer an outside and an inside [...]. Form and function are thus becoming one."*[9]

In der Gebäudearchitektur gibt es ein altes Bonmot: „All good architecture leaks"[10]. Frank Lloyd Wrights wohl bekanntestes Bauwerk, Titelbild dieses Kapitels, Fallingwater[11] wird „Seven Bucket House" genannt, weil es wegen der vielen Unzulänglichkeiten wie z. B. dem ständig tropfenden Dach nie permanent als Wohnobjekt genutzt wurde. Die ursprünglichen Pläne wären nicht realisierbar gewesen. Nach vielen Baumaßnahmen, die erst mit neuen Materialien möglich wurden, ist es heute einigermaßen stabil – aber nur noch als Museum. Doch zeigen diese Refactorings die Genialität des ursprünglichen Plans, dessen Vision nunmehr in die

---

7   Siehe „Architecture of the Well-Tempered Environment" von Reyner Banham
8   Michael Pollan schreibt in „Place of my own" 1997, wie diese Transparenz von Wright mit ihren zentralen „Feuerstellen" („fire burning deep in the solid masonry of the house itself"), auf die Naturverliebtheit der Amerikaner zu sehen, z. B. in Thoreaus Walden, zurückgeht
9   Aus Frank Lloyd Wright, „An Autobiography", Pomegranate, 2005, S. 337
10   Schön genutzt in „A short history of Software Engineering" von Paolo Perrotta *http://youtu.be/9IPn5Gk_OiM?t=19m4s*
11   *http://www.examiner.com/article/frank-lloyd-wright-s-masterpiece-pennsylvania-fallingwater/*

Tat umgesetzt wurde. Für Wright war es die Aufgabe eines Architekten „zehn Jahre in die Zukunft" zu sehen. Sonst sei man kein Architekt, denn die Architektur sei die Mutter aller Künste und als solche Grundlage der Gesellschaft. Mit seiner Idee der modularen Raumorganisation bei gleichzeitiger wohnlicher Qualität nahm er tatsächlich eine flexiblere Gesellschaft vorweg, die sich nicht mehr so stark an festen Strukturen sondern eher an zentralen, kulturellen Werten orientierte.

4.3   Structure follows social Spaces

Eines der wichtigsten Entwurfsmuster aus Christopher Alexanders „A Pattern Language" war *„Structure follows social spaces"*. Die Anordnung und Größe der sozialen Räume dürfen nie rein bautechnischen Gesetzen unterworfen werden. Raum wird nicht mehr als durch Wände abgetrenntes strukturelles Gebilde verstanden, sondern als *Space*, ein Ort, eine Entität einer dimensionalen Organisation. Architektonisch war es Frank Lloyd Wright, der diese Erkenntnis als einer der Ersten illustrierte, aber parallel dazu entwickelten sich auch neue Theorien zur Stadtentwicklung mit ähnlicher Sicht bezüglich der Raumorganisation. Wo für Le Corbusier das Gebäude die Wohnmaschine war, wurde sie für Richard Neutra zu einer Bühne für das Leben darin[12].

Heidegger schreibt, das Gebäude werde erst zur Architektur, wenn es vom Bewohner zum Leben erweckt werde; umgekehrt sei jeder Ort Raum, wenn ihn jemand zum leben und wohnen nutzt.[13] Lewis Mumford wollte, dass wir aus der „Megamaschine" der Planung ausbrechen, und dass Stadt und Natur wieder eins werden in einer neuen Struktur, welche die Gesellschaft von unten selbst bestimmt – Walter Benjamin hatte geschrieben, dass Architektur als Zeichen der Geschichte unser Leben bestimmt. Henri Lefebvre argumentierte marxistisch, dass sich un-

---

12   Sylvia Lavin in „Autonomy and Ideology", 1997
13   In: A. Sharr, „Heidegger for Architects", Routledge, 2007, S. 46 ff.

---

ser konzeptueller wie auch wahrgenommener Raum immer an politisch institutionalisierter Macht orientiert. Deshalb müssten wir den Raum selbst gestalten, in der Architektur sowie in der Stadtplanung. Paul Virilio erweiterte dies und fasste nicht nur Architektur und Stadtplanung zusammen, sondern die Zeit selbst – die separate Elemente ebenso strukturieren kann, wie Infrastruktur, z. B. weil man zum Nachbarn laufen kann[14]. Manuel Castells fasste diese Einzelelemente schließlich zu Paketen aus Raum und Zeit zusammen, zum „Space of Flow", in dem eine Stadt über Echtzeitnetzwerke die ganze Welt verbinden kann[15]. Daraus wurden Cyberspace und Virtual Space[16].

Léon Krier kehrte das um und entwickelte Psychogeographie, um unsere Stadt als Splitter von experimentellen Wahrnehmungen[17] zu dokumentieren; Einzelansichten, die uns nie das große Ganze verstehen lassen. Sigfried Giedion hat, um diese Entwicklung zu illustrieren, den Begriff der Raum-Zeit-Architektur eingeführt, einer Architektur, die sich nicht auf eine formal definierte Vergangenheit bezieht, sondern damit spielt. Und Emil Kaufmann hat vorgeschlagen, nur noch „architektonische Systeme" zu untersuchen, unterteilt nach Technologien, Ideen und Epochen, wie diese jeweils das Zusammenspiel der Räume verstanden haben. All das war es, was Bill Hillier in „Space is the Machine" schließlich aufgriff, um daraus seine „Space Syntax" zu entwickeln – die Einheit von Architektur, Stadtplanung, sozialem Kontext und Kommunikationsnetzwerken, die unser Gefühl von Zeit und Distanz beeinflussen:

„Architecture and urban design, both in their formal and spatial aspects, are seen as fundamentally configurational in that the way the parts are

---

14 Es war die Eisenbahn und später der Telegraph, welche unser Raumverständnis stark prägten. Sie machten z. B. auf globaler Ebene Zeitzonen notwendig – die erst 1884 eingeführt wurden.

15 Diese Städte seien momentan allerdings nur die Eliten, siehe „Space of Flows", in: „Rethinking Architectural Technology", Routledge, 2006

16 Vgl. dazu E. Grosz, „Cyberspace, Virtuality and the Real", in: „Architecture from the Outside"

17 I. Fraser, „Envisioning Architecture", Wiley, 1994, S. 109

put together to form the whole is more important than any of the parts taken in isolation."[18]

4.4 Scrum-Kaminfeuer

Auch Softwarearchitektur hat eine Form[19], die der Funktion folgen sollte, bzw. eine Einheit von Form und Funktion im richtigen Kontext. Und die Geschichte der Softwarearchitektur zeigt einige Parallelen zur Geschichte der Raumorganisation in Gebäudearchitektur und Stadtplanung. Angefangen als Einheit von Hard- und Software zu immer mehr Abstraktion, Modularisierung und flexiblerer Anordnung der Module; dann der Erfindung von Software Engineering und Softwareprojektmanagement, Objektorientierung, Kommunikation über Nachrichten, verschiedenen Perspektiven auf Mikro- und Makroarchitektur. Ebenso Evolution gegenüber striktester Formalisierung und schließlich verschiedenster automatischer und generativer Ansätze, in denen die Form die Funktion hervorbringen soll. Doch je mehr Struktur der Architektur auferlegt wird, je hochtrabender, Top-down, formaler, konzeptueller und akademischer die Ansätze werden, desto wichtiger ist wieder die einfache Ordnung, die Nähe zum wirklichen Leben, und die zentrale Feuerstelle – das Scrum Board mit dem Burn-down-Chart. Die räumliche Organisation, das gemeinsame Zusammenarbeiten wirkt sich auf die Softwarearchitektur aus. Man will wieder eine Organisation finden, die zugleich offen aber auch heimelig ist, so wie Frank Lloyd Wrights Räume.

Henry Thoreaus selbstgebaute Hütte aus „Walden" ist wohl eines der meist zitierten Gebäude in der Literatur. Nicht nur Frank Lloyd Wright bezog sich auf ihre Einfachheit. Sie wird auch in Michael Pollans „A Place of My Own" erwähnt. Martin Fowler bezieht sich darauf in seinem „Building Architect", James Coplien in „Lean Architecture" und Bass et

---

18 B. Hillier, „Space Is the Machine", Cambridge University Press, 1996, S. 14
19 Perry und Wolf, „Foundations for the study of software architecture", 1992

al. in „Software Architecture in Practice". Die Hütte steht nicht nur für das amerikanische Herausgreifen in die Natur und das Bewohnbarmachen eines Orts mit einfachsten Mitteln, sondern auch für eine eigene Struktur und Zeit, die nicht von äußeren Faktoren abhängt ist. Leider befinden sich Softwaresysteme meist in einem organisatorischen Kontext, der ein autarkes Leben unmöglich macht.

Kontext ist, das hat auch Frank Lloyd Wright gewusst, der wohl wichtigste Faktor für erfolgreiche Architektur. Man kann wie Thoreau seine Hütte im Wald dem Kontext ausweichen, oder ihn ignorieren, um Macht zu demonstrieren, wie es die Dekonstruktivisten getan haben. Aber irgendwann muss die Architektur zurück in die Gesellschaft, ihre expliziten und impliziten Strukturen. Spätestens dann organisieren sich auch die Räume, die Architektur, an der Geschichte und der Struktur dieser Gesellschaft. In „How Buildings Learn" erklärt Stewart Brand, wie einfache, bodenständige[20] Gebäude voneinander lernen. Er sieht die ständige Weiterentwicklung von Gebäude und die Stadt als Chance zur iterativen Veränderung, etwas, dass aus Ressourcenmangel immer Quelle der bodenständigen Architektur war. Mit deren lokalen Baumeistern werden Probleme implizit adressiert, ohne sie auszusprechen, den klimatischen und sozialen Gegebenheiten wird sich angepasst und gute Bauweise pflanzt sich über Meister-Schüler-Beziehungen fort.

Die Meister-Schüler-Beziehung findet sich auch in der eingangs erwähnten *Software Craftmanship*-Bewegung wieder. Doch es wäre falsch anzunehmen, diese Beziehung sei ohne Kontext. Sie ist ebenso von gesellschaftlichen Norman und Organisationen geprägt. Sie findet genauso in „Social Spaces" statt und hat eine strukturelle Hierarchie, die umgebende „Megamaschine", und ist gegenseitig beeinflusst von der verwendeten Technologie.

---

20 „vernacular" heißt so viel wie landesspezifisch, meint aber eher traditionelle Bauweise, wie z. B. alte Bauernhäuser, das was Bernard Rudofsky „Anonyme Architektur" nennt, oder Vitruvius die „Urhütte", – was wir als Prinzip „Jedes System hat eine Architektur" kennen.

CC BY-SA 3.0/RythmicQuietude

Abbildung 4.3: Thoreaus Hütte aus „Walden"

4.5 Conways Gesetz ist keine Ausrede

Frederick P. Brooks erzählt im mythischen „Mann-Monat" von Conways Gesetz: *„Organizations which design systems are constrained to produce systems which are copies of the communication structures of these organizations."*[21]

Systeme sind also immer nur Kopien der Kommunikationsstrukturen der sie erschaffenden Organisationen. Deshalb sind sie „Informationstechnologie". Dieses Gesetz wurde 1968 von Melvin E. Conway formuliert[22]. Es wird häufig zitiert und gerne als Beweis herangezogen, dass

---

21 Fred Brooks, „Mythical Man Month", Addison-Wesley, 1995, S. 111
22 Niklas Luhmann definierte später Kommunikation als einzig wichtiges Element in Netzwerken, die „Autopoiesis", siehe dazu Kapitel 7.

entweder Konzerne keine gute Software erstellen können oder man, um gute Software schreiben zu können, maximale Freiheit benötigt. Keines trifft darauf generell zu.

Als im Zweiten Weltkrieg Systemtheorie und Kybernetik (siehe Kapitel 2) immer wichtiger wurden und multidisziplinarische Forschung im Zentrum stand, entwickelte sich die Anforderung an die Architektur, möglichst flexibel zu sein, genauso wie Frank Lloyd Wright es vorweggenommen hatte. Die erste Bürolandschaft wurde entworfen, daraus entstanden die Cubicles, und Büros wurden mobil[23]. Im Glauben an Feedback[24] sollten Architektur bzw. Organisation und Informatik ein geschlossenes System bilden. Buckminster Fuller wurde damit beauftragt, seine geodätischen Dome um die Radaranlagen zu bauen, die Teil des SAGE-Computersystems wurden. Eero Saarinen entwarf nicht nur die Produktions- und Bedienanlagen für die verteilten Rechner – zu diesen Zeiten hieß das de facto die Systemarchitektur – sondern auch verschiedene Research Labs für IBM und das MIT. Saarinen war dabei von Louis Kahns „Salk Institute" beeinflusst[25].

Am Salk Institute sollte Bruno Latour[26] ein paar Jahre später seine Actor-Network-Theory (ANT) aufstellen. Darin sah er Technik und Menschen als gleichberechtige Aktoren in einem unüberschaubaren Netzwerk von Beziehungen. Die Verschachtelung von Maschine und Mensch zu komplexen Systemen sah darin selbst wie ein in sich kohärenter Aktor aus. Damit war der Kreis geschlossen, fünfzehn Jahre nach Brooks Erwähnung von „Conway's Law" wurde die Theorie gefunden, welche

---

23 Zur Geschichte siehe *http://bene.com/bueromoebel/trends-entwicklung-des-bueros_06. html*. Heute sind die offenen Räume ebenso umstritten wie Arbeit im Büro generell. Einige Studien haben mittlerweile herausgefunden, dass einige persönliche Faktoren beeinflussen, wie gut jeder einzelne in „Open Space"-Büroräumen arbeiten kann, aber damals war das anders.

24 R. Martin, „Architecture, Media, and Corporate Science", S. 191

25 SEED Magazin: „Can Architecture shape science?"

26 Aus „Rethinking Architectural Technology", Routledge, 2006. Latour hat sich mit vielen Themen rund um den Wissenschaftsbetrieb und dessen vordergründige Objektivität befasst, lesenswert ist sein Roman „Aramis".

die ständige Beeinflussung von Organisation und den darin erstellten Systemen formalisierte. Und damit auch die Maschine Lewis Mumfords und Le Corbusiers, welche die Gesellschaft prägte. Wie Winston Churchill sagte: „We shape our buildings, and afterwards our buildings shape us."[27]

Die ANT ist interessant, weil sie in der Architektursoziologie eine große Rolle spielt. Als „Soziologie der Assoziationen" soll sie herausfinden, wie der Architekt, als ein Beispiel eines technischen Artefakts, die Menschen verändert – und vice versa. Damit stellt sie den Anspruch, die beiden Architekturschulen Phänomenologie, als das Menschliche, mit dem Rationalismus, dem Konzeptuellen, Bautechnischen, zu verbinden. Das klappt nur, wenn man Architektur und Technik nicht als getrennte menschliche Artefakte betrachtet, wie zu Frank Lloyd Wrights Zeiten, sondern als gleichberechtigte, eigene Dimension des Netzwerks unserer Welt. Organisation und Technologie müssen in einem „emergenten" System betrachtet werden, in dem wir unsere Produkte entwickeln und ständig weiterentwickeln. In der Philosophie wurde diese Struktur, welche nicht mehr hierarchisch ist, sondern sich ständig weiterentwickelt, „Rhizom" genannt. Die ANT wurde, wie auch das Rhizom, oft mit dem Internet verglichen. Doch dessen Adressierung URI ist per Design hierarchisch. Erst der Hypertext, die Kommunikation, macht es zu einer rhizomatischen Struktur, einem echten Netzwerk[28]. Erst der Hypertext mit seinen Verweisen ermöglicht die Resilienz und stände Veränderung des Netzwerks. Die Veränderung selbst jedoch kommt aus dem realen Leben, der Organisation und ihren Bedürfnissen.

Brooks Definition von Conway's Law als „copies of the communication structures" wird oft so stehen gelassen. Er geht aber weiter, indem er

---

27 Auszug aus Churchills Rede „Speech on Rebuilding the House of Commons", 28. Oktober 1943

28 Tim Berners-Lee hat im Rahmen des semantischen Webs viel über diese Netzwerke geschrieben. Wen das interessiert, sei mein Lieblingsbuch, die „Unsichtbaren Städte" von Italo Calvino empfohlen, speziell „Ersilia".

sagt: „the organization must be prepared for change". Wir müssen aner-
kennen, dass die Kommunikationsstruktur eines Unternehmens Einfluss
auf unsere Systemarchitektur hat. Darauf, wie unsere Prozesse funktionieren, wie häufig man diese ändern kann, und wie die Module ge-
schnitten sind. Doch nicht direkt, sondern darüber, wie die Teams funktionieren und wie Entscheidungen gefällt werden, diese Kultur, bzw. der
Cultural Bias, ist stärker als alles andere, wie eine Microsoft-Studie 2009[29]
herausfand. Mittels statischer Analyse hatte Spinellis[30] bereits ein Jahr
zuvor nachgewiesen, dass das messbare qualitative Resultat nicht von
der Organisationsstruktur abhängt, man in der Organisation des Codes
aber die Zusammenarbeit ablesen kann. Und auch eine Studie von Mac-
Cormack[31] et al. kam zu dem Schluss, dass die Modulstruktur einer Software mit ihrer Erstellungsorganisation zusammenhängt. Empirisch war
das schon vorher bekannt: Kent Beck hatte für Extreme Programming
schon die Raumaufteilung betrachtet[32]. Foote und Yoder erklären, dass
vor allem falsche Kommunikation saubere Module über die Zeit zu einem „Big Ball of Mud" werden lässt. Für uns heißt das: Conway's Law
ist keine Ausrede für schlecht wartbare Software oder Bugs, sondern nur
für unnötige Komplexität und falsche Prioritäten.

Conways Gesetz könnte auch umgekehrt funktionieren: Brynjolfsson
und Hitt haben schon 1998 in einer großen Umfrage nachgewiesen,
dass Unternehmen mit verteilten Teamstrukturen IT besser nutzen und
damit produktiver werden. Auf dieser Basis schlagen sie vor, dass sich
die Organisation der IT anpasst, und nicht umgekehrt. Im selben Jahr
schrieben Weill und Broadbent, dass erfolgreiche Unternehmen ihre IT
wie ein Investmentportfolio betrachten, das über die Jahre mit besserer
Nutzung mehr Gewinn schafft. Wissen Architekten also um die „Organizational Architecture" und die Kommunikation, können IT-Systeme so

---

29   *http://research.microsoft.com/en-us/news/features/nagappan-100609.aspx*
30   *http://dl.acm.org/citation.cfm?id=1368140*
31   *http://www.hbs.edu/faculty/Pages/item.aspx?num=21780*
32   K. Beck und C. Andres, „Extreme Programming Explained", Addison-Wesley,
     2005

gebaut werden, dass sie nicht nur beeinflusst werden, sondern selbst die Organisation – durch hohe Qualität und Flexibilität in der Modularität, die Räume der Software beeinflussen[33]. In der Enterprise-Architektur arbeitet man gerade an einer ähnlichen Wahrnehmung. Weg vom „Enterprise-Design", dem starren Schnappschuss einer Systemlandschaft hin zu einer holistischeren „Organizational Architecture", zu „Complex Adaptive Systems"[34] und „Network Effects"[35]. Kommen die Enterprise-Architektur, und mit ihr die Unternehmen, so weit, das Unternehmen als komplexes adaptives System zu begreifen, in dem Architekten Komplexität kapseln, hat die Softwarearchitektur die Organisation im gleichen Maß beeinflusst wie einst die offenen Büros die Forschungsabteilungen.

4.6 Organisatorische Komplexität

Teilweise sind wir in der Softwarearchitektur an diesem Punkt schon angekommen: ganz offensichtlich beim Domain-driven Design mit seinen Boundaries[36] und Vertical Slices[37] in der agilen Entwicklung, Service- und Activity-Centered-Design oder schlicht in funktionalen Teams und Story-Ownern. Aber auch ganz bodenständig, beispielsweise bei der verteilten Versionsverwaltung: Systeme wie ClearCase begriffen sich als Werkzeuge, als reine Artefakte, die Regeln forcierten. Subversion verschlankte den Prozess, machte ihn auch dank Internettechnologie weiträumiger und war zudem Open Source. Und schließlich Git, nicht ohne Grund ein Artefakt Linus Torvalds, das uns nicht nur dieses Netzwerk von Beziehungen bietet, sondern selbst zu einem Werkzeug

---

33 *http://agile.dzone.com/articles/conways-law-v-software*
34 *http://futureofcio.blogspot.de/2013/11/enterprise-architecture-vs-enterprise.html*
35 *http://www.cornellhrreview.org/the-future-of-human-resources-shifting-to-a-network-driven-approach/*
36 Kurz vor Abgabe dieses Buchs schrieb Martin Fowler einen Artikel zum Mapping von Micro Services auf die Organisation *http://martinfowler.com/articles/microservices.html*
37 Vgl. „Slice Systems vertically" *http://c2.com/cgi/wiki?SliceSystemsVertically*

wird. Mit den Hooks, die uns wie bei GitHub ganz neue Prozesse ermöglichen, wird die Development Architecture zu einem integralen Bestandteil der Systemarchitektur. Andere Beispiele sind Herokus „12 Factor App"-Ansatz, bei dem Anwendung, unveränderliche Umgebung und Versionskontrolle verschmelzen, und „Docker" mit seinem Ansatz versionierter Infrastruktur, aber auch ganz einfach der Eingang des Begriffs „Betaversion" in den alltäglichen Sprachgebrauch. Das Konzept der verteilten Versionskontrolle wird zu einem neuen Modell der Zusammenarbeit, wie es vorher undenkbar war: Alle Abstimmung wird „asynchron[38]" möglich. Schon schreien die Evangelisten[39] nach einer Welt ohne Nationen, in denen jeder von überall arbeiten kann, woran er will. Ich bin nicht der Meinung Sascha Lobos, der aus dem „Inneren der Maschine"[40] von Le Corbusier und Buckminster Fuller ausbrechen will, ich halte das rein selbstorganisierende, anarchische System für genauso anfällig für Zerfall. Aber eine hybride Form der Zusammenarbeit könnte eine Lösung sein. Viele neue Start-ups gehen in diese Richtung. GitHub ist dafür vielleicht das beste Beispiel. Sie begreifen Technologie als Methode, die Entwickler „in der Zone"[41], „in der Ruhe" zu halten[42]. Regeln werden aufgestellt, um gemeinsam Ziele zu erreichen. Viele von uns sind starre Konzernhierarchien gewohnt, in denen Grace Hoppers alte Faustregel „It's easier to ask forgiveness than it is to get permission" galt. In den neuen Organisationen ist das anders, eine Entscheidung muss in der Gruppe getroffen werden. Entschuldigungen gelten nicht mehr so einfach, denn die neuen gemeinsam aufgestellten Regeln sind auch gleichzeitig Druck aus der Community, so wie Lewis Mumford es vorhergesagt hat.

---

38 *http://zachholman.com/posts/how-github-works-asynchronous/*
39 *https://medium.com/p/f19160f61500*
40 Wir nennen es Arbeit, S. 53
41 Der oben erwähnte M. Castells hatte den „Space of Flows" definiert, der zwar ein weltumspannendes Netzwerk einer Cyberelite ist. Aber auch den „Space of Places", das traditionelle, heimelige GitHub kombiniert beides, die Ruhe im Raum mit der Verbundenheit im globalen Flow.
42 *http://haacked.com/archive/2013/05/13/applying-conways-law.aspx/*

Die IEEE definiert[43] Softwarearchitektur u. a. als „The fundamental organization of a system embodied in its components". Hier wird der Begriff Organisation ganz bewusst gebraucht, als Anordnung von Elementen – diese Strukturierung haben Management und Softwarearchitektur demzufolge gemein. Im „Systems Thinking" wurde die Idee des „System of Systems" eingeführt. Die Architektur ist nicht nur das System selbst, sondern auch der umgebende organisatorische Rahmen mit all seinen Annahmen, wie Hans van Vliet konkretisiert[44] „systems that satisfy organizational requirements and constraints". Die Attribute-driven Design Method des SEI definiert ihre „architectural drivers", welche die Modularisierung von Elementen treiben, organisatorisch. Gene Hughson, der sein Blog nach Sullivans „Form follows function" benennt, nutzt für diese Zusammenhänge den Begriff der Komplexität nach einem Paper von Roger Session:

„Law 1. There are three categories of complexity: business, architectural and implementation. Law 2. The three categories of complexity are largely independent of each other."[45]

Diese Gesetze heben eine wichtige Abgrenzung zu Conway's Law hervor. Die „Essential Complexity" der Geschäftslogik muss nicht zwingend eine komplexe Systemarchitektur zur Folge haben. Conway's Law bezieht sich auf die Struktur der Beziehungen in der Organisation, nicht auf die einzelnen Komponenten der Organisation. Wie die oben erwähnten Studien gezeigt haben, beeinflusst Conway die Zusammenarbeit, vielleicht die Wartbarkeit, die Zufriedenheit, die Modularität, aber nicht messbare Qualität. Hughson sieht das als Anknüpfungspunkt für ein *fluid enterprise* oder eine *enterprise platform*, eine SOA im eigentlichen Sinne. Sie besteht nicht aus „zusammengeschusterten" Systemen sondern aus wirklich unabhängigen Komponenten, deren Beziehungen während der Implementation frei designt werden können, genauso wie der „Open Space".

---

43 *http://www.sebokwiki.org/wiki/Architecture_(glossary)*
44 *http://www.cs.vu.nl/~hans/SEbook.html*
45 *http://genehughson.wordpress.com/2013/11/20/legacy-systems-constraints-conflicts-and-customers/*

---

entwickler.press

Dafür müssen die organisatorischen Constraints klar sein, denn sie bedingen die Kommunikation in der Organisation[46], etwa in Form von häufigen Bias oder Risikoverhalten. Der Architekt muss diese Constraints kennen, aber wissen, wie man sie zum Vorteil einsetzt. Dieser Idee liegt wahrscheinlich auch die Flexibilität des REST-Architekturstils zugrunde, denn am Anfang seiner Dissertation schreibt Roy Fielding, dass die initiale Motivation (Rationale) für eine Architektur nur einer von vielen Faktoren für weitere Entscheidungen während der Implementation sein sollte. Dabei verändern sich Elemente der Architektur ständig:

„The presence or absence of rationale can influence the evolution of an architecture, but, once constituted, the architecture is independent of its reasons for being."[47]

Es ist nicht die Aufgabe des Architekten, die Geschäftslogik umzubauen. Er sollte sie kritisch hinterfragen („Getting Real"[48]) und sinnvoll zeitlich sowie strukturell aufteilen, aber er kann sie nicht eigenmächtig reduzieren. Die Geschäftswelt und mit ihr die Anforderungen an die Custom-Build-Softwaresysteme dreht sich immer schneller und wird immer unvorhersehbarer. Tom DeMarco hat schon 2001 geschrieben[49], dass starre Prozesse nicht mehr im Vordergrund stehen, sondern Mobilität und Agilität. So wie die Organisation um sie herum muss die Architektur flexibel auf Änderungen reagieren können. Sie muss eine „selbstadaptierende"[50] Architektur „without an end state"[51] werden, so wie die Raum-Zeit-

46 Smith und McKeen, „Creating and facilitating Communities of Practice", 2003, in Handbook on Knowledge Management

47 *http://www.ics.uci.edu/~fielding/pubs/dissertation/software_arch.htm*

48 Das Mantra von 37 Signals/Basecamp, siehe *http://signalvnoise.com/archives2/it_just_doesnt_matter.php*, aber auch die Idee hinter „Value-Stream-Oriented Architecture" *http://www.informit.com/articles/article.aspx?p=2144316*

49 In K. Beck, M. Fowler, „Planning Extreme Programming", Addison-Wesley, 2000, S. 6

50 Benannt nach Jim Highsmiths 4 Dimensionen der Anpassbarkeit unter *http://jimhighsmith.com/the-four-dimensions-of-adaptability/*

51 Benannt nach Michael Nygards Prinzipien für eine über die Zeit flexibel bleibende Architektur, z. B. *http://www.infoq.com/presentations/Architecture-Without-an-End-State*

Architektur. Die Einsicht, dass Komplexität auf verschiedenen Ebenen verschiedene Reaktionen zur Folge haben kann, muss man nutzen, um Conways Gesetz zum eigenen Vorteil zu nutzen: Die Organisation dort nutzen, wo sie hilft, und dort in Frage stellen wo sie nicht funktionalen Zielen im Wege steht. Die verschiedenen Arten organisatorischer und technischer Komplexität müssen verschieden angegangen werden. Wie Mosley und Markt in „Out of the tar pit" geschrieben haben: „[Complexity can be tamed] through a concerted effort to avoid it where possible, and to separate it it where not."[52]

4.7 Beispiel: Konsistenz

Ein Beispiel für die Beeinflussung von Organisation und Architektur ist Konsistenz. Als Datenintegrität ist die Konsistenz eine der wichtigsten nicht funktionalen Anforderungen, um Constraints einer Architektur so früh wie möglich zu definieren. Erreicht wird sie entweder über Kohärenz, also sehr eng geschnittene Komponenten, um so wenige Nebenläufigkeiten wie möglich zu haben. Oder über Transaktionsprotokolle, welche typischerweise die Skalierbarkeit einschränken[53]. Die Java-EE-Plattform rühmt sich mit dem Java-Transaction-API und der Unterstützung von XA-Transaktionen zusammen mit MVCC-unterstützenden Datenbanken einer durchgängigen Unterstützung für Geschäftstransaktionen. Damit gehen eine teure Infrastruktur, komplizierte Wartung und limitierte Skalierbarkeit einher.

Ein Mittelweg ist die „Eventual Consistency". Der Ausdruck wurde von Werner Vogels 2007 eingeführt[54]. Das Konzept wurde von Amazon genutzt, um mehr Skalierbarkeit als mit den Standardkonzepten zu

---

52 B. Moseley und P. Marks, „Out of the tar pit", in: „Software Practice Advancement", 2006
53 Siehe dazu Brewers CAP-Theorem *http://www.infoq.com/articles/cap-twelve-years-later-how-the-rules-have-changed*
54 *http://www.allthingsdistributed.com/2008/12/eventually_consistent.html*

erreichen, bei gleichzeitig hoher Verfügbarkeit. Das CAP-Theorem besagt in diesem Fall, dass die Konsistenz darunter leiden muss. Vogels führte mehrere Methoden an, wie man nahe an tatsächlich garantierte Konsistenz herankommt – bis zu dem Punkt, an dem für den Benutzer das System konsistent erscheint, weil der Zeitpunkt der Inkonsistenz nur sehr kurz anhält.[55] Eventual Consistency ist eigentlich kein neues Konzept, Vogels wandte es nur in seiner Form der „Benutzer-Wahrgenommenen-Konsistenz" auf einzelne Transaktionen an, wo es vorher für Systeme gebraucht wurde. Halpern und Moses hatten bereits 1984 nachgewiesen[56], dass verteilte Systeme immer mit unsicherem Wissen umgehen müssen – bzw. umgekehrt, dass man eine Näherung gemeinsamen Wissens braucht, um etwa byzantinische Fehler zu vermeiden, das „Eventual Common Knowledge". Bankautomaten zum Beispiel prüfen auch lesend den Kontostand, die Buchung selbst wird aber immer noch häufig über Batchsysteme durchgeführt, die mehrere Buchungen übertragen. Der Kontostand ist damit ein „Eventual Common Knowledge"[57], das erst nach Synchronisation eintritt, wobei die einzelnen Transaktion ACID sind.

Eric Brewer hat in seiner Neubewertung des CAP-Theorems klargestellt, dass verteilte Datenbanken im Rahmen mobiler Geräte immer wichtiger werden – damit muss man zwingendermaßen Partitionierbarkeit und Verfügbarkeit für Offline bevorzugen, worunter die Konsistenz leidet. Transaktionen über verschiedene Ebenen konsistent zu halten, ist beliebig komplexer, vor allem wenn Stateful/Stateless und Asynchron/Syn-

---

55 Interessant ist hierzu das High-Speed Trading, das hyper-konsistent, weil ebenfalls nicht mehr wahrnehmbar ist, siehe: *http://www.wired.com/2012/08/ff_wall-street_trading/all/* sowie Googles Spanner-Datenbank
56 In: „Knowledge and Common Knowledge in a Distributed Environment"
57 *http://highscalability.com/blog/2013/5/1/myth-eric-brewer-on-why-banks-are-base-not-acid-availability.html* und IBMs Erklärung zu Mainframes *https://publib.boulder.ibm.com/infocenter/zos/basics/index.jsp?topic=/com.ibm.zos.zmainframe/zconc_whousesmf.htm*

chron gemischt werden[58]. In der IT kennt man z. B. zu lange Timeouts trotz gutem Netz, nicht funktionierende Buttons in Single-Page-Webanwendungen oder doppelte Posts. In Zukunft werden die Synchronisationsmechanismen vielleicht besser. Datenstrukturen können so umgeschrieben werden, dass sie mit dem „Commutative Replicated Data Type (CRDT)"[59] abgebildet werden können. Doch auch das hat seine eigenen organisatorischen Konsequenzen, denn diese Datenstrukturen tendieren zu einem „Maximalansatz". Wie beim Amazon-Warenkorb (Brewers Beispiel) sind im Zweifel eher zu viele Elemente in einem Set.

Die Kernaussage von Eventual Consistency oder Eventual Common Knowledge ist, dass Systeme immer einen Unsicherheitsfaktor besitzen, der, wenn er abstrahiert wird, andere Anforderungen in Mitleidenschaft zieht. Die höhere Fehlertoleranz gegenüber Inkonsistenzen muss entweder von der Geschäftslogik, vom Benutzer oder von der Organisation kompensiert werden. Die Geschäftslogik kann nur einen gewissen Teil ausbalancieren, denn sie fällt ebenso unter das CAP-Theorem. Dem Benutzer wollte man bei Amazon nicht zu viel zumuten – Facebook und Twitter sind hier deutlich weiter gegangen. Bleibt nur die Organisation, die eventuell auf Fehlbuchungen und Fehlbestände vorbereitet sein muss. Damit gilt: Eventual Consistency ist ein organisatorisches Konzept.

Inkonsistenzen werden auftreten, das wusste Douglas Adams so gut wie Murphy, wenn er über seinen „Unwahrscheinlichkeitsdrive" schreibt: „anything that was Infinitely Improbable was actually very likely to happen almost immediately."[60]

---

58 Marc de Graauw hat einen guten Artikel dazu geschrieben, wie schwierig es ist, bei nachrichten- bzw. paketorientierten Protokollen sicherzugehen, dass die jeweilige Nachricht vom richtigen Layer verarbeitet wurde, siehe *http://www.infoq. com/articles/no-reliable-messaging*

59 *http://highscalability.com/blog/2010/12/23/paper-crdts-consistency-without-concurrency-control.htm*

60 D. Adams, „The Hitchhiker's Guide to the Galaxy", Del Rey, 1995, S. 354

4.8 Verteilte Organisationen

Norbert Wiener, der Vater der Kybernetik, hatte bereits gemutmaßt[61], dass verteilte, rein auf Informationsaustausch basierende Organisationen selbstregulierend und somit effizienter sind. Er wusste, dass diese Verteilung nur mithilfe von Kommunikationstechnologie möglich sein würde und wurde so zu einem der Verfechter der Einheit von Mensch und Maschine. Sigfried Giedion schrieb, der Architekt muss Maschine werden, und es wäre die Aufgabe des Architekten, Mensch und Maschine zusammenzuführen[62]. Das Problem bei asynchronen Systemen im Allgemeinen, und Eventual Consistency im Speziellen ist die Abbildung ihrer Fehlertoleranzen in der Realwelt, die Zusammenführung von Algorithmen und Organisation in jenem „System of Systems", das sich ständig weiterentwickelt[63]. Amazon wählte eine Toleranz auf Benutzerseite. Eine andere Lösung für Amazon wäre gewesen, die Organisation so aufzuteilen, dass herkömmlich skalierende Systeme jeweils eine Niederlassung unterstützen. Sie bevorzugten die Effizienz zentraler Systeme und erreichten durch einen ständigen Abgleich eine geringere Lagerhaltung – im Gegensatz zu streng konsistenten Bestellungen.

Mit der digitalen Disruption der Internetorganisationen wurde hohe Skalierbarkeit immer wichtiger, die alten ACID-Prinzipien sollten durch BASE[64] verdrängt werden. Viele der so genannten NoSQL-Datenbanken verglichen sich in fragwürdigen Benchmarks mit alteingesessenen Datenbanken, um ihre Überlegenheit darzustellen. Die Bewegung tat sich damit keinen Gefallen. In der Tat konnten einige Datenbanken wie CouchDB (mittels MVCC) oder Riak (mittels Vector-Clock) für ein-

---

61 In: Martin, „Architecture, Media, and Corporate Science", S. 25
62 Laut Mitchell Schwarzer, in: „Autonomy and Ideology", 1997
63 M. Maier, „The Art of Systems Architecting", CRC Press, 2000. Siehe dazu die ausführliche Behandlung der Securityaspekte in asynchronen Systemen unter *https://buildsecurityin.us-cert.gov/articles/best-practices/project-management/the-influence-of-system-properties-on-software-assurance-and-project-management*
64 Atomicity, Consistency, Isolation, Durability durch Basically Available, Soft state, Eventual consistency

zelne Transaktionen ACID garantieren. All diese neuen Datenbanken wurden jedoch schnell als nicht für Geschäftsanwendungen einsetzbar verschrien. Es wäre einfacher gewesen, die entsprechenden organisatorischen Implikationen, die Chancen sowie die damit einhergehenden Risiken, herauszustellen. Leider wurde dies gerne übergangen. Das Beispiel Eventual Consistency ist so mächtig, weil sich hier die Anforderungen der Produkt- oder Geschäftsprozessverantwortlichen widersprechen. Auf der einen Seite Agilität und Time-to-Market, auf der anderen Seite Transaktions- und Revisionssicherheit sowie ständig aktuelle „Big Data"-Reports. Ich kenne Projekte, bei denen diese Chance wahrgenommen wurde und bei denen die Vorteile von Skalierbarkeit, z. B. bei Offlinenutzung[65], klargemacht wurden. Aber auch das Gegenteil.

Diese Chancen und Risiken zu kommunizieren, wäre einfach. Doch viele Konzerne verbrachten die letzten vierzig Jahre damit, ihre Geschäftsprozesse und Produkte so einheitlich wie möglich, so vorhersehbar wie möglich, so „konsistent" wie möglich zu machen. ISO 9001, EFQM, CMMI und ähnliche Zertifizierungen sind Vorbedingungen für Aufträge großer Unternehmen untereinander. Abteilungen und ihre Manager werden an TQM- oder Six-Sigma-Richtlinien gemessen. Softwarearchitekten müssen das verstehen, um die richtigen Prozesse und Organisationen für IT-Projekte vorzuschlagen, bzw. Standardsoftware (COTS)[66] so zu entwickeln, dass sie schrittweise eingeführt werden können.

Die Unternehmen haben den Wandel verstanden, welchen digitale, disruptive Technologien in allen Abteilungen auslösen, von Knowledge Management bis zur rollierenden und ereignisorientierten Planung im Controlling. Sie stehen einem Markt gegenüber, dem Konsistenz nicht mehr so wichtig ist, in dem die Prinzipien der Komplexität, wie Selbstorganisation, Resilienz und Chaos, herrschen. Deshalb wandeln viele Unternehmen gerade ihre Sicht auf die IT, betrachten sie wieder als „En-

---

65   Einige Mitglieder der ursprünglichen CouchDB-Entwicklung arbeiten deshalb mittlerweile an Frameworks für verteilte Anwendungen wie z. B. Hoodie.io
66   Commercial off-the-shelf

abler" und versuchen, von den kreativen Ansätzen zu lernen. Ansätze wie Design Thinking und Service Design (siehe Kapitel 10) bringen alle Abteilungen um ein zentrales Produkt zusammen. Der Architekt wird dabei derjenige, den Buckminster Fuller gerne gehabt hätte, ein Generalist als „emerging synthesis of artist, inventor, mechanic, objective economist and evolutionary strategist."[67]

Jordan Tan/Shutterstock.com

Abbildung 4.4: BMW Welt, ein dekonstruktivistischer Bau von Coop Himmelb(l)au

Dekonstruktivismus

Die Gegenbewegung zu Wrights Naturkontext wäre der Strukturalismus bzw. später Dekonstruktivismus[68]. Der Dekonstruktivismus war eine Reaktion auf den Strukturalismus, welcher selbst eine Reaktion auf den Rationalismus von Le Corbusier war. Der Strukturalismus sah die Architektur als in größere gesellschaftliche Strukturen eingebettet, weshalb die Schule eine rein konzeptuelle Herangehensweise verwarf. Stattdessen soll man Natur und Mensch nicht nur als Maß

---

67 In: F. Turner, „From Counterculture to Cyberculture", S. 56
68 Siehe die interessante Diskussion unter *http://blog.marcantonioarchitects.com/architectural-quackery-at-its-finest-parametricism/*

heranziehen, sondern deren Bedürfnisse im größeren Gesellschaften-kontext betrachten. Die Schule des Poststrukturalismus befürwortete daran zwar den Kontext – kritisierte aber, dass die Strukturalisten davon ausgingen, diesen Kontext vollständig interpretieren und bestimmen zu können. Verbindungen von Elementen der Gesellschaft seien nie vorbestimmt. Die Dekonstruktivisten wandten diese Kritik in ihrer Extremform an, und brachen bewusst Konzepte und Denkweisen aus allen Wissensbereichen auf, um diese nachher ganz anders wieder zusammenzusetzen.

Einer Protagonistin, Zaha Hadid, wird gern „Anti-Context" vorgeworfen, da sie sich auf ein Computermodell von Parametern verlässt, in denen Umgebung nur eine untergeordnete Rolle spielt. Sie verehrt Niemeyers Brasilia, die nach Le Corbusiers strikten Regeln gebaute Stadt voller gewagter Formen. Vielleicht ist sie deshalb bevorzugte Wahl für die Architektur von Machtzentralen und politischen Symbolbauten – was Architekten sarkastisch als „Form follows funding" bezeichnen. Der Architekt wird laut den Dekonstruktivisten zu jemandem, der algorithmische Lösungen designt, der Constraints kritisiert und alles in Frage stellt. Wenn sich Stadt und Gebäude ohnehin ständig weiterentwickeln, halten Constraints länger als die Architektur und müssen daher ebenso designt werden[69]. Für Peter Eisenman gilt die Annahme, dass Raum in der Architektur für sich ein zu formender Ort ohne andere funktionale Regeln ist. Kombiniert mit einem frei künstlerischen, ja man könnte fast sagen ignoranten Ansatz wie dem von Frank Gehry wird daraus eine Skulptur aus einer anderen Welt – wie der „BMW Welt" in München, ebenfalls einen dekonstruktivistischem Bau von Coop Himmelb(l)au.

Für Anthony Vidler ist dies, wie er im Architectural Uncanny schreibt, die Inkarnation des Unheimlichen. Coop Himmelb(l)au wollte einen irritierenden, organischen Körper, „Architektur, die blutet" in die Stadt setzen[70], und heraus kam Frankenstein (siehe Kapitel 8). Diese Entfernung von der Funktion hin zur Form, bei der Raumorganisation über ihrem Nutzen steht, wird im Manifest ihres Vordenkers Patrik Schumacher, der „Autopoiesis der Architektur"[71], klar: Form powers function.

---

69   G. Minati und A. Colle, „Architecture as the Cybernetic Self-Design of Boundary Conditions for Emergent Properties in Human Social Systems", 2009
70   Anthony Vidler, „The Architectural Uncanny", MIT, 1992, S. 75
71   Zum Beispiel im Magazin „Log": *http://www.anycorp.com/anycorp/article/52*

entwickler.press

5 Kapselung

CC BY-ND 3.0/Patrick Collins

 „Crutch of the pretty drawing:
The illusion that you are creating architecture
while you're making pretty drawings."[1]

Philip Johnson

---

1   Aus einem Artikel von Franz Sdoutz , *http://www.mediaarchitecture.at/*
    architekturtheorie/philip_johnson/2011_philip_johnson_crutches_en.shtml

Dass die Organisation von Räumen uns beeinflusst, wie wir auch die Räume selbst beeinflussen, hat Kapitel 4 geklärt. Was aber, wenn der Raum sich auflöst, oder in kleinste Teile zersplittert, wie organisieren wir uns dann?

5.1 Glashaus

Im Glashaus war es stickig. Der Kasten mit einer Grundfläche von 10 x 17 Metern, 3 Meter hoch, vier Glaswände, ein Dach, sonst nichts. Notorisch schwierig zu klimatisieren, immer entweder zu kalt oder zu warm. Der Kamin alles vollrauchend, der Ziegelboden zu kalt. Tagsüber drückende, schwüle Luft. Ständige Plastikausdünstungen der Dichtungen, Geruch des frischen Leders und des frisch lackierten Holzes. Überhaupt blieben alle Gerüche, Tabak und Parfüm, darin gefangen. Ein winziges Bad, eine Nasszelle. Eine ausklappbare Mikroküche. Nur eine kleine Stellwand als Dekoration[2]. Kurzum: kein Platz, an dem jemand ernsthaft leben wollen würde. Außer Philip Johnson und David Whitney, die es zu einem der berühmtesten Gebäude des 20. Jahrhunderts machten, und fünfzig Jahre[3] darin lebten.

Johnson war vor allem am Raum interessiert und wollte sich von jeglicher Struktur lossagen. Buckminster Fuller, der Meister der leichten Strukturen, war für ihn kein Architekt sondern nur Ingenieur. Und Frank Lloyd Wright, der Meister der Raumorganisation, war „der beste Architekt des 19. Jahrhunderts". Seine Raumdefinition ging weiter, denn er hatte bereits die Raum-Zeit-Definition von Giedion kennengelernt. Für ihn musste der Raum nicht nur beweglich sein, er musste Bewegung ermöglichen und ausstrahlen. Geprägt wurde er vom „International Style" (vgl. Kapitel 4), besonders von Ludwig Mies van der Rohe.

---

2   Siehe Jorge Otero-Pailos in AA Files 57, „An Olfactory Reconstruction of Philip Johnson's Glass House", 2008
3   Zur Chronologie siehe *http://theglasshouse.org/history/bios/chronology/*

entwickler.press

Abbildung 5.1: Philip Johnson`s Glass House

Mies hatte bereits 1929 den „Barcelona Pavillon"[4] auf der Weltaustellung errichtet, ein Gebäude im Stil der „Glasarchitektur" mit einem freien Grundriss. Das Gebäude wirkte wie eine freie Anordnung von Platten aus Naturmaterialen, zusammengehalten aus Glas, eine Hommage an die Ingenieurleistungen dieser Jahre. Die Idee des freien Grundriss kam von Le Corbusier, der ihn als einer seiner „5 Punkte zu einer neuen Architektur" gefordert hatte – basierend auf seinem System der *Dom-Ino*-Wohnstrukturen. So sah der Pavillon auch aus: Wie geschichtete Dominosteine.

Die Idee zum Glass House geht angeblich auf ein Gedankenspiel zwischen Mies und Johnson zurück. Mies[5] hatte schon lange offene Räume bevorzugt und lange vor Johnson sein *Farnsworth House* gebaut, welches Johnson sehr schätzte. Aber dem Haus sah man die Züge Le Corbusiers stark an, die weißen schmalen Säulen, das sich abhebende Fundament. Johnson

---

4 Die Stühle von Mies van der Rohe, „Barcelona-Chairs" sind bis heute Standardausrüstung in allen edlen Vorstandszimmern und Anwaltskanzleien.
5 Nach dem Zweiten Weltkrieg fanden sich viele alte Bauhaus-Professoren in Chicago wieder, wo sie die Ideen von Le Corbusier aufgriffen und mit dem International Style zur „Chicagoer Schule" weiterentwickelten.

wollte ein Haus aus Nichts bauen, dessen Wände die Natur sein sollten, das Fundament sollte so nah am Boden wie möglich sein, und keine Wand das Hinausgreifen in die Natur, die Prairie, verhindern. Mies glaubte nicht, dass so etwas technisch möglich sei, also baute es Johnson. Für die verlorene Wette entwarf Mies die Inneneinrichtung – eine sehr übliche Praxis im International Style, bei welchem der Architekt jedes Detail entwarf, von dem keines mehr durch den Bewohner geändert werden durfte.

Das Glass House ist Teil eines großen Geländes, welches keinen Einblick von außen erlaubt. Direkt anschließend an das in einer Kuhle liegende Gebäude stehen alte, hohe Bäume. Darum verläuft eine niedrige Natursteinmauer. Tatsächlich werden die Wände damit zu einer rein klimatischen Trennung, die Natur zu den definierenden Grenzen zwischen privatem und öffentlichem Raum. Das Interieur wird zur Fassade; es „machte einen Schritt nach draußen ... Mein Haus bleibt Fassade"[6]. Johnsons Glashaus war ein Experiment – aber ein fehlgeschlagenes. Als Bewohner beklagte er die schlechte Belüftung, Hitze und Reinigung. Am schlimmsten waren jedoch die mangelnde Privatheit und das mangelnde Gefühl von Sicherheit, welches er trotz des abgegrenzten Areals hatte. Der nächtliche Blick in den dunklen Wald, das Gefühl des der-Welt-ausgesetzt-sein hatte er unterschätzt.[7]

5.2 Metabolismus

Das Konzeptuelle des International Style und des Glass House war zwar bei Architekten bewundert, setzte sich aber bis auf wenige Ausnahmen nicht durch. Grund dafür war nicht nur die fragwürdige Lebensqualität

---

6   Walter Benjamin zitiert in AA Files 47 von Georges Teyssot
7   Vgl. dazu eine interessante Darstellung unseres falschen Sicherheitsverständnisses bei Straßenbeleuchtung, in: „The Atlantic Cities", *http://www.theatlanticcities.com/housing/2014/02/street-lights-and-crime-seemingly-endless-debate/8359/* und die generelle Frage der Privatheit / Öffentlichkeit nach dem NSA-Skandal mit semiautonomen Apps wie WhatsApp und SnapChat.

und die feudale Bestimmung aller Lebensaspekte durch den Architekten, sondern vielmehr eine Änderung in der Gesellschaft. Philip Johnson hatte zwar 1960 das Glass House gebaut, doch um ihn herum waren die 1960er-Jahre angebrochen, und damit ein neues, freies Denken der „Counterculture". Der International Style sah seinem Ende in Auge.

Im Angesicht der Bausünden der Kriegsjahre und dem Brechen gesellschaftlicher Schranken stellten junge Architekten die strikten Regeln der Charta von Athen in Frage. Auf dem 9. CIAM-Kongress im Jahre 1953 gründeten sie eine eigene neue, radikale Gruppe: Team X (für 10). Sie wollten dynamischere, menschlichere Konzepte in die Stadtplanung bringen. Die Idee kam aus der philosophischen Schule des Strukturalismus, insbesondere Lévi-Strauss, der eine „unbewusste Struktur" der Gesellschaft erkannte, welche sich durch Symbole zeigte. Ziel der Philosophie sei es, diese Strukturen offenzulegen. Der Strukturalismus in der Architektur sollte sich der unbewussten Struktur annehmen, welche die Architektur durch ihre Räume der Gesellschaft auferlegte. Wie die Systemtheoretiker derselben Zeit, sahen sie die Welt als ineinander verschlungene Systeme. Die Strukturalisten waren die ersten, welche iterative Konzepte vorschlugen, und verschieden großen Strukturen mit unterschiedlichen Lebenszyklen, die sich den gesellschaftlichen Gegebenheiten, der Situation, anpassten[8]. Sie wollten eine lebende Stadt mit lebenden Gebäuden. Was sehr akademisch klang, war im Grunde einfach eine humane, holistische Herangehensweise an das Bauen.

War Frank Lloyd Wright von Japan beeinflusst worden, bewegte sich jetzt das Pendel auf die andere Seite. Japaner, die von Wright gelernt hatten, erkannten den Strukturalismus als Chance, ihre eigenen Räume weiterzuentwickeln. Die japanische Gesellschaft war viel hierarchischer aufgebaut, mit mehr Zwängen und Symbolen, aber anderen Freiheitsgraden – das drückte sich auch in der Architektur aus. Die Räume waren

---

8   Besprochen z. B. als die Situationisten in Kapitel 2. Ein Extrem waren Herman Hertzbergers „polyvalente Räume", die sich den Beziehungen der Menschen anpassen sollten – zeitgenössisch von BIG in YES IS MORE als Legoarchitektur dargestellt.

zwar offener und freier, in ihren Größen aber an den festen Seitenverhältnissen der Tatami-Reismatten orientiert, in ihrer Verwendung streng den gesellschaftlichen Regeln unterworfen. Die Gebäude waren in ein Straßenraster eingeteilt, deren Größe nach Stand und Rang festgelegt war, dafür die Straßen an der Natur – genau inventiert zu den europäischen und amerikanischen Städten, mit ihren strikten Boulevards und Rastern, dazwischen aber baulichem Wildwuchs.

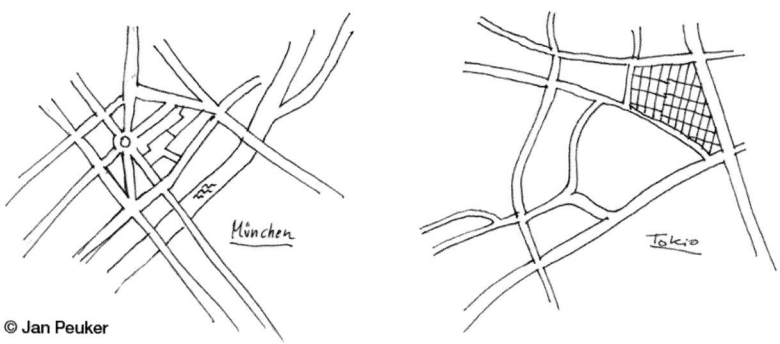

© Jan Peuker

Abbildung 5.2: Straßennetz in Tokio vs. München

Auf dem übernächsten und damit letzten CIAM-Kongress gründete sich die japanische Bewegung der Metabolisten. Sie wollten diese Strukturen endlich aufbrechen und flexibel machen. Das Wort Metabolismus wurde gewählt, weil ihr Organisationsprinzip nicht nur organisch, sondern im selben Moment technisch unterstützt und dem Kontext angepasst sei. Würden Räume und Gebäude so standardisiert werden wie Tatami, könnte man diese wiederum so frei kombinieren, dass Stand und Rang keine Rolle mehr spielten[9]. Nicht nur Gebäude sondern Städte sollten modular sein und wie ein Organismus an den Bedürfnissen der Gesellschaft wachsen. Gleichzeitig würde man eine Lösung für die damals

---

9   Kurokawas Ideen in R. Koolhaas und H. Obrist, „Project Japan", Taschen, 2001

entwickler.press

stark wachsenden japanischen Städte finden, mit flexibler Architektur, welche durch eine starke Infrastruktur unterstützt wurde.

Kiyonori Kikutakes „Sky House" war das definierende Bauwerk der Metabolisten. Ein großer Raum wie das Glashaus, aber auf Stelzen wie von Le Corbusier[10], flexibel und unterteilbar wie strukturalistische Visionen.

Die Metabolisten in Japan sind berühmt geworden für ihre modulare Architektur, die von einer „Layered City", Hexagon-Megastrukturen und schwimmenden Städten bis zu von Wohnkapseln wie Nakagin reicht, das Titelbild dieses Kapitels. Die Architekten Fumihiko Maki und Sachio Otaka trieben die Idee der organischen Konfiguration und der Metamorphose immer weiter. Doch die Metabolisten waren weniger eine homogene Bewegung als eine lose Gruppe von Idealisten, die zum gleichen Zeitpunkt ähnliche Ideen hatten. Kisho Kurokawa sah seine Wohnkapseln als Befreiung, die Schutz bieten vor zu vielen Informationen und Eindrücken, die Individualität und Subjektivität ermöglichen, aber gleichzeitig schön und edel sind. Kurokawas Manifest der Symbiose war eine Vision für Einfachheit und Komplexität im Einklang, Deleuzes Rhizom war seine Referenz. Er selbst nahm den Ansatz des Metabolismus und übertrug ihn mit seinem Institut für fachübergreifende Studien auf Verkehrs- und Produktionsplanung. Dabei ließ er sich von der Produktionsphilosophie bei Toyota, Kanban genannt, und deren kontinuierlichem Verbesserungsprozess inspirieren. Schließlich widmete er sich industriell herstellbaren Bauteilen, die es zusammen mit Ziegeln in jeder Region der Erde Menschen ermöglichen sollten, ihre eigenen Häuser zu bauen.

Unterdessen entwarf sein Kollege Kenzō Tange eine temporäre Stadt in Saudi-Arabien, die man jedes Jahr zur Haddsch wieder aufbauen kann, und erstellte mit Abuja, der Hauptstadt von Nigeria, eine neue Planstadt. Diese konzentrierte sich um zentrale Straßen ohne wirkliches Zentrum um so, über geplante Satellitenstädte, endlos wachsen zu können. Heute kämpft Abuja mit ihrem Wachstum, vor allem an der Grenze zwischen

---

10 Vgl. *http://www.archdaily.com/477882/le-corbusier-model-for-the-metabolists/*

geplanten Einheiten, die nur langsam im Bau vorankommen, und den Slums herum, welche in die Stadt hineintreiben. Die Lösung soll eine „Biomimicry Smart City" werden, ein neuer organischer Masterplan, der nach nachhaltigen Prinzipien lokale Zentren so entwickeln will, dass sie sich selbst organisieren. Leider sieht man hier momentan auch noch keine Erfolge.

Was vom Metabolismus bleibt, ist also weniger der urbane Masterplan, dieser scheiterte ebenso wie alle Städte des CIAM und seiner Nachfolger, sondern die Idee von organischer eleganter Komplexität, die sich aus kleinen fixen Einheiten herstellen lässt. Und die Philosophie, dass diese Komplexität die eigentliche Freiheit ist, wie Robert Venturi schreibt[11]: „simplicity which is a satisfaction to the mind derives … from inner complexity."

Dennoch wurden die japanischen Architekten über den Metabolismus zu Meistern eines fließenden Übergangs zwischen privatem und öffentlichem Raum, zu Vorreitern einer neuen Ästhetik von Gebäuden, die offener in die Natur und Kultur herausgreifen, als es die Moderne jemals geschafft hatte. Vielleicht kommt das daher, dass traditionelle japanische Häuser einen ausgeprägten Eingangsbereich haben. Architekten wie SANAA haben eine neue Raumvorstellung geprägt[12], eine Architektur, die „flüchtig" sein soll im Sinne, dass die Räume so facettenreich, aber gleichzeitig reduziert sind, dass der Nutzer sie als Teil der natürlichen Umgebung wahrnimmt. Das sieht für uns oft „modern" in seiner Reduziertheit aus, ist aber weniger rational und zwingend, sondern ruhend und wertig – es ist ein „Neuer Minimalismus", der sich mit anderen Stilen überlagert wie mit der Natur selbst.

---

11 In: „Complexity and Contradiction in Architecture", 1966. Davor echauffiert er sich über das Glass House, welches nur „einfach" aber nicht „vereinfacht" sei. Es schaffe keinen Übergang der Räume sondern nur Abschottung.
12 Vgl. James Kirk, „Re-reading Japan", 2012

Abbildung 5.3: Sou Fujimoto, Serpentine Pavillon

Sou Fujimoto mit seiner Philosophie des fließenden Übergangs von Gebäude und Stadt, die sehr stark in der Tradition von Aldo Rossi steht, ist
der derzeit vielleicht berühmteste Vertreter. Für ihn muss die Stadt ein
bekannter, schützender Wald sein, der in die Natur übergeht. In diesem
Sinne hat er seinen „Serpentine Pavillon" gebaut, eine Wolke aus genorm-
ten Metallteilen, eine komplexe Form aus einfachsten Elementen, die sowohl (undichtes) Dach wie auch Sitzgelegenheiten bietet. Etwas wohnlicher ist hingegen sein Haus N, eine Verschachtelung von Privatheit und
Öffentlichkeit, das versucht, die von Deleuze und Bergson „Differenz"
genannte Trennung der Gesellschaft durch die Architektur aufzuheben.
Es kann als solches gut mit Philip Johnsons Glass House verglichen werden. Johnson wandte den Begriff Glass House auf das gesamte Areal
an, was seinen Bezug zwischen Ort und Architektur klarmachen sollte,
Kritiker aber nicht zurückhielt, das Ganze als Marketinggag zu dekla-
mieren. Das Ideal der Transparenz in der Moderne, eine Rückkehr zu

moralischen Werten bis hin zum „moralischen Exhibitionismus"[13] brach er selbst mit seinem teilweise fragwürden Verhalten und Äußerungen. So wandte er sich später auch vom International Style ab, hin zur Postmoderne, welche die Autorschaft mehr betonte als die Freiheit. Dass er das Private zum Öffentlichen machte, zu einem „Medienereignis", wie Roland Barthes feststellte[14], war wohl eher ein „Management des Privaten". Vidler hatte in seiner „Third Typology" bereits eine neue Bewegung ausgemacht, die Privates und Öffentliches im Kontext der Stadt verwischt. Was in den USA zu einem Marketinggag wurde, nahm in Japan den idealistischeren, ruhigeren Weg. Sie verstanden es tatsächlich, den Raum aufzubrechen und so zu unterteilen, dass er sowohl wohnlich, wie auch öffentlich wurde.

Die zeitgenössischen Architekten greifen lieber auf die Kunst zurück denn auf Dogmen. Zum Beispiel auf die Arbeiten von Gordon Matta-Clark[15], der Löcher in Gebäude schnitt oder ganze Gebäude durchtrennte, um sie so in den öffentlichen Raum zu integrieren. Der Architekturkünstler Junya Ishigami geht soweit, dass sich seine Räume vollständig auflösen oder ständig erneuern, der Raum zur Natur selbst wird. Seine filigranen Installationen bewegen sich am Rande zum Nichts. Dieses Nichts füllen Lichtkünstler wie Ólafur Elíasson mit Licht, Atmosphäre und Bewegung, erschaffen Räume aus dem Nichts. Und schließlich James Turrell, der zurückgezogen lebende Exzentriker, mit seinen *Skyspaces* und schlichten Räumen, die einen Blick auf den Himmel erlauben, und ihn damit in den Raum integrieren.

---

13 Walter Benjamin, zitiert in Vidlers „Architectual Uncanny". Die Gegenbewegung dazu waren die Dadaisten und Surrealisten mit ihren Industrieabfällen und Naturmaterialien, ihrem Sarkasmus ohne Grenzen und Autoritäten, leider gab es dazu, abgesehen von Duchamp und Yves Klein, nur wenig konkrete Beiträge aus der Architektur.
14 Aus B. Colomina, „Privacy and Publicity", MIT Press, 1996
15 Siehe H. Amelunxen, „Gordon Matta-Clark", 2012

CC BY 2.0/na0905

Abbildung 5.4: James Turrel, Sky Window

5.3 Layer

Ein weiter offener Raum kann auf die einen einengend und abschottend wirken und auf andere wie ein Symbol für Freiheit, oder Selbstmarketing. Eine gerasterte Zusammensetzung kleinster Einheiten kann ebenso befreiend wie befremdlich wirken. Lose Stangen können nur ein Gerüst sein oder tatsächlich ein Gebäude, welches mit der Umgebung eins wird.

Der Fluss durch die Räume, sowohl innerhalb eines Hauses wie auch der Fluss zwischen privatem und öffentlichem Raum ist eine, wenn nicht die Kernkompetenz eines Architekten. Matthew Frederick[16] erklärt: „We move through negative spaces and dwell in positive spaces."

Was er damit meint ist, dass positiver Raum, also Raum, der sich um etwas herum schließt, uns Sicherheit gibt. Negativer Raum, der sich daraus ergibt, dass er von anderem übrig bleibt, führt normalerweise dazu, dass wir dort nicht verweilen, wie auf Straßen. Die Grenze zwischen diesen beiden Räumen ist die „Boundary", und oft auch gleichzeitig die Grenze zwischen privatem und öffentlichem Raum, der zeitliche und räumliche Übergang dazwischen gibt uns einen „Sense of Place". Das Zurechtfinden in der Architektur ist in der virtuellen Welt der Softwarearchitektur ebenso wichtig, nur wenn Komponenten verstehbar und erreichbar sind, kann man sie wiederverwenden. Eine klare Boundary macht ein Modul; wie die Brandmauer bei der Verbindung zweier Häuser ist es genau die eigentlich unsichtbare Grenze, die hier den in Eric Evans Worten, „Bounded Context" definiert.

Die klassische Boundary in der Softwarearchitektur ist der Layer. Layers sind einfach, weil sie meist physikalisch vorgegeben sind (richtig wäre: Tier) und in jeder Programmiersprache als Kernkonzepte vorkommen. Leider sind Layers aber auch Quellen großen Missverständnisses, denn ihre Boundaries suggerieren oft „lose Kopplung", wo in Wirklichkeit keine existiert[17].

Layering ist aber nur ein Aspekt der Softwarearchitektur. Sie teilt sich in mindestens drei Dimensionen eines hypothetischen Würfels ein:

- Ebenen, also Layers oder Tiers
- Tiefe, Frameworks, Libraries, und Plattformen
- Breite, also Funktionalität und Komponenten

Ein Architekturstil wäre ein Querschnitt durch diese drei Dimensionen, eine übliche Kombination von Frameworks und Ebenen, die Funktiona-

---

16 In: „101 Things I learned in Architecture School", MIT Press, 2007, S. 22
17 Beispiel: Presentation Layer sind leider häufig stark an Geschäftslogik gebunden und ebenso stark an das Datenbankschema über Persistenz-Layer.

lität dessen Implementierung. Wenn Layer technischen Aufgabenbereichen entsprechen, z. B. Transaktionsgrenzen, dann entsprechen Komponenten Funktionen, wobei nicht gesagt sein muss, dass Funktionen nicht mehrere Ebenen überspannen können oder in sich selbst wieder alle drei Dimensionen tragen können. Funktionalitäten aufzuteilen ist üblicherweise deutlich schwieriger als technische Aufteilung. Aspekte wie Skalierbarkeit, Prozessorlast, Austauschwahrscheinlichkeit oder Ausfallsicherheit lassen sich einfacher beziffern als fachliche Unterschiede wie z. B. Wiederverwendbarkeit, Kohärenz und Kapselung von Daten. Das Schneiden von Modulen im Generellen ist eine Philosophie für sich, bei der es, wie bei der Raumgestaltung, alle Dimensionen zwischen einfach und komplex beliebig rekursiv gibt. So kann z. B. eine Sprache und Plattform wichtiger sein als Layers oder Tiers. Ob man pur funktionale, seiteneffektfreie oder imperativ objektorientierte Programmierung als beste Abstraktion eines Problems erachtet, hat zwar nicht direkt etwas mit Layern zu tun, kann aber die Skalierbarkeit deutlich beeinflussen.

Dieses Buch ist keine Einführung in Modularisierung[18]. Ein kurzer Überblick sei dennoch aufgrund der Vieldeutigkeit gestattet: Dekomposition in Form von wiederverwendeten[19] Subroutinen wurde schon zu Lochkartenzeiten praktiziert und „Modul" genannt, sie lässt sich daher nicht eindeutig zurückverfolgen. Dijkstra hatte in den 1960ern die Struktur der Dekompositionen erläutert. David Parnas war der Erste, der das Prinzip des „Information Hiding" formulierte: Nicht nur als simple Subroutine, sondern Verantwortungsbereich mit abgeschlossener Änderungswahrscheinlichkeit, was man später „High Cohesion" nannte. Seit Beginn dieser Modularisierung wurde diese Kohäsion heiß diskutiert. Noch bevor es Klassen gab, waren diese Verantwortungen Funktionalitäten, mit Klassen wurden diese komplexer und eigener Zustand spielte eine Rolle.

---

18 Das machen Vogel et al. „Software Architektur" und Bass et al. „Software Architecture in Practice" besser.

19 Wenn uns die Geschichte der Logging- und Commons-Bibliotheken etwas gelehrt hat, dann, dass Wiederverwendbarkeit oft überschätzt wird. Das könnte am Availability Heuristic liegen, siehe dazu Kapitel 7.

Davon ausgehend kam man zur komponentenbasierten Entwicklung, zu Plug-ins und schließlich zu Services.

Spielte am Anfang der Modularisierung, als Großrechner noch Daten und Code gemeinsam behandelten, die Operation auf diesen Daten eine Rolle, wandte sich dieses mit verteilten Architekturen hin zum entfernten Aufruf von Modulen, den „Remote Procedure Calls" in den 1980ern. Zu dieser Zeit stand vor allem Skalierung im Vordergrund, die Ausführung verschiedener Funktionen auf anderen Maschinen. Da diese Maschinen meist funktional getrennt waren, und damit Zustand nicht übertragen werden konnte, entwickelten sich ganz natürlich Serviceinterfaces mit asynchroner Ausführung als „Task". Bertrand Meyer entwickelte Eiffel[20] und damit auch „Design by Contract". Mit mehr Verteilung in besseren Netzwerken wurde die Idee dann mit verteilten Objekten weitergetrieben, wo die Methode selbst der Contract wurde – die „Remote Method Invocation", was schließlich in Java, CORBA und letztlich Web Services mit ihrem XML Contract einfloss.

5.4 Abstraktion

Parallel dazu begann man zu realisieren, dass die Wiederverwendbarkeit auch systemübergreifend gegeben sein könnte. Nicht nur als Algorithmus, den man wie eine Subroutine in einer Lochkarte ausführt, sondern als „Blackbox", für die man einzeln abrechnen könnte. Das Konzept des Tasks wurde mit dem Geschäftsservice verbunden. Dies hatte zur Folge, dass Services plötzlich viel mehr Funktionen anbieten mussten, und neben ihrer technischen Abstraktionsschicht eine weitere, Geschäftsabstraktionsschicht auferlegt bekamen. Der technische Contract sollte auch zu einem Contract in der Realwelt werden.[21]

---

20 Übrigens als Reminiszenz an den Erbauer des Eiffelturms, welcher auch als Erstes aus Standardindustrieteilen gebaut worden war.
21 Die Serviceebenen sind Gegensatz der SOA Governance, siehe z. B. J. Dirksen, „SOA Governance", Manning, 2012

Neal Ford hat in einem Artikel aus dem Jahre 2009 diese Annahme, dass immer generische Herangehensweise automatisch Flexibilität führt, kritisiert. Er stellt fest, dass zu viel Generalität, vor allem jede, die nur eine Ausrede für Framework ist, selbst wieder die Flexibilität behindert:

„Because genericness adds entropy, you damage your ability to evolve the design in interesting ways early in the project. Adding too much flexibility makes every change to the code base more complex."[22]

Kurzgesagt behindert Generalität gegenüber der landesüblichen Annahme in Wirklichkeit Wiederverwendung. Dafür gibt es ein schönes Bonmot[23]:

„All problems in computer science can be solved by another level of indirection ... except for the problem of too many layers of indirection."

Seit Lisp wurde Abstraktion als Lösung für Probleme begriffen, und Layer als pragmatischer Ansatz von Abstraktion verkauft. Aber mit Generalisierung kommt ein Wartungsaufwand, eine technische Schuld. Abstraktion auf der richtigen Ebene ist gut – man muss nur, wie Jeff Atwood sagt[24], wissen, auf welcher Ebene man operieren darf. Dies Herauszufinden muss die Aufgabe eines Architekten sein, der Standard- von Individualkomponenten unterscheidet, und den Einsatz einer Bibliothek für sinnvoll oder nicht sinnvoll erachten kann. In meiner Laufbahn hatte ich nicht nur oft Situationen, in denen ich eine Bibliothek vorgeschlagen habe, sondern auch genügend, in denen ich dagegen argumentiert habe, damit sich nicht zwei verschiedene Codeideologien (z. B. Synchron/Asynchron) entwickeln.

In der Architektur zur Softwarearchitektur wurde und wird[25] „Divide et Impera" (Divide and Conquer) als analytische Lösung zur Beherrschung eines Systems vorgeschlagen. Seinen Eingang in die SOLID-Prinzipien hat diese alte Regel als „Single Responsibility Principle" gefunden, wel-

---

22 *http://www.ibm.com/developerworks/java/library/j-eaed1/index.html?ca=dat*
23 Siehe *http://billgyang.blogspot.de/2009/10/dark-side-of-abstraction.html*
24 Siehe *http://www.codinghorror.com/blog/2009/06/the-wrong-level-of-abstraction.html*
25 Zum Beispiel in Buschmann „Pattern-Oriented Software Architecture" und Vogels „Software Architecture", aber auch Fairbanks „Just Enough Software Architecture", wobei er es hier auf die Sichten einer Architektur bezieht

ches wiederum auf Tom de Marcos „Cohesion"[26] und Dijkstras „Separation of Concerns" zurückgeht. Die Grundannahme ist dabei immer, dass man etwas abgeschlossenes, einfaches, besser verstehen kann als ein komplexes System. Das ist zwar richtig, aber eine große Menge kleiner, einfacher Systeme kann ebenso komplex werden – wie die Metabolisten gezeigt hatten[27]. „Divide et Impera" wird entweder Machiavelli oder Julis Cäsar in den Mund gelegt, beide verbanden damit aber nicht nur Einfachheit. Vor allem ging es darum, Feindschaft und Separatismus zu streuen, um die einzelnen separaten Gruppen zentral besser kontrollieren zu können. Eine Zeit lang konnte man das Gefühl haben, genau dies wäre mit den Services geschehen. Je mehr die Systeme in Services unterteilt wurden, desto unübersichtlicher wurden sie – doch eine zentrale Kontrolle war nicht am Horizont zu erkennen.

Als die Systeme in immer mehr Komponenten geteilt wurden, begann man, sich über die Organisation dieser Komponenten Gedanken zu machen und Garter kam 1996 zu dem Schluss, eine Serviceorientierte Architektur (SOA) sei das beste Ziel. Jeder Service hätte eine klare Aufgabe, einen Task, mit einem Contract. Diese Services könnte man wiederverwenden, ja sogar wie Legosteine austauschen. Eine brillante Vision, die leider an der Ausführung scheiterte. Denn sofort wurden überlappende Standards und konkurrierende Produkte geschaffen, um die Services zu orchestrieren und hochkomplexe XML-Werkzeuge gebaut. Diese verlangten den Entwicklern mehr Zeit als vorher ab, und den Architekten, in ihrer ungewohnten Dirigentenrolle, mehr Nerven. Die SOA bekam einen schlechten Ruf, weil sie nur mit großem organisatorischem Aufwand umgesetzt werden konnte, den viele Kunden nach dem Platzen der New-Economy-Blase nicht mehr gehen wollten.

Es gibt eine Alternative zur Behandlung von Services als Task, die Nutzung fest definierter Tasks und stattdessen den Austausch von Entitäten, Wertob-

---

26 Laut Wikipedia-Artikel zu SRP
27 John Maedas Regel aus seinen „Laws of Simplicity" gefällt mir besser als Divide et Impera „Organization makes a system of many appear fewer"

jekten. Die beiden Ansätze werden normalerweise als „Verb" vs. „Nomen" bezeichnet. Während der traditionelle Remote Procedure Call ein Verb „tu genau dies" bereitstellt, und den Wert zurückgibt, setzt der Nomenansatz auf Operationen, die das Objekt selbst verändern. Der Zustand ist damit nicht mehr auf Seite des Aufrufers, sondern auf der Seite des Aufgerufenen. Während beim Verbansatz meist Prozessorleistung ausgelagert wird, wird beim Nomenansatz transaktionaler Speicher ausgelagert.

Dies ist die Grundlage hinter dem dokumentengetriebenen Internet, dem Hypertextprotokoll HTTP – ein Architektur-Pattern, das man REST nennt, für „Representational State Transfer". Wenn die SOA, die so offen sein sollte und dennoch manchmal eher einschränkte, das Glass House ist, ist REST der Metabolismus mit seinen flexibel gleichen Elementen. Als Architektur des World Wide Web ist REST auf allen Infrastrukture-benen bereits Standard, was seinen Einsatz so einfach macht. Es arbeitet unter der Annahme, dass ein Zustand gespeichert, und deshalb immer nur „Repräsentationen" von Entitäten, nie diese selbst (im Gegensatz zu RMI), ausgetauscht werden. Durch seine Caching- und Typisie-rungsfunktionen sowie seine zustandslose Natur ist es hoch skalierbar, funktional einfach zu verteilen und schnell zu verarbeiten. Schließlich impliziert es die Verwendung von Hyperlinks und damit einem fehler-toleranten Netzwerk, das sich schnell anpassen kann[28].

Diese Eigenschaften machen es Ideal für alle datengetriebenen Oberflä-chen, bei denen der Client Daten manipuliert und der Server den Zu-stand verwaltet, wie z. B. der ROCA-Architekturstil vorschlägt[29]. REST ist auch für mobile Geräte perfekt, bei denen die Verbindung instabil ist, und generell für alle verteilten Systeme, bei denen Synchronisation ein wichtiger Faktor ist. Gleichzeitig hat REST aber auch Limitierungen, z. B. bei komplexen Berechnungen, die sich nicht so einfach in der Hierarchie einer URL abbilden lassen, oder bei längeren, eventgetriebenen Benut-zerinteraktionen.

---

28 Alle REST-Vorteile in Richardson Maturity Model: *http://restcookbook.com/ Miscellaneous/richardsonmaturitymodel/*
29 Siehe Stefan Tilkovs Vorträge oder *http://roca-style.org/*

Die alte Diskussion von Verb vs. Nomen zieht sich durch alle Ebenen der Softwareentwicklung. Von der alten Diskussion der objektorientierten vs. der funktionalen Programmierung, der Diskussion von computer- und datengetriebener Architektur bin hin zur Diskussion zwischen REST- und SOAP-Schnittstellen. Ich konnte mich nie entscheiden, auf welcher Seite ich stehe, bis mir einst der Chefarchitekt eines Kunden den Unterschhied zwischen „Data vs. Process Oriented Systems" erklärte: Die meisten Unternehmen haben eine datengetriebene Kultur, eigentlich verwalten sie nur Daten und haben daher inhärent objektorientierte und unbeabsichtigt komplexe Prozesse zur Sicherstellung der Datenqualität. Sein Unternehmen hingegen hat natürlich auch Daten, sehr viele sogar, ist aber funktional getrieben. Das Unternehmen dreht sich um Algorithmen, die Daten hinter diesen sind eher einfach. Das Unternehmen hat daher essenziell komplexe Prozesse und ist funktionsgetrieben. Diese Funktionen seien Services, also Verben, weshalb eine Message-driven SOA die beste Integrationsarchitektur in seinem Unternehmen sei. Eine REST-Architektur sei zwar nett nach außen, aber mit seinem dokumentgetriebenen Ansatz der falsche Weg. Eine bessere Argumentation habe ich nie gehört.

5.5 Micro-Services

Für die Metabolisten war der Rückzug vor dem „Informationsüberfluss" bei gleichzeitiger Industrialisierung wichtig. Das erinnert an „Information Hiding" und schlägt so die Brücke zu Micro-Services.

Fast zwanzig Jahre nachdem Gartner SOA vorgeschlagen hatte, sollten die Services im Rahmen der Diskussion um Skalierbarkeit vor allem in der Microsoft-Welt einen Höhenflug erleben, nachdem sie in der Revolution um REST fast in Vergessenheit geraten waren und die Event-based Components nicht angenommen wurden. Basis dafür waren Entwicklungen wie CQRS und Event Sourcing: CQRS, auf Meyers Design by Contract aufbauend, trennt Lese- von Schreiboperationen auf zwei verschiedene Datenbanken, sogar Schnittstellen, auf. Dies bringt vor allem einen Skalierbarkeitsvorteil auf Kosten der vom Benutzer wahrgenommenen Konsistenz, war an sich aber noch kein Durchbruch. Event Sourcing als Weiterführung einer eventbasierten Architektur war ebenfalls interessant für Big Data und Analytics, aber keine Revolution. In letzter Zeit kam jedoch die Idee auf, diese beiden Technologien zu kombinieren, um ein Domain-driven Design (DDD) umzusetzen. Nicht nur die beiden Datenbanken von CQRS können über Event Sourcing synchronisiert werden. Wichtiger ist, dass der State von Objekten selbst durch Events bestimmt wird, die aus CQRS kommen – dafür gibt es in DDD bereits das Konzept des „Aggregate Root". Wie auf Wikipedia erklärt: „Where ES is combined with CQRS and DDD, aggregate root are responsible for thoroughly validating and applying commands."[30]

Dan Haywood definierte schlussfolgend, dass der DDD Application Layer eigentlich sogar generiert werden sollte[31]. Damit wäre man an einem Design angekommen, dass sowohl Geschäftsanforderungen perfekt unterstützt, wie auch beliebig skalierbar, schnell für den Benutzer und geeignet für Big-Data-Analysen ist. Natürlich gibt es bereits Frameworks, welche solch eine Definition erlauben, z. B. reine Domain-Layer-Frameworks wie Apache Isis oder Catapult. Nachteile daran sind dann allerdings wieder weitestgehend dieselben wie für MD*-, CASE- und RAD-Tools der 1990er und CRUD-Oberflächengeneratoren: Generische Oberflächen und starke Kopplung an die Infrastruktur z. B. für Versionierung, was zu langsamen Wartungszyklen führt. Beides entspricht nicht mehr heutigen Usability-Standards.

Eine Lösung dafür versprechen „Micro-Services"[32], welche die Ebenen entkoppeln wollen, ohne wieder zu den strikten Layern zurückzukehren. Die Idee entspricht auch wieder der SOA, allerdings sollen hier kleinere Services im Stil der „Aggregate Roots" helfen, nicht dieselben Fehler zu

---

30 http://en.wikipedia.org/wiki/Domain-driven_design
31 Siehe http://danhaywood.com/2012/09/17/responsibilities-of-the-application-layer-in-domain-driven-applications/
32 Ich las das erste Mal im April 2013 darüber unter http://yobriefca.se/blog/2013/04/29/micro-service-architecture/

machen. Wie bei Event Sourcing nehmen sie nur Events entgegen, und emittieren selbige. Die Services sollen um kleinstmögliche Geschäftsprozesse organisiert sein, um nicht in die Abstraktions-/Generalisierungsfalle zu treten und schnelle Austauschbarkeit zu gewährleisten. Am wichtigsten ist jedoch, dass es keine fest definierten Interfaces gibt, sondern Nachrichten immer per Publish/Subscribe schemalos ausgetauscht werden – ein Konzept, welches man von Aktoren kennt und hier sicherstellen soll, dass Versionierung und parallele Entwicklung von Features möglich sind.

Was die Micro-Services verschweigen, ist der Umgang mit Zustand. Auf den ersten Blick sieht die Architektur wie eine SOA aus, die Forderung nach einfachen Protokollen macht aber eine Zustandsspeicherung à la Event Sourcing unmöglich. Würden die Services selbst speichern, müssten Transaktionen möglich sein, bzw. wären die Services zustandsbehaftet. Sie scheinen aus einer funktionalen Historie zu kommen, doch gehen sie wie der „Reactive"-Stil[33] bei der Veränderbarkeit einen Kompromiss ein. Sie müssten Objekte verändern, wodurch eine Kopplung wie bei Remote Method Invocation gegeben wäre. Da diese Lösung bereits ihre Grenzen aufgezeigt hat, zeigte Jeppe Cramon letztens eine „SOA and Event Driven Architecture (SOA 2.0)", welche diese Brücke eventuell schlagen könnte.

Komponenten in kleine Services oder Agenten aufzuteilen, die mit Events kommunizieren, bringt den Vorteil, dass der Event Bus bzw. Container entscheiden kann, wie diese gehandhabt werden. QoS kann ein Vorteil sein, aber auch Lastverteilung wie die für HTML5 vorgeschlagenen Service Worker, welche feingranulare Kontrolle über On-/Offline-Fähigkeiten erlauben. Oder das neue HTML5-Element „Template", das standardkonforme Client-Side Modularisierung erlaubt. Alternativ setzen Frameworks wie AngularJS oder Googles Polymer-Projekt darauf, Komponenten ganz über modularisierbare HTML-Elemente umzusetzen. Das Ziel könnten kleine „Web Components"[34] sein, die ähnlich einer Cell Architecture vollständig autark arbeiten und doch frei kombinier-

---

33 Eine Einführung in Zustand unter *http://aphyr.com/posts/306-clojure-from-the-ground-up-state*
34 Siehe z. B. *http://www.html5rocks.com/en/tutorials/webcomponents/template/#toc-pillars*

bar sind – just wie es die SOA vor fast zwanzig Jahren vorschlug. Doch je feiner die Services werden, welche auf Events, Callbacks und Userinteraktion reagieren, desto komplexer wird das Netz, die Infrastruktur darum, das „System of Systems", die Ersilia von Calvino oder das Rhizom, wie es Gilles Deleuze genannt hatte[35].

Zeitlose Architektur

Louis Kahn, obwohl dem „International Style" zugerechnet, wurde als Inspiration für den Strukturalismus gesehen. Seine Gebäude waren zu ihrer Zeit zwar modern, aber in sich nachdenklicher. Vor allem interessierten ihn drei Dinge, welche für die damaligen Strömungen ungewohnt waren, und die er deshalb weitestgehend unabhängig und parallel zu anderen Bewegungen entwickelte:
Erstens der Bauplatz, der „Kritische Regionalismus", wie ihn auch Alvar Aalto nutzt. Das Gebäude wird in die Landschaft, gerne Hügel, eingefügt und entlehnt sich in seinen Materialien der Umgebung. Das führt er im Gebäude weiter und kümmert sich besonders um die Zwischenräume und Transiträume zwischen den Räumen.
Zweitens, die Wahrnehmung dieses Gebäudes, vor allem des Lichts im Zusammenspiel mit den Materialien. Darin ist er Perfektionist, ähnlich eines Steve Jobs, der nicht nur extrem eng mit den Ingenieuren zusammenarbeitete, sondern selbst vor allem Techniker war.
Drittens ein „Sinn für Bewegung" in der Stadt um den Bauplatz, eine Dynamik, die der „International Style" mit seinen witterungsbeständigen Materialien noch zu unterdrücken versuchte. Genau dadurch erreichte er, was heute als „zeitlos" an seiner Architektur beschrieben wird. Wenn er auch kein Manifest dazu geschrieben hat, markiert Louis Kahn damit doch einen Wendepunkt. Und eine Inspiration für viele andere Strömungen, sei es seine Kontextsensitivität für die heutige Nachhaltigkeit, seine Technik für die Kombinationsideen der Metabolisten oder sein Materialperfektionismus für zeitgenössisches Produktdesign. Gewiss sehen seine Gebäude heute zu geschlossen, zu historisch aus. Dennoch bewegt er sich für mich ziemlich nah am idealen Architekten, der ein Gefühl für die Situation hat, sie aber nicht

---

35 Kurz vor Abgabe des Buchmanuskripts ging dieses Thema über Twitter, nachdem Martin Fowler Micro Services aufgegriffen hatte z. B. mit Stefan Tilkovs Teilnahme *https://twitter.com/stilkov/status/444396732450103296*

ausnutzt, keine Dogmen verbreitet, sondern zeitlose Architektur leistet, die immer menschlichen Nutzen im Zentrum sieht.

„Nicht-Orte"

Wir hatten die Boundary besprochen, die Grenze, die Différence von Deleuze, beziehungsweise die Transparenz der Moderne – zusammengefasst diese Grenze zwischen dem privaten und öffentlichen Raum, zwischen der inneren und der äußeren Gesellschaft, die eine Architektur oder ein Ort schafft, obwohl sie selbst Leere bleibt. Aber es gibt auch das, was Marc Augé die „Nicht-Orte" nennt. Architektonische Orte, die aber gleichzeitig nur Transitraum bleiben, eine einzige Anordnung von Ein- und Ausgängen ohne Verbleib. Dieser Verbleib, die Wahrung der Zeit ist es, was ihn interessiert. Den Bruch der geschichtlichen Traditionen durch die moderne Wissenschaft hat unsere Wahrnehmung der Geschichte fragmentiert und uns selektiv gegenüber Zeit werden lassen. Auf der einen Seite sind uns der Raum und die Familie wichtig, doch althergebrachtes Wissen ist suspekt. Wir mögen das Eckcafé mit den alten Stühlen und den hohen Decken, aber die Milch muss perfekt industriell laktosefrei gemacht worden sein. Seine These ist, dass ein Ort durch gelebte Vergangenheit eine Identität und damit eine Relation zu uns bekommt, damit wird der Ort zu Architektur. Aber es gibt Orte ohne Identität, da sich niemand um sie kümmert. Es sind u. a. die Flughäfen, Bushaltestellen, Parkplätze und Bahnsteige. Diese Orte schaffen keine Vergangenheit, damit keinen Raum und damit keine Beziehungen ihrer Nutzer. Die Transiträume bzw. die „Nicht-Räume" der IT sind heute leider die Betriebssysteme. In der Realität hat sich die Kultur der sog. „Nicht-Orte" durch mobile Geräte noch verstärkt; wo man früher im Zug Beziehungen herstellen konnte, ist der Zug heute auch ein „Nicht-Ort", den man vor dem Handy verbringt. Die ständige Bewegung, das Symbol der Moderne[36] macht uns vom Beobachter zum Beobachteten, dem stellen wir uns mit einem kleinen eigenen Raum, der sich mit uns bewegt, dem „Liquid" Space, entgegen. Das ist etwas ganz anderes, als sich Constant noch in seiner hypermobilen Stadt vorstellte. Und mit denselben mobilen Anwendungen tritt auch der Computer in den Hintergrund, und mit ihm das Betriebssystem. Er wird maximal noch zu einer virtuellen Maschine in der Cloud, wie im virtuellen Netzwerk des Flow, das Manuel Castells beschrieben hatte.

---

36   Vgl. Beatriz Colomina, Paul Virilio und Sigfried Giedion

---

6 Dorfplatz

Josemaria Toscano /Shutterstock.com

 „Architektur heißt, sich selber Fragen stellen."

Peter Zumthor

 *„Democracy, in any active sense,
begins and ends in communities small enough
for their members to meet face to face."*

Lewis Mumford

Die rationalen oder empirischen, top-down oder bottom-up, analytischen oder organischen Denkmodelle treten immer wieder auf. Eine Zeitlang hatte in der Softwareentwicklung der rationale, linear geplante Wasserfall-Ansatz die Nase vorn. In den letzten zehn Jahren haben agile Methoden die Oberhand gewonnen. Deren Grenzen werden immer mehr sichtbar.

6.1 Genie

Richard Serra ließ, als er sich vom Projekt „Holocaust-Mahnmal" zurückzog, „ausschließlich persönliche Gründe" verlautbaren, die nichts mit den Auslobenden des Wettbewerbs zur Gestaltung des Mahnmals zu tun hatten. Natürlich war schon einen Tag später in der Zeitung von „unüberwindbaren persönlichen Differenzen"[1] zu lesen. Richard Serra, ein minimalistischer Bildhauer, der Skulpturen aus riesigen Stahlplatten zusammensetzt, ist für Kompromisslosigkeit bekannt. Ebenso wie Helmut Kohl, sein Gegenspieler. In einer der endlosen Diskussionen, die sich über Jahre hinzogen, nannte Serra in einem Wutanfall Kohl einen Bürokraten. Kohl stand auf „wie eine gigantische Königskobra", erklärte, dass er kein Bürokrat sei, sondern der Deutsche Bundeskanzler, dass niemand so mit ihm rede und warf Serra aus seinem Büro.[2]

Das Mahnmal sollte Peter Eisenmans Meisterwerk werden, der es fertigstellte. Eisenman wird üblicherweise der konzeptuellen, strengen Architektur zugerechnet. Er baut Gebäude als Symbole einer abstrakten Idee, Gebäude müssen für ihn nicht funktionieren, weshalb er auch nicht an Stadtplanung oder Masterplänen interessiert ist. Für ihn ist das Konzept wichtig, er zeichnet ein Konzept und führt es dann am Computer mit algorithmischen Varianten weiter, die „niemand zeichnen kann". Er trennt Konzept und Durchführung, weshalb er den Dekonstruktivisten zugerechnet wird. So schafft er ein Verständnis vom Architekten als Visionär, das noch weiter geht als Albertis Trennung von Plan und Gebäude. Er

---

1 Die Zeit vom 4. Juni 1998, *http://www.zeit.de/1998/24/Serra_sagt_ab*
2 Siehe Quellenangabe in Kapitel 3

trennt die Vision vom Plan, er sagt: „The ‚real architecture' only exists in the drawings".[3] Der Architekt ist kein alleiniger Autor mehr, nur ein „Kritiker" des fertigen Bauwerks. Dies war der Grund für Serras Weggang, der Künstler ist. Nach der Fertigstellung rief Serra Eisenmann an, um ihm zu gratulieren: „Das Gebäude ist gut – weil es keine Kanalisation hat". Es ist pures Konzept, und nur deshalb so gelungen.

Diese Geschichte wird von Peter Eisenman erzählt. In einem Dialog[4] zwischen Jacques Herzog und Peter Eisenman finden diese in einem interessanten Tanz umeinander heraus, worin ihr Unterschied besteht: Für Herzog ist die Architektur eine „Denkform". Herzog geht konzeptuell an ein Gebäude heran, schließlich zählt aber nur das Ergebnis – und der Betrachter soll dieses Konzept nicht mehr erkennen. Dazu nutzt er, was wir „iterative Entwicklung" nennen würden. Er entwickelt eine Guideline, eine konzeptionelle Idee, aus der in einem „Rolling Process" das fertige Gebäude entsteht. Eisenman hingegen setzt, wir würden es „Wasserfall" nennen, den Prozess en detail vorher auf, mit dem Ziel, alle konzeptuellen Fehler zu eliminieren.

East Images/Shutterstock.com

Abbildung 6.1: Herzog & de Meuron, Bird's Nest Stadion

---

3   In: „Architectural Review", April 2013, *http://www.architectural-review.com/comment-and-opinion/interview-peter-eisenman/8646893.article*
4   An der Harvard GSD, ab Minute 58 die Serra-Geschichte, siehe *https://www.youtube.com/watch?v=bB_GUTJZpTw*

Worin die beiden übereinstimmen, ist der konzeptuelle Grundansatz. Der Bewohner und der Bauherr spielen nur eine Rolle von vielen. Nur der Natur und vielleicht noch dem Klima verpflichtet, ist der Kunde hier nur einer von vielen Stakeholdern, die es zu überzeugen gilt, bzw. welche in die Gleichung mit einzubeziehen sind. Die Diskussion zur Hamburger Elbphilharmonie[5] zeigt dieses Missverständnis besonders schön. Bei dieser wurde nicht nur aus politischem Willen vertuscht und ein Planungsbüro dazwischengeschaltet, um weiterhin Macht ausüben zu können, sondern auch „maßloser Luxus" angelegt, bis zu „Toilettenbürsten von 291,97 Euro das Stück". Die Hoheit über eine Vision zu haben, nehmen Politiker gerne in Anspruch, gerade die Dekonstruktivisten haben kein Problem damit, diese Autorenschaft zu teilen.

Dies ist eine Bemerkenswerte Entwicklung, die mit der Urban Crisis einsetzte. Architekten sahen sich nicht länger als Heilsbringer einer neuen Gesellschaft, sondern eher im Sinne der Auftraggeber. Damit war, wie Nan Ellin 1996[6] schreibt, die Zeit der Architekten als inspirierter Genius mit der Postmoderne vorbei:

„Likewise in urban design theory, universalism and purism were gradually supplanted by pluralism and contextualism while the role of the urban designer shifted from that of inspired genius, artist, or social engineer to that of a more humble, and at times servile, facilitator."

Paul Sloterdijk bezeichnet in seinem „Sphären"-Zyklus das Apartment und das Stadion als die „Zentralikonen des 20. Jahrhunderts"[7]. Seine Theorie geht von einer Welt aus Inseln oder Blasen aus. Wir Menschen brauchen immer diesen abgeschlossenen Raum, um ein System zu erkennen. Er kombiniert hier die Wohnkapseln der Metabolisten mit der unendlichen Stadt New Babylon und der Netzwerktheorie der Städte. Für

---

5   In der FAZ vom 15.11.2013, auch unter *http://www.faz.net/aktuell/wirtschaft/ elbphilharmonie-zeugnis-des-schreckens-12666153.html*
6   In: „Postmodern Urbanism", Princeton Architectural Press, 1996, S. 277
7   In: Arch+ 169 von Mai 2004, auch *http://www.archplus.net/home/archiv/ artikel/46,27,1,0.html*

entwickler.press

ihn sind unsere Städte keine Nachbarschaften mehr, sondern „Schaum" aus Lebensinseln. Die Rolle des Architekten ist hier nicht mehr, wie in der Vergangenheit, ein neues Menschenbild, sondern im Gegenteil eine Rückbesinnung rein auf diese Lebensräume, seien es Stadien für viele oder Apartments für einzelne Individuen.

Lebensinseln in einem rhizomatischen Netzwerk, das klingt stark nach einer Art Pattern-Ansatz, wie er in Kapitel 1 besprochen wurde – der Ansatz, den der New Urbanism verfolgt. Diese Bewegung will erlebbare, begehbare Städte zurückbringen, mit so wenigen Straßen wie möglich und lokal verteilten Zentren mit starker Community. Aber all das soll mit festen Patterns und strengen Regeln durchgesetzt werden, eine Art hochverdichtetes „Truman Show"-Set. Andrés Duany, der Vordenker des New Urbanism, verteidigt diesen Ansatz gegenüber dem Genieansatz, der seines Erachtens nur ein Zeichen für Aristokratie ist:

„An educational system that is based on the premise of genius is dysfunctional."[8]

6.2   Soziales Kapital

Der New Urbanism beruft[9] sich oft auf Jane Jacobs, die in den 60ern bereits die Bürgersteige wiederbeleben und mehr Leben in die Städte bringen wollte, vor allem durch Mischnutzung. Im Gegensatz zum New Urbanism, der eher Regeln im Vordergrund sieht, plädierte Jacobs aber für situative Eingriffe in die reguläre Bautätigkeit. So wendet Paul Goldberger ein, dass Jane Jacobs im New Urbanism missverstanden wird: Große Städte wie Kleinstädte anzulegen sei nicht sinnvoll, denn Weitläufigkeit verhindere echte Durchmischung.[10] Mischnutzung heißt, bei der Stadt

---

8   Im CNU 20 Vortrag „Looking Forward", *http://youtu.be/i6kO09bIq34*
9   Siehe z. B. Rob Anderson: *http://district5diary.blogspot.de/2009/05/jane-jacobs-and-new-urbanism.html*
10   In: „Cities and the Wealth of Nations", Vintage, 1985

zu bleiben, aber die Möglichkeit zu behalten, neue Menschen kennen zu lernen, was in Suburbs und Compounds nicht gegeben ist. Was Jane Jacobs hervorzuheben versuchte, war keine „City of Villages", als die sich London und die meisten europäischen Städte sehen, sondern die „City of Cities", wie z. B. New York oder Tokio mit ihren verteilten Zentren. Den Unterschied zwischen Dorf und Stadt macht hier der Anspruch der Abgrenzung: Dörfer wollen nicht wachsen, bleiben abgegrenzt, kommunal. Städte sind in sich zwar auch zerteilt, sehen Grenzen aber als fließenden Übergang. Genau diese fließenden Übergänge sind bei „Reißbrettstädten" nicht gegeben.

Léon Krier[11] verglich das in seiner Form des „New Urbanism" mit einer Familie: Eine Stadt kann nur wachsen, indem sie sich reproduziert, indem sie „polyzentrisch" wird und damit Städte in Städten bildet. Jede dieser Städte muss eine Community sein, die durch eine klare Hierarchie der Straßen und eine Anpassung an die natürliche Topologie definiert ist, nicht durch administrative Definitionen. Dabei wäre das beste Ziel ein gesunder Pluralismus, in dem Fortschritt und Bewahrung keine Gegensätze sind. Er bezeichnet dies als Balance zwischen Luxus und Wirtschaftlichkeit, zwischen „Res Publica", „Res Economica" und der „Res Privata", dem Suburb. Dennoch schlägt er, im Gegensatz zum reinen New Urbanism eines Duany, aus verkehrstechnischen Gründen eine milde Form des Zonings vor, mit der Industrie am Rand. So sollen kleinere Straßen automatisch sichere, erlebbare Plätze formen und den Verkehr regulieren. Ökonomischer Sinn dahinter ist es, Plätze zu schaffen, um die sich die An- und Bewohner kümmern. So werden Sicherheit, Lebensqualität und Nachhaltigkeit auch ohne Staat gesichert[12]. Leider wirkt dies

---

11 In: „Architecture of Community", Island Press, 2011
12 Francis Fukuyama erklärt in „Trust", 1996, dass soziales Kapitel auf Vertrauen beruht, das auf gemeinsamen Normen und Zusammenarbeit begründet ist. Dieses Netzwerk aus Vertrauen hält Wechseln in den einzelnen Akteuren Stand – und leistet damit einen wichtigen Beitrag zur Integration.

oft romantisierend und einengend, riecht nach ständiger Überwachung. Sein Seaside in Florida war tatsächlich Drehort der „Truman Show"[13].

Jane Jacobs nannte dieses unsichtbare Netz, das die Stadtteile zusammenhält, das „soziale Kapital", das trotz des ständigen Flusses erhalten bleiben muss. Dieses Gefühl für einen Platz wurde seit der römischen Antike der „Genius loci" genannt, der Geist, der dort wohnt. In der Studie „Places Need Leaders" wird dieses soziale Kapital, das ein erfolgreicher Platz generiert, genauer analysiert: Es schafft Verbindungen und Vertrauen. Die über Balkone zankenden Großmütter, der mürrische Späti-Besitzer und der alter Kellner im Café sind die Leader eines erfolgreichen Platzes. Es wird sogar mittlerweile als erwiesen angesehen, dass besetzte Häuser und Künstlerkommunen einen starken Anteil zur Stabilisierung von Stadtteilen beitragen[14]. Die Kunst ist, diese einfache Erkenntnis mit der Realität der Gentrifizierung zu verbinden. Denn die Miet- und Kaufpreise der Wohnungen schießen an diesen Plätzen in die Höhe, vertreiben genau diese Leader, deren Platz von Franchisenehmern eingenommen wird. Diese können es sich meist nicht leisten, auch den Stadtteil zu beschützen[15].

Schönes Beispiel ist der Willy-Brandt-Platz in München, auch genannt „Platz der Leere" der vor einem Einkaufszentrum „null Aufenthaltsqualität"[16] bietet, wie der Architekt, frustriert von Renditezielen, zugibt. Argumentiert wird dies unter anderem mit hohen Energiesparauflagen, billigerem Wohnraum, Förderung von Mischnutzung sowie hohe Nachfrage auch nach minderwertigen Bauten. Dabei vergessen die Stadtplaner, dass Trabantenstädte ohne „Leader" leer bleiben und zu reinen Transiträumen werden. Die Gründung von geförderten Nach-

---

13 Film mit Jim Carrey, der unbewusst in einer Reality Soap lebt.
14 *http://www.londonlovesbusiness.com/property/residential-property/the-untold-story-of-squats-gentrification-and-regeneration/899.article*
15 Stark verallgemeinert: In Städten mit schwacher Infrastruktur wie in Indien müssen Geschäfte teilweise selbst ihre Bürgersteige, Straßen und Polizei bereitstellen.
16 Ludwig Wappner in der Münchner Abendzeitung vom 23.1.2014

barschaftsinitiativen, die „Bürokratisierung der Tugendhaftigkeit"[17] ver-stärkt mit ihrem Argwohn die Anonymität noch. In Kapitel 4 wurde die gegenseitige Beeinflussung von Architektur und Gesellschaft beleuch-tet. Den Bewohnern dieser Viertel vermittelt man deutlich, dass sie keine Macht gegenüber dem Markt haben. So entsteht Resignation[18]. Sie führt dazu, dass eine soziale Trennung zwischen Alt- und Neubewohnern in Vierteln entsteht, die das soziale Kapital spaltet. Die Alteingesessenen bekommen ein Gefühl der ständigen Überwachung. Das erinnert an Mi-chel Foucault, der in seiner Abhandlung über Strukturen der Macht Jere-my Benthams Panoptikum als Beispiel brachte. Es ist ein Ort der totalen Überwachung, bei dem man nie weiß, ob man beobachtet wird. Wie es im Magazin „The Atlantic[19]" treffend formuliert war: „No one sees the architecture of power, but everyone feels it."

Den Preisanstieg in den gewachsenen, besseren Gegenden in Zentrums-nähe beschleunigt dies weiter, was zu einem Teufelskreis der sterbenden Stadtteile führt, wie er sich z. B. in London[20] vollzieht. Dort wird der Mittelstand bereits verdrängt, und leerstehende Stadtwohnungen haben die Überhand gewonnen. Aus Angst vor einer ähnlichen Entwicklung beschloss die Schweiz 2012 die „Zweitwohnungsinitiative", mit der die Anzahl der leerstehenden Zweitwohnungen auf 20 Prozent reduziert werden soll, um „Geisterstädte", zu denen z. B. Davos manchmal ge-zählt wird, zu verhindern.

Die Erkenntnis daraus ist: Ein Rückzug des Architekten mit dem Verweis auf Selbstorganisation und Marktkräfte scheint ebenso wenig sinnvoll

---

17 Aus Harveys „Rebellische Städte", in denen er, als Marxist, organisierte Allmen-de vorschlägt, denn die „Fetischisierung bestimmter organisatorischer Prinzipi-en steht ... effektiven Lösungen im Weg" (S. 131).
18 Reiner Wild in der Berliner Zeitung vom 4.8.2013
19 Alexis Madrigal: „Zuckerberg's Dream", Dezember 2013, unter *http://www.theatlantic.com/technology/archive/2013/12/zuckerbergs-dream-everyone-sitting-in-one-room-controlled-by-invisible-forces/282342/*
20 Siehe z. B. *http://www.theguardian.com/uk-news/2013/aug/02/london-inequality-house-prices*

entwickler.press

zu sein wie streng geplante Strukturen. Michel de Certeau schlägt, um dieser Entwicklung entgegenzuwirken, den „Tactical Urbanism" vor, die Zurückgewinnung des urbanen Raums, wie es sich z. B. die Occupy-Bewegung, Blinkenlights, Puerto Giesing und Banksy zu Eigen machten. Eine Mischung könnte die „Participatory City" sein, ein von BMW Guggenheim Lab initiiertes Projekt lokaler Selbstverwaltung.

6.3   Architecture without Architects

Bernard Rudofskys „Architecture without Architects"[21] wird seitens der Softwarearchitekten hin und wieder falsch verstanden. In diesem Buch geht es nicht um selbstorganisiert gebaute Architektur, sondern vor allem um anonyme Architektur. Das heißt, Gebäude ohne Nennung eines spezifischen Erbauers, die vor allem mit Hinblick auf lokale Materien erbaut wurden. Diese gibt es nicht nur in der Vorzeit, sondern heute immer mehr – ironischerweise genau dort, wo man sie am wenigsten vermuten würde, nämlich dort, wo die Bauruinen der Idealstädte der Moderne stehen, wie der in Kapitel 2 genannte Torre de David. In einigen ehemaligen Kolonien in Afrika wurden die Ideale der Moderne und der Charta von Athen ohne Rücksicht auf Verluste durchgezogen, um neue Städte zu errichten. Andere Länder, wie Indien mit Chandigarh, sahen die Innovation als Statussymbol. Doch gerade nach ihrem Untergang und der Neubevölkerung der alten Idealbauten bildeten diese eine Basis für neue Gebäude, die z. B. in einer Le Corbusier ähnlichen Bauweise mit Betonstützen und Mauerwerkwänden errichtet wurden. Diese Selbstregulation in kleinen Communities schreit förmlich danach, nach agilen Prinzipien zu funktionieren.

Geisterstädte treten sowohl geplant auf, wie in China, als auch ungeplant, wie in Davos. In „Urban Design Reclaimed" unterscheidet Emily Talen

---

21   E-Flux beleuchtet dies: *http://www.e-flux.com/journal/architecture-without-architects%E2%80%94another-anarchist-approach/*

zwischen der rein architektonischen, und der communitygetriebenen, organischen Planung.[22] Ihre Schlussfolgerung: Reine Selbstorganisation ist keine Lösung, ein Stadtplaner muss z. B. bei Verkehrsplanung, Renovierungen und Gewerbeansiedlung beraten, um langfristige Aspekte in den Vordergrund zu stellen. Das haben auch Architekturfakultäten erkannt. So hat z. B. Berkeley das „Adaptive Metropolis"-Symposium ins Leben gerufen, um herauszufinden, wie sich Prinzipien von Open Source, iterativer Entwicklung und Peer-to-Peer-Netzwerken auf Stadtplanung übertragen lassen. Das wirkt momentan noch hölzern, z. B. die Entscheidung der Community, ob öffentliche Gärten oder Parkplätze angelegt werden; deren schrittweise Realisierung könnte aber durchaus zu interessanten Entwicklungen in der Zukunft führen. Ihre Stärke liegt in Projekten, in denen echte Nachhaltigkeit[23] und Einsatz lokaler Ressourcen gefragt ist. In Entwicklungsländern versuchen Organisationen wie „Architecture for Humanity" oder Teilnehmer des „Laufen Manifesto" bereits auf diesen Prinzipien, kombiniert mit iterativen, Pattern-basierten Ansätzen von Alexander, Gebäude zu bauen. Eines der „Leuchtturmprojekte" ist hier die von Anna Heringer und Eike Roswag geplante Meti-Schule in Bangladesch, ein lokal hergestelltes, komplexes Bauwerk aus Bambus und Lehm.

Ein „Tactical Urbanism" ist dies nicht, denn die Stadt wird nicht zurückerobert, sondern liegt bereits brach. Diesen Unterschied festzustellen, ist nicht einfach, denn auch in bestehenden Städten kann, wie man am Beispiel der Gentrifizierung sieht, ein Stadtteil „kippen". Um das soziale Kapital der Städte zu erhalten, müssen Architekten weiterhin am „Genius loci" arbeiten.

Der Architekt Bernhard Tschumi entwickelte diesen Ansatz, die Erhaltung des sozialen Kapitals, weit vor allen anderen. Wie andere Vordenker versuchte er, „weiche" Themen wie Selbstorganisation, Entwicklung

---

22 E. Talen, „Urban Design Reclaimed", APA Planners, 2009
23 Sustainability nicht als Schlagwort für Hightechmaterialien, sondern langfristige Erhaltung einer Gesellschaft.

und Geschichte in Einklang zu bringen, mit politischen Veränderungen und Planbarkeit. Für ihn muss Architektur keinen Nutzen haben, und der Architekt bestimmt weiter das Konzept – deshalb wird auch er den Dekonstruktivisten zugerechnet. Architektur ist für ihn jeder Raum oder Ort, der sinnlich ist, der Sehnsucht hervorruft[24],was Marcel Duchamp „Architecture of Desire" nannte. Alles vom Zirkuszelt bis zur Waldlichtung. Er sieht die Rolle des Architekten darin, Situationen im Leben der Menschen zu provozieren, welche dieses Ortserlebnis ermöglichen. Deshalb beschäftigt er sich besonders mit dem öffentlichen Raum. Architektur soll diszipliniert sein, aber so, dass sich soziales Kapital daran entzündet.

Ich kam auf ihn, als ich nach einer Designkonferenz den „Parc de la Villette" entlanglief, den größten Park in Paris. Dieser ist in Flächen unterteilt, die sich an konstruktivistischen Linien orientieren, an deren Schnittstellen jeweils so genannte „Verrücktheiten"-Gebäude stehen. Er ist damit eine Mischung aus den geplanten französischen Gärten, und den wilden englischen Gärten. Die Gebäude sind die eigentliche Attraktion, sie scheinen teils spielerisch oder ganz ohne Sinn zu sein, andere beherbergen Bühnen oder Restaurants. Tschumis Idee war, durch diese Fragmentierung etwas zu schaffen, worüber die Besucher reden könnten. In Paris wirkten die kommentarlos vor sich hin witternden Gebäude mit ihren verschlungenen Pfaden auf mich doppelt intensiv, da sie mich sofort an eine Umkehrung des Haussmannschen Prinzips der strikten Straßen und pittoresken Fassaden erinnerten.

---

24 In: K. Nesbitt, „Theorizing a New Agenda for Architecture", Princeton Architectural Press, 1996, „Architecture and Limit III"

CC BY 2.0/Guillaume Baviere

Abbildung 6.2: Tschumis Parc de la Villette

6.4 Regeln

Ruth Malan hat in einer sehr lesenswerten Gegendarstellung zur Falsch-benutzung von „Architecture without Architects" geschrieben[25]:

„But it's not just about a participatory structural design process. We need to architect across – not just the boundaries within the system."

Was sie herausstellt, ist, dass es nicht nur die Aufgabe von Architekten ist, eine Struktur zu errichten, denn das allein kann man auch mit selbstorganisierenden Ansätzen. Sondern eben einen Wink in die richtige Richtung zu geben, wie Tschumi, eine Vision zu haben, wie Eisenman. Auch Regeln zu bestimmen, wie Duany, und sich um die Community zu kümmern, wie Krier. Das alles aber mit mehr Vertrauen, wie Jacobs. Für

---

25 *http://www.ruthmalan.com/Journal/2012/2012JournalNovember.htm*

Ruth Malan sind das Eigenschaften eines Leaders, was an Peter Drucker erinnert: „Effective leadership is about ordinary people achieving extraordinary results".[26] Wäre der Begriff des Leadership nicht so überstrapaziert, könnten diese Analogien durchaus die Tätigkeiten eines Softwarearchitekten umreißen. Jane Jacobs' Leader könnte zumindest diesen Teil der Leadership-Rolle gut ausfüllen.

Ruth Malan[27] hat wie viele andere hervorgehoben, dass man die Rolle des Softwarearchitekten von der Softwarearchitektur unterscheiden muss, so wie Alberti Plan und Eisenman Vision und Gebäude unterscheiden. Die Softwarearchitektur entwickelte sich als Feld und Rolle aus dem Systems Engineering. Rebecca Grinter, die 1999 diesen Zusammenhang herstellte, war es auch, die als eine der ersten die Gebäudemetapher bemühte.[28] Für sie ist Architektur das Produkt eines Prozesses, an dem finanzielle, regulative und rechtliche Bedenken anderer Stakeholder genauso beteiligt sind wie innovative und standardbildende Bedenken des Architekten. Für sie war die Rolle des Architekten die des gutvernetzten Vermittlers, der abwog, und auch explizit die Organisation, die „Problem Owners", und Entwickler in die Entscheidungsfindung einbezog und dann die Entscheidung je nach Zielgruppe anders kommunizierte. Aber sie schlug eine Formalisierung besonders des Entwurfs- und Dokumentationsprozesses vor, am Beispiel der CAD-Software aus der Bauindustrie. Es sei die Rolle des Architekten, Grenzobjekte[29] zu definieren, anhand derer Lösungen definiert werden – idealerweise toolgestützt. Die damit implizierte Abstraktion und Formalisierung öffnete CASE- und RAD-Herstellern die Tür, das Werkzeug zum Prozess zu erklären – für jemanden, der einen Hammer hat, sieht alles aus wie ein Nagel.

---

26 In: W. A. Cohen, „Drucker on Leadership", Wiley, 2009, S. 160
27 Auch sehr lesenswert: Uwe Friedrichsen: *http://jaxenter.de/ DieRolledesArchitektenim21.Jahrhundert-169948?page=1*
28 R. E. Ginter, „Systems Architecture", ACM SIGSOFT Vol. 24, 1999
29 Ein Konzept aus der Soziologie, ähnlich dem Prozess der Repräsentation in REST bzw. Architektur-Views, nicht zu verwechseln mit Constraints.

Im Standardwerk von Bass et al., „Software Architecture in Practice", wird klassischerweise die Strategie, Anforderungen in Technologie umzusetzen, als zentrale Aufgabe des Architekten verstanden. Ihr ironisches Credo ist: „The Architecture giveth, and the implementation taketh away."[30]

Natürlich kann man das heute nicht mehr so hart verkaufen, und deshalb argumentieren sie, dass neben den frühen Entscheidungen des Architekten, die Einfluss auf Kosten, Projektstruktur und Teamaufteilung haben, ständiges Change und Stakeholder Management sowie Prototyping notwendig seien. Der Architekt muss sich auch immer seiner verschiedenen Kontexte gewahr sein und den „Impact"[31] jeder Entscheidung abschätzen. Die Formalisierung dieser Entscheidungen in eine Fachsprache, kombiniert mit einer teils arroganten Herangehensweise als Visionär trug dazu bei, dass der Ruf der Architektenrolle immer schlechter wurde.

6.5   Agile

Mit dem Aufkommen der agilen Entwicklung wurde oft das Mantra „Jedes System hat eine Architektur"[32] wiederholt und als Argument dafür benutzt, die Rolle des Architekten nicht mehr zu besetzen, bzw. dessen Aufgaben einfach auf das Team zu verteilen. Der Grund dafür war hauptsächlich, dass Scrum ein „Big-Up-Front-Design" nicht vorsah. Diese Lücke wurde dann von Dogmatikern so interpretiert, dass es kein übergreifendes Design geben dürfe („No-Up-Front-Design") und dieses ausschließlich im Planning-Prozess zulässig sei.

---

30 L. Bass et al., „Software Architecture in Practice", Addison-Wesley, 2012, S. 26
31 Hier im Sinne des „Impact Mapping" gebraucht, siehe z. B. *http://impactmapping. org/*
32 Was Bass et al. als „every software system has an architecture" beschrieben bzw. Grady Booch in Anlehnung an Brooks als „Accidental Architecture" benannt hat, könnte man auch „Anonyme Architektur" nennen.

Aber eine Architektur entsteht nicht einfach so, auch nicht, wenn ein Sprint 0 oder ein Spike genutzt wird, um das Projekt aufzusetzen. Die Rolle des Architekten überschneidet sich teilweise mit der des Scrum Masters, aber eben nicht vollständig. Philippe Kruchten[33] und Gene Hughson[34] haben hier beide zur Diskussion beigetragen, dass die Architektur nicht nur die wichtigsten Entscheidungen um die Beziehungen und Interaktionen von Komponenten, also das lokale Design der Struktur, umfasst, sondern eben auch strategische Vorgaben, Planung und vor allem Koordination mit Stakeholdern[35]. Hughson verwies dabei auf Hayims „Adaptable Design Up Front". James Coplien und Kevlin Henney[36] erklären schon lange, wie man Architektur parallel zu agilen Prozessen erstellen kann, sodass sie „agil statt fragil" wird. Und Simon Brown[37] sagt, man benötige „Just enough up front design". Irgendwann auf dem Weg dahin stößt man dann auf die Begriffe „emergent" und „evolutionär", die seit Lehmans und Beladys „Laws of Software Evolution" immer wieder in andere Methoden eingewoben werden, um Komplexität zu kontrollieren, z. B. von Neal Ford[38].

Die Rolle des Architekten wird gerade in den verschiedenen agilen Methoden immer undurchsichtiger und erinnert damit momentan an den Zustand just nach der „Urban Crisis", in der Architekten noch nötig waren, sie aber eigentlich niemand wollte. Es werden alle Arten neuer Titel erfunden, die darüber hinwegtäuschen sollen, dass es die Rolle des Architekten geben muss, genauso wie auch jede Software eine Vision der Architektur haben muss.

---

33 http://philippe.kruchten.com/2013/12/11/agile-architecture/
34 http://genehughson.wordpress.com/2012/04/04/architecture-versus-design/
35 Mit den Worten von Philip Johnson ausgedrückt: Der Architekt ist käuflich. Vielleicht weniger als der Programmierer.
36 http://www.infoq.com/presentations/Agile-Architecture-Is-Not-Fragile-Architecture-James-Coplien-Kevlin-Henney
37 https://leanpub.com/software-architecture-for-developers
38 http://www.ibm.com/developerworks/java/library/j-eaed1/index.html

In Kapitel 2 haben wir bereits andere Metaphern für Architekten betrachtet, wie z. B. den Gärtner, Naturforscher oder Bonsai-Züchter. Aber so wie der „Software Gardener", vielleicht eher als Witz gemeint war, gibt es natürlich auch genügend Evangelisten, die gerne den nächsten Begriff für diese Tätigkeit prägen wollen. Der von mir sehr geschätzte Jeff Sussna hat „Lean Architecture"[39] ins Spiel gebracht und nutzt Holografie als Metapher für die verschiedenen Sichten auf die Architektur: eine von wenigen detaillierten Regeln und eine des großen Überblicks.[40] Es ist die Rolle des Architekten, Hypothesen aufzustellen und zu kritisieren. Das Hologramm erinnert hier sehr an die Zersplitterung bei Eisenman. Das „Disciplined Agile Delivery"-Modell definiert die Rolle „Architecture Owner". Im „Scaled Agile Framework" gibt es weiterhin den „System Architect", der die „Architectural Features/Epics" organisiert und damit auf Programmebene steht. Zuletzt wäre dann die Architektenrolle, die übers Team verteilt ist, Victor Grgics „Borg"[41] oder der „Architektur-Kümmerer"[42] von Matthias Bohlen. Uwe Friedrichsen greift diesen Gedanken auf[43] und reduziert die Aufgaben auf zwei: das Innehalten der Systemvision und das Coaching des Teams.

In seinem „Code Complete" griff Steve McConnell bei seiner Definiton der Architektenrolle auf ein Konzept aus „Software Architecture and the UML" von Grady Booch zurück. Die Idee dabei ist, dass ein Hundehaus weniger Architektur benötigt als ein Wolkenkratzer. In „Design of Design" steuert auch Frederick Brooks noch einmal bei, wie wichtig es ist, Anforderungen als Constraints in einem Benutzerszenario je nach Kontext zu definieren – am Beispiel, wie er sein Haus baut, von kleinen bis zu großen Änderungen. George Fairbanks entwickelte das in „Just Enough

39 http://blog.ingineering.it/post/71721499349/designing-holographically-learning-to-see
40 Ähnlich wie Le Corbusier und Calvinos Modell von der Flamme als Bewegung und Kristall als Struktur, finde ich auch Kari Smolanders vier Metaphern „architecture as blueprint", „architecture as literature", „architecture as language" und „architecture as decision" von 2002 spannend.
41 http://leanarch.eu/2013/12/20/we-are-the-borg-our-role-is-architecture-owner/
42 http://mbohlen.de/wie-sie-architekturarbeit-im-grosen-leisten/
43 http://jaxenter.de/DieRolledesArchitektenim21.Jahrhundert-169948?page=1

Architecture" weiter (worauf sich später Simon Brown bezieht); er argumentierte, dass das „Master Model" eines Gebäudes auch nur im Kopf oder in Skizzen vorhanden sein könne. Aus seiner Sicht muss analog der „Shearing Layer" in „How Buildings Learn" mit kleinen Entscheidungen anfangen werden, die in einem speziellen Risikokontext gefällt und dokumentiert werden. Damit erweitert er Martin Fowlers sehr freies „Hard to change" als Zeichen für eine wichtige Architekturentscheidung zu einem besser messbaren, etwas formaleren risikoorientierten Ansatz. Was ein Risiko, was also schwer zu ändern ist, wer welche Constraints definieren darf oder sich um was zu kümmern hat, muss festgelegt werden. Wie in der Gebäudearchitektur, ist dafür eine Rolle notwendig, die langfristig im Sinne eines Gesamtsystems handelt.

Abbildung 6.3: Marktplatz mit lebendigem sozialem Kapital

Cargo Cult

Kurz vor Abgabe dieses Buches gab es eine Diskussion über das Ende von Agile[44] über Twitter. Das Argument war, dass selbst die wenigen Grundregeln von Agile missbraucht wurden, um daraus Strukturen abzuleiten, die wieder wie traditionelle Bürokratien organisiert sind. Was auch immer man macht, agil zu sein bedeutet, alles einfach änderbar zu halten. Die Ironie daran ist, dass es gerade diejenigen Technologien waren, welche vorgaben, am einfachsten änderbar zu sein, die immer zu Lock-in führten. Aber genauso wie die Agile-Minimalisten gab es schon immer Stimmen, die vor zu dogmatischem „Cargo Cult" Agile[45] warnten. Wie der Tanz oben, so muss sich jedes System in sich selbst und gegenüber anderen verändern, um stabil zu bleiben.

6.6 Ownership

Das Herangehen an eine Problemstellung aus langfristiger Sicht kann man Leadership nennen, wie Ruth Malan und Peter Drucker, oder einfach Ownership, wie es in den agilen Praktiken bezeichnet wird. Ownership heißt, zu etwas stehen und es zu verteidigen, in diesem Fall die grobe Vision einer Struktur und deren Werte in der Gruppe und gegenüber anderen Stakeholdern.

Die Arbeit des Architekten wird dadurch auch etwas anderes. Konzeptuelle Architektur ist nur eine Rolle von vielen, hinter dem Erkennen und Steuern von Komplexität. Entscheidungen für und gegen Top-Down- oder Bottom-Up-Prozesse müssen, wie Teamarbeit und Kommunikation mit Stakeholdern, moderiert werden. Der Architekt steht auf keiner hierarchischen Position in der Organisation mehr. Er hat eine unterstützende Rolle inne in der Organisation von Komplexität, der Konsensfindung bei Entscheidungen und in der Kommunikation. Als einige Agile-Evan-

---

44 „Agile is Dead": *http://pragdave.me/blog/2014/03/04/time-to-kill-agile/*
45 Vgl. *http://www.jamesshore.com/Blog/Cargo-Cult-Agile.html und http://jim.webber. name/2006/11/agile-atheism/*

gelisten den Titel „Architekt" abschaffen wollten, behaupteten andere, man könne eine Inflation des Titels Softwarearchitekt beobachten[46], der man nur mit mehr Formalisierung begegnen könne. Diese Ansicht geht am Ziel vorbei, ein Teamverständnis für die Architektur zu schaffen, das der Architekt anstoßen sollte[47]. Man könnte argumentieren, mit der Zeit sollte es mehr Architekten als Programmierer geben, da statt Algorithmik Systemverständnis und Integration im Vordergrund stehen[48]. Andererseits müssen Entwickler ebenso Systemverständnis besitzen, nur auf einer anderen Ebene. Haltbare Architektur wird, wie George Fairbanks geschrieben hat, zu einem gemeinsamen Anliegen des Teams. Der Architekt sorgt für die Erinnerung an dieses Anliegen und steuert methodisches Wissen bei. Deshalb muss ein Architekt noch keine andere Gehaltsstufe haben als ein ebenso engagierter reiner Entwickler[49].

Doch Architekten haben noch weitere Aufgaben, die darüber hinausgehen. Sie müssen auch Analysten oder Product Owner von den Möglichkeiten, Einschränkungen und Risiken der Architektur überzeugen. Da sie darüber hinaus fachliche Manager ansprechen müssen, sollten Architekten die Grundkonzepte des Managements verstehen. Dazu gehören beispielsweise Business Cases (ROI/ROA), KPIs, Scorecards und SWOT-Analysen. Aber auch die Erkenntnisse von Hanlon's Razor, Peter Principle, Dilbert Principle, Hofstadter's Law oder Parkinson's Law. Ebenso hilft es, ein paar Persönlichkeitsmodelle zu kennen, um sowohl andere

---

46 P. Kruchten in: IEEE Software, March/April 2006 unter *http://www.computer.org/csdl/mags/so/2006/02/s2022-abs.html*

47 Motivation ist hier nicht im Sinne von Anreizen gedacht, sondern im Sinne von Aufweisen und Erklären. Motivation per Anreiz/Incentive stellt selbst wieder eine Hierarchie her, siehe dazu R. K. Sprenger: „Mythos Motivation" und D. Graeber: „Schulden".

48 Alan Kay soll gesagt haben: „Computer Science is now about systems. It hasn't bean about algorithms since the 1960ies". Leider finde ich keinen Beleg. Folgende Diskussion zeigt aber die Wichtigkeit, die Systems in seinem Denken einnahmen: *https://computinged.wordpress.com/2010/02/25/a-computing-education-debate-in-cacm-but-not-about-programming/*

49 Meines Erachtens sollte der Architekt auch immer entwickeln – man sollte aber auch akzeptieren, wenn man nicht mehr zu den besseren Entwicklern gehört.

Personen als auch sich selbst besser einschätzen zu können. Modelle wie DISG, Social Styles oder Myers-Briggs helfen bei der Konsensfindung ungemein.

Ein Architekt sollte auch kommunizieren können, z. B. das Harvard-Modell kennen, und gute Visualisierungen beherrschen, à la Edward Tufte, „Presentation Zen" und „Back of the Napkin". Zu guter Letzt sollte man sich auch etwas kulturelles Wissen aneignen, denn Softwareentwicklung ist, wie die Gebäudearchitektur, ein sehr internationales Geschäft. Interkulturelle Kommunikation hat den Nachteil, dass sie oft mit elektronischen Medien einhergeht und daher besonders anfällig für Missverständnisse ist. Wenn auch viele Vereinfachungen zu kurz greifen, eine Idee lokaler Führungskultur hat noch so manche E-Mail treffsicherer gemacht, und ein „Globe Smart"-Test[50] ist ein guter Spiegel für die eigenen Werte. Zusammenarbeit an einem Ort ist von Vorteil, aber leider nicht immer möglich. Reisezeiten und Lebensqualität der einzelnen Teammitglieder sind ebenso wichtig wie Effizienz.

Schließlich bedeutet Ownership auch, sich um die nicht so schönen Aspekte von etwas zu kümmern, Verantwortung für etwas zu übernehmen – was man auch Stewardship nennt. In der agilen Entwicklung kennt man die technischen „Vertical Slices", diese kann man auch in die Organisation übertragen als „Agile Squads"[51], die sich wie ein Bautrupp um ein (Mindest-)Produkt kümmern. Die Idee erinnert an DevOps, bei der Programmierer den Wert des Plattformbetriebs kennen lernen, indem sie selber daran teilhaben. Uncle Bob Martin hat den Architekt deshalb als Polier bezeichnet (dazu unten mehr). Für passender halte ich das Bild von Erik Dietrich, der den Architekt als Müllmann[52] beschreibt, was dem Polier die Hierarchie nimmt. Der Begriff „Coach" ist hier auch schwierig,

---

50 Ein Gruppenindikator für die eigenen Werte (z. B. Self-Promotion) in multikulturellen Systemen. Siehe auch Andy Molinsky: „Global Dexterity"
51 Von Spotify berühmt gemacht: *http://techcrunch.com/2012/11/17/heres-how-spotify-scales-up-and-stays-agile-it-runs-squads-like-lean-startups/*
52 *http://www.daedtech.com/the-dirty-work-for-software-architects*

weil Fußball-Coaches ebenso hierarchisch sein können. In den Squads gibt es die Rolle des „Agile Coach", der eher Mediator denn Müllmann ist. Vielleicht wäre es aber besser, den Architekten als First Follower des Dancing Guy, Bergführer oder Fluglotse zu betrachten, der notfalls den Respekt eines Chefkochs oder Spielmachers (10er) hat.

6.7 Vertrauen

Ein erfahrener Entwickler muss gar nicht formal eine Team-Lead-Rolle haben oder Architekt genannt werden. Erfahrene Entwickler haben zumindest technisch immer den Respekt anderer Entwickler[53]. Doch es gehört mehr zu einem Senior Engineer, einem Team Lead oder Architekten, als nur Wissen über den Code. Das Wissen über den Code muss gut genug sein, um jeden Tag Code lesen und schreiben zu können. Aber ich glaube nicht an Code Craftsmanship in der Form, dass der beste Programmierer auch immer der beste Architekt, Scrum Master oder Guru ist (siehe Kap. 8). Ich glaube eher an das Karate-Kid-Prinzip, dass ein Meister[54] sich vor allem durch eigene Kritikfähigkeit und die Fähigkeit konstruktiver Kritik gegenüber anderen auszeichnet. Peter Seibel hat das mit dem Forscher verglichen[55], der von seiner Expedition zurückkommt und seltene Käfer im Gepäck hat. Er kennt andere Käfer und kann vielleicht auch Spinnen einschätzen, aber den höchsten Wert haben seine Neuentdeckungen und Geschichten. Wie in Italo Calvinos „unsichtbaren Städten" sind es nicht die Städte selbst, sondern das unsichtbare Geflecht, das sie zusammenhält.

In den letzten dreizehn Jahren seit dem agilen Manifest sind die Modelle immer ausgefeilter geworden, gleichzeitig trat eine gewisse Resignation

---

53 Graham Lea, „Smart Teams" *http://www.grahamlea.com/2013/07/why-smart-software-teams-dont-need-senior-developers-tech-leads-or-architects/* und *http://www.kitchensoap.com/2012/10/25/on-being-a-senior-engineer/*
54 Dreyfus Model of Skill Acquisition als Anwendung Code Katas
55 P. Seibel, „Code is not Literature": *http://www.gigamonkeys.com/code-reading/*

gegenüber den agilen Versprechen ein. Mit dem Ziel, Vorhersehbarkeit und Planbarkeit des agilen Prozesses zu optimieren, werden Kritikfähigkeit und Neugierde durch Standardverfahren ersetzt. Auf der einen Seite werden sie über bessere Schätzmodelle[56] und Standardisierung wie das oben genannte „Scaled Agile Framework" ersetzt, auf der anderen Seite über proaktivere Qualitätsmaßnahmen, wie zuletzt Robert C. „Uncle Bob" Martin, der den Architekten gerne als Qualitätskontrolle, als Polier auf der Baustelle, sieht. Der Polier muss demnach sowohl „Sub-Standard"-Qualität der Entwickler bzw. Arbeiter als auch ungerechtfertigte Anforderungen aller anderen Stakeholder im Sinne des Projektziels zurückweisen können. Vor allem muss er die Macht haben, Konflikte herauszustellen und Krisen zu provozieren, um so das Team zu stärken. Dass der Polier hier eine Metapher aus dem Bau und der Architektur ist, scheint willkommen zu sein – doch genauso falsch wie die des Architekten. Denn der Polier repräsentiert ein Gewerk, verteilt aber nicht zwingend die Arbeit. Aufgrund einiger Reaktionen auf Twitter konkretisierte Uncle Bob dies später als „Spectrum of Trust", welches je nach Team angepasst werden müsse – das erinnert an die weiter oben bereits erwähnte Definition Fukuyamas von „Trust", die ebenso an gemeinsame Werte gekoppelt ist oder einfach an die Empathie, von der sich Chad Fowler[57] mehr wünscht. Mir ist diese Definition zu vage, da sie viel persönlichen Spielraum in „Polier"-Rollen lässt und auch autoritäre „Handwerker"-Führung zulässt (Kapitel 8).

Ein Wertegeflecht existiert, wie auch ein Kräfteverhältnis, ab der ersten Sekunde einer Gruppenbildung. Jede Gruppe hat diese Machtverhältnisse, mit oder ohne formelle Struktur. Im Rahmen von Agile wurden Organisationsmodelle wie Meritokratie, „Holocracy" und reine Selbst-

---

56 P. G. Armour, „Estimation is not evil", Communications of the ACM Vol. 57, Issue 1, 2014 und Dharmesh Shahs: *http://onstartups.com/tabid/3339/bid/97052/ How-To-Survive-a-Ground-Up-Rewrite-Without-Losing-Your-Sanity.aspx*
57 C. Fowler, „Your most important skill: Empathy" *http://chadfowler.com/ blog/2014/01/19/empathy/*

organisation ausprobiert[58]. Alle diese Modelle wollen Autoritäten besser verteilen, um die Weisheit der Gruppe über die der Organisation zu stellen. Statt eines Blickes von oben soll Meinungsbildung von unten, aus der sozialen Dynamik heraus, Werte schaffen. Um diese Meinungsbildung zu organisieren, wird ein „übergeordneter Wert" als Kulturgut herausgestellt. Doch diese Organisationen funktionieren nur, wenn die Machtverhältnisse bereits geklärt sind. Der Vorteil der einfacheren Entscheidungen in der Gruppe wird mit weniger Eskalationsmöglichkeiten erkauft. Auch die Agile Squads haben dahinter ein Führungsteam oder Venture Capitalist[59], welcher über das Produkt entscheidet. Das, was Organisationspsychologen die „Storming"-Phase nennen[60], wird entweder forciert (Holocracy) oder unterdrückt (Meritocracy), nur selten durch Mediatoren oder Coaches[61] organisiert, was zum Nachteil von Minderheiten[62] sein kann. So können schwelende Konflikte bleiben, unbewusste und bewusste, was zu Resignation führen kann, wie bei der Gentrifizierung oder großen, offenen Plätzen die, außer für Skateboarder, keinen Anreiz bieten. Die kleinen Städte des „New Urbanism" können aber dieselbe Resignation aus Mangel an Freiheit auslösen. Das Ziel muss ein übergeordneter Wert sein, um den es sich zu kämpfen lohnt, der aber auch die Kämpfer schützt.

Dieser feine Grad wird in der Struktur von Open-Source-Projekten seit Langem untersucht[63]. Hier wird die Kombination von Vision und Schutz als „Benevolent Dictator" bezeichnet. Jedes Agile Squad ist wie

---

58 A. Dignan, „The Last Re-Org You'll Ever Do" *https://medium.com/p/f19160f61500*

59 Interview mit Bill Gurley, der Konsens nicht als Geschäftsmodell betrachtet: *http://gigaom.com/2012/12/11/bill-gurley/*

60 Ein anderes System heißt kurioserweise AGIL-Schema.

61 Wie z. B. Herokus „Vibe Manager", siehe: Wired 2012/11 *http://www.wired.com/business/2012/11/heroku/*

62 Wie z. B. die GitHub-Diskussion um Meritokratie gezeigt hat, die, wie von Michael Young vorhergesagt, als Elitensystem verlief, ein anderes Beispiel ist das Bildungssystem der USA, siehe *http://www.thenation.com/article/168265/why-elites-fail.*

63 Siehe z. B. D. Riehles „Open Collaboration" oder die OSS Governance Models *http://oss-watch.ac.uk/resources/governancemodels*

eine Familie in einem vorfabrizierten, genau reglementierten Haus mit einer unsichtbaren Macht darüber, wie in der Truman Show des New Urbanism. Diese Macht ist der „Benevolent Dictator" (BDFL). Berühmte Beispiele sind Linus Torvalds für Linux, Guido van Rossum für Python oder Mark Shuttleworth von Ubuntu, der diesen Titel etwas ironischer verwendet. In Open-Source-Projekten scheint dies[64] der erfolgreichste Ansatz zur Bildung einer Community, eines „Tribes" (Kapitel 8) zu sein. Erfolgreicher sind häufig nur unternehmensgetriebene Open-Source-Projekte, bei denen aber oft traditionelle Konzernhierarchien hinter den Produkten stecken.

Shchipkova Elena/Shutterstock.com

Abbildung 6.4: Die Leere des Place de la Defense

Die Gründe, warum gemeinsam Genutztes, in diesem Fall der übergeordnete Wert der Architektur, die langfristige Vision, immer wieder

---

64 Elon Musk von Tesla könnte, wie Steve Jobs bei Apple, ebenso als BDFL bezeichnet werden, das Modell ist in der Unternehmenswelt erprobt.

entwickler.press

verfällt, hat Elinor Ostrom ihr Leben lang erforscht. Da unsere Systeme immer mehr zu Ökosystemen werden, sollte man sich ihre acht Regeln genauer ansehen[65]:

Sie legen fest, dass es klare Grenzen von Autorität und Nutzung geben muss, dass es von der Gruppe gewählte Verwalter geben muss, die das Recht haben, Regelverstöße öffentlich zu machen, und dass die Gruppe selbst gegen außen geschützt werden muss. Das klingt sehr nach der Rolle des Scrum Master. Und doch hat jede Verwaltung laut Parkinson's Law auch immer die Tendenz, sich selbst zu erweitern, mächtiger zu machen. Struktur von oben und von unten müssen sich deshalb konstant „in einem Tanz zwischen dem Sozialen und dem Technischen"[66] reiben, nur so kann das System stabil bleiben. Statt nur Holocracy oder nur BDFL umzusetzen, ist es dieser Change, für den eine Firmenkultur gerüstet sein muss.

6.8 Evolution

Agilität ist eine Reaktion auf mehr Änderbarkeit. Die Arbeit agiler Teams hat deshalb viel mit Evolution gemein. Der Tanz zwischen den Systemen entzündet sich an dieser gesunden Reibung, an Änderung. Evolution nicht im Sinne eines Sozialdarwinismus, sondern im Sinne von emergentem Verhalten[67], das sich auf eine äußere Kraft hin verändert. Maximale Emergenz heißt maximales „Embrace Change". Aber nicht zwingend in die richtige Richtung. In „Emergence" hat Steven Johnson 2001 die Geschichte der selbstlernenden Algorithmen erzählt, die irgendwann nicht mehr lernten, weil ihnen der Antrieb fehlte, sie hatten in der „Fitness

65 E. Ostrom, „Understanding Institutional Diversity", Princeton University Press, 2005, S. 259ff.

66 J. Law, „A Sociology of monsters: essays on power, technology, and domination", Routledge, 1991

67 Eine gute Onlineeinführung unter: *http://www.cleanlanguage.co.uk/articles/ articles/194/1/What-is-Emergence/Page1.html*

Landscape" lokale Maxima erreicht. Sie konnten erst verbessert werden, als eine neue Kraft, die „Fressfeinde", eingeführt wurden.

Scott Bain nennt in seinem Buch „Emergent Design" diese Kraft „Pressure from the domain"[68]. Er geht von ständigem Verfall von Software aus, woraus er schließt, dass Änderung ohnehin erzwungen ist, und ständige Änderung dem entgegenwirkt. Diese Argumentation übernimmt er offensichtlich von Continuous-Integration- und Continuous-Deployment-Methoden. Der Rest des Buches ist eine passable Einführung in Software-Engineering mittels Patterns, Refactoring, Qualitäten und die Weisheit der Architekten durch Craftmanship. Er erklärt aber nicht, wie man mit dieser Kraft umgeht und sie in die richtige Richtung lenkt. Darum kümmert sich Martin Fowler, der sich eher an der Polierrolle orientiert und die treibende Kraft nicht auf Kunden-(Domain-)Seite, sondern auf der Seite des Architekten sieht, wenn er schreibt[69]:

„In order to work, evolutionary design needs a force that drives it to converge. This force can only come from people – somebody on the team has to have the determination to ensure that the design quality stays high."

Ein Ziel zu einer steuerbaren Evolution wird von den Anhängern der verschiedenen Varianten der Lean-Bewegung propagiert. Sie ersetzen die Kraft einer Person durch eine Formel, weshalb Lean besonders gerne mit agilen Prinzipien kombiniert wird, bei denen die Hierarchie als bremsend angesehen wird. Clayton Christensen ist ein Verfechter von stark messbaren Produkten und Menschen; ebenso wie Tom und Kai Gilb mit ihrem „Evo", der „Evolutionary Project Management Method", die klassische Planbarkeit mit agiler Flexibilität vereinbaren will, indem sie die Auswirkungen von Veränderungen messbar macht. Besonders hervorzuheben ist aber das „Lean Startup" von Eric Ries. Mit ihren Wurzeln in Kanban und Kybernetik kann man Lean gut mit dem New Urbanism vergleichen. Der Benevolent Dictator, Sponsor oder Venture

---

68   S. Bain, „Emergent Design", Net Objectives, 2008, S. 53
69   M. Fowler, „Is Design Dead?": *http://martinfowler.com/articles/designDead.html*

Capitalist wird durch einen Algorithmus ersetzt bzw. der Algorithmus dazwischengeschaltet. Feedback aus dem Produkt bzw. aus dessen Nutzung fließt dann in den Algorithmus ein, wodurch man immer „on Track" ist. Um die „Betriebsblindheit" zu vermeiden, entwirft man mehrere Produkte als „Minimum Viable Product" und lässt sie in A/B-Tests gegeneinander antreten. Die Methode funktioniert, hat aber meines Erachtens zwei Nachteile:

Erstens verläuft die Entwicklung trotzdem meist nahe an einer Vision, iterativ in zu kurzen Zyklen für echte Innovation. Der reine Feedbackfokus erlaubt nur inkrementelle Verbesserungen, die sofortigen Effekt haben und verstanden werden.[70] Damit erliegt die Entwicklung meist, obwohl sie etwas zeigt, dem Problem, das Steve Jobs in seiner Kritik an Marktforschung dargelegt hat, indem er Henry Ford zitierte: „If I'd asked customers what they wanted, they would have told me, „A faster horse!"[71]

Zweitens muss auch in Lean jemand die Algorithmen definieren und die Daten sammeln. Die Verantwortung dafür so weit aufzuteilen, dass die Macht unsichtbar wird, kann zu gefährlichem Gruppenzwang für den Algorithmus führen. Dessen Constraints und Parameter müssen auch festgelegt werden (Kapitel 7). Das Team ist nicht wirklich selbstgestaltend, sondern hat nur einen gewissen Autonomiegrad im Rahmen der Parameter. Diese dürfen nicht zu kurzfristig ausgelegt sein oder sich nur an einfach messbaren Faktoren orientieren. Ich persönlich verantworte ich mich lieber gegenüber einem Menschen als gegenüber einem Algorithmus.

Damit soll aber nicht gesagt sein, dass Lean keine sinnvolle Projektherangehensweise ist. Wenn es zum Produkt passt, wie z. B. in 37Signals „Getting Real" dargestellt, kann der Lean-Ansatz ein sehr mächtiger sein.

---

70 Eine Kritik die z. B. Alan Kay und Thomas S. Kuhn oder Nicolas Negroponte in Wired *http://archive.wired.com/wired/archive/4.01/negroponte.html* erläutert haben

71 *http://blogs.hbr.org/2011/08/henry-ford-never-said-the-fast/*

6.9   Terra Incognita

Die ständige Bereitschaft zur Veränderung hat sich mittlerweile von der Software auf die Organisation und wieder zurück übertragen. Clayton Christensen nimmt Ostroms Prinzipien und stellt im „Innovator's Dilemma" fest, dass es große Unternehmen schaffen müssen, den Spirit von Start-ups zu aktivieren und ähnliche Prozesse einzuführen. An der Spitze steht dabei die Notwendigkeit, Kernprozesse zu erkennen, die für Kunden völlig ausreichend sind. Christensen nennt diese Prozesse „Jobs-to-be-done", das, was der Kunde eigentlich erreichen will, was Start-ups das „Minimum Viable Product" nennen, von dem aus sich alles Weitere evolutionär entwickelt. Viele erfolgreiche Unternehmen haben verstanden, dass dies gar nicht zwingend die „disruptiven Innovationen" sein müssen, sondern auch die gerade erwähnten inkrementellen Verbesserungen. Sie bauen deshalb ihre Aufbauorganisationen zu flachen, dynamischen Netzwerkorganisationen um, die weniger verschiedene Optionen nichthierarchischer Inseln erlauben[72], zusammengeschlossen um Shared Services und Finanzströme. Diese Sicht geht stark in die Richtung der Agile Squads, die selbst an eine Matrixorganisation erinnern können. Unternehmen können so agil auf Änderungen reagieren und schnell Kraft in neue Geschäftsfelder lenken. Horace Dediu hat in „Seeing What's Next" die rasende Adaption neuer Technologien der letzten hundert Jahre verglichen und den Schluss gezogen, dass Entwicklungen vorherzusagen nicht mehr möglich sei[73] – die Unternehmen werden selbst agil[74].

Der Vorteil von längerfristigem Projektmanagement ist genau diese Langfristigkeit, der Zwang, dass man als Architekt auch über den Zeitverlauf der Architektur nachdenken muss, den man sonst nur als Vision an die Wand kleben kann. Agile zu leben und einen agilen Prozess zu ha-

---

72 Siehe die Arbeiten von Gary Hamel und Tim Kastelle
73 *http://www.asymco.com/2013/11/18/seeing-whats-next-2/*
74 Roger L. Marin in: HBR Jan 2014: „Zur Lüge der strategischen Planung", *http://hbr.org/2014/01/the-big-lie-of-strategic-planning/ar/1*

ben sind zwei Dinge, wie Conway's Law klargestellt hat. Hin und wieder kann eine Methodik oder ein Prozess helfen, die Transition von der einen in die andere Organisation bzw. Kultur zu bewirken. Danach kann man den Prozess wieder zurückschrauben. Design Thinking, Kanban oder Lean sind gute Beispiele für Denkweisen, Visionen und Kulturen, die recht frei formalisiert werden können. In der einen Organisation kann man sie formaler, in einer anderen weniger formal einsetzen. In einer Organisation muss Ownership erst mühsam gelernt werden, in einer anderen ist dafür Konsens und Opportunismus zu stark ausgeprägt. Herbert A. Simon hat gezeigt[75], dass sich komplexe Systeme schneller entwickeln, wenn sie stabile Zwischenstufen haben, die oft hierarchisch sind. Ein bestehendes „System of Systems", ein Rhizom, kann aber auch nicht einfach auseinandergenommen werden, wie Simon weiter hervorhebt. In einem System mit Subsystemen werden sich gewisse Parameter über die Zeit angleichen, die Kontexte einer DDD werden verschwimmen[76], bis diese Erkenntnis dazu führt, dass ein technisches „Refactoring" oder ein organisatorischer „Change" notwendig ist. Agile Methoden sollten einen ähnlichen Anspruch haben und die Vision vom Prozess trennen.

Architektur wird gerne als Management von Trade-offs[77] bzw. als Reihe von Entscheidungen beschrieben[78]. Entscheidungen zu analysieren und dokumentieren, ist demnach die Hauptaufgabe des Architekten. In Kapitel 4 haben wir gesehen, dass diese Rationale nicht immer durchgehalten werden kann. In allen vorgestellten Modellen fehlen mir meist die implizite Hierarchie und die Macht, welche von Personen auch ohne formale Rolle ausgeht[79]. Auch fehlen mir die Entscheidungen (Trade-offs, Konflikte) zwischen Organisationsmodellen, Kommunikationsmodel-

75 H. A. Simon, „Sciences of the Artifical", MIT Press, 1996, S. 197
76 Bezogen auf die „Evolving Order" in Eric Evans' Domain-driven Design
77 Per Architecture Trade-off Analysis Method (ATAM) oder auch in Kruchtens RUP und seiner CASE-basierten „Ontology of Architectural Design Decisions in Software-Intensive Systems", siehe Kapitel 8.
78 A. Jansen, J. Bosch, „Software Architecture as a Set of Architectural Design Decisions", das Archium Model
79 Holocracy enthält diese Komponente.

len, Kombination von Methodiken und Trennung von Prozess und Vision. Mir fehlt hier, was man „Choice Architecture" oder „Nudge" nennt: das Design der Entscheidungen selbst, die Auswahlmöglichkeiten, die Parameter des Algorithmus. In der Harvard Business Review stand 2009 zu lesen[80], eines der wichtigsten Ziele für das Management der Zukunft müsse genau dieses Finden neuer Entscheidungen und Entscheidungswege sein. Neue Entscheidungswege zu finden heißt, neue Organisationen schrittweise auszuprobieren. Das kann kein Algorithmus leisten, sondern nur eine Kultur, die auch den Schritt in Neuland wagt.

Die Erkenntnis, dass dieses „Terra Incognita" genauso zum Wissen gehört wie das Wissen selbst, ist wichtig, denn nur dadurch kann man entdecken[81]. Erst Multidisziplinarität in einem Feld, dem Unbekanntes nicht zuwider ist, erlaubt die Erkenntnis, dass es auch „ständig unfertige" Lösungen im Fluss der Herausforderungen geben kann[82]. Ich würde gerne mehr Softwarearchitekten sehen, die vielleicht richtige Architekten sind, oder Biologen, Literaturwissenschaftler, Mediziner oder Anthropologen. Musiker gibt es beispielsweise überraschend viele unter den Programmierern. Alle diese Disziplinen ändern sich ständig, sind auf Interaktion und Kollaboration angewiesen und beruhen doch tief im Inneren auf Struktur. Das, was Steve Jobs einmal als Multidisziplinarität bezeichnet hat, so viele „dots to connect" zu haben wie möglich.

Musik

Vor einigen Jahren hatten wir im Produktivbetrieb ein verzwicktes Deadlock-Problem, das wir im Testsystem nicht reproduzieren konnten. Das Sichten der Logfiles und Stacktraces war grauenhaft: anstrengend, unübersichtlich und erfolglos. Wir suchten nach der buchstäblichen Stecknadel im Loghaufen.

In der Softwareentwicklung konzentrieren wir uns klassischerweise

---

80 *http://blogs.hbr.org/2009/02/25-stretch-goals-for-managemen/*
81 R. Solnit in: „A Field Guide to Getting Lost" und Slavoj Žižeks Ausführungen zu den „Unknown Knowns"
82 Vgl. B. Enos, „Permanently unfinished"

auf visuelle Benutzerschnittstellen: Zeilen, Tabellen oder Grafiken. Die akustische Wahrnehmung liegt weitgehend brach. Dabei kann unser Gehör z. B. bei einem Konzert mühelos den Part jedes Instrument identifizieren und verfolgen, während wir gleichzeitig das symphonische Zusammenspiel genießen.

Diese angeborene Fähigkeit habe ich schließlich zur Entschlüsselung des Deadlocks genutzt. Die unabhängigen Dimensionen Threadnummer, Quellcodeposition und Verweildauer habe ich auf hörbare Dimensionen wie Instrument, Tonhöhe, Lautstärke und Tonlänge umgesetzt. Auf diese vertonte Weise konnten wir die Loginformationen einfach abspielen und dabei erstmals verstehen, welche dynamische Struktur der Programmablauf hatte. Den Deadlock konnten wir auf Anhieb akustisch lokalisieren, dann im Quellcode identifizieren und schließlich durch Refactoring beheben.

Boran Gögetap, Continental Software GmbH

6.10 Meine Definition

Dieses Kapitel ist persönlicher als die anderen. Es iteriert verschiedene Ansätze in einem ständigen Tanz, ohne zu einer Lösung zu gelangen. Dies ist beabsichtigt. Ich glaube nicht, dass man die Frage, was ein Architekt ist und wie das Verhältnis von Architekt zu Architektur sein sollte, abschließend klären kann. Warum nicht? Weil das implizierte, die Architektur habe sich von der Entropie in der Realität entkoppelt, es gäbe keine Änderung mehr, keine „Force" oder „Pressure" mehr, und damit keinen „Change". Ich will weder klären, was Architektur ist, noch, was ein Architekt ist. Dafür gibt es genügend Definitionen. Laut der amerikanischen Vereinigung der Architekten, AIA, sind Architekten[83] jene, die „fragmentierte Teile zu einem kohärenten Ganzen synthetisieren". Das kohärente Ganze ist dann wohl die Architektur, also etwas, das man von seiner Umgebung unterscheiden kann, und das aus menschlichen Artefakten besteht. Menschliche Artefakte bedeuten

---

83 *http://www.aia.org/about/initiatives/AIAS075299*

Arbeit, und Arbeit bedeutet ein Prozess, an dem der Architekt in seiner Rolle mitwirkt. Damit hat Architektur immer etwas Wertvolles, Schützenswertes, und gute Architektur eines großen Ganzen ist wichtig. Deshalb hat Architektur etwas mit Macht zu tun, und ein Architekt kann diese Macht kontrollieren, ob sie aus der Gruppe, von außen, oder aus dem Prozess kommt. Wie Yoda bereits gesagt hat: „Ein Jedi benutzt die Macht für das Wissen zur Verteidigung. Niemals zum Angriff." Das reicht mir als Definition.

Ein Team

Viele selbstorganisierende Teams, zusammengehalten von einer losen Struktur und einer starken gemeinsamen Kultur, das ist das Modell vieler junger Technologieunternehmen. Als Yahoo die telearbeitenden Entwickler zurück in die Zentrale holen wollte, brach eine Welle der Entrüstung über sie herein. Denn Bücher wie „The year without pants" und Google-Entwicklungen wie Ingress und Field Tripper zeigen, dass man überall arbeiten kann. Doch hochinnovative Unternehmen wie SpaceX, Apple und Google selbst setzen auf räumliche Zusammenarbeit und gestalten ihre Büros so, dass man sich über den Weg laufen muss. Zappos[84] ist zwar stark verteilt, will aber die ganze Stadt Las Vegas als Faser für ein Netzwerk von Büros begreifen, ungewollt nach den Prinzipien Jane Jacobs'[85]. Diese Konzentration ist als Dystopie in Dave Eggers „The Circle" dargestellt, aber vielleicht ist doch mehr dran, als man glauben möchte. Architektur war schon immer ein Symbol für Macht[86], und Architektur beeinflusst die Art der Zusammenarbeit und Firmenkultur (Kapitel 5). Apples neuer Campus sieht nicht nur aus wie ein „Circle", sondern wird sogar Raumschiff genannt, ein abgeschlossenes System für 15 000 Mitarbeiter. Amazons von Buckminster-Fullers Ideen inspirierter neuer Campus[87], der ebenso wie

---

84 *http://www.wired.com/business/2014/01/zappos-tony-hsieh-las-vegas/*
85 *http://www.theatlanticcities.com/jobs-and-economy/2013/02/having-your-own-corner-office-living-suburbia/4707/*
86 Das Thema Privatheit in der Architektur gegenüber der Macht und Ordnung, z. B. Michel Foucaults „Überwachen und Strafen", wäre ein eigenes Kapitel wert, siehe z. B. M. Foucault in: H. Delitz, „Architektursoziologie", S. 26.
87 *http://www.theverge.com/2013/10/24/5023454/amazon-giant-biodome-design-board-approval*

---

ein Raumschiff aus District 9 in die Mitte von Seattle gepflanzt wird, ist ein Beispiel dafür. Die Biospähren sind als Symbol der von allem anderen, vor allem Staaten, unabhängigen Technologieunternehmen kaum zu überbieten, wie Eric Schmidt sagte „We live in a bubble"[88]. Diese Bubble könnte auch das neue Google-Hauptquartier sein, das von der „Work Experience" ausgehend als Stadt in der Stadt geplant wurde – mit über 24 000 geplanten, dort stationierten Mitarbeitern nahe an den Plänen der ebenso autarken „Gartenstadt"[89], mit heute schon eigenem Bussystem, eigenem Flughafen und schlussendlich wahrscheinlich auch Wohnungen. Werden die Gartenstädte fast 150 Jahre später doch Realität, als Konzernstädte?

Interessant ist die Art von Architektur, welche die meisten dieser Konzernstädte als Grundlage haben. Das Building Information Modeling oder Parametric Design als Möglichkeit eines computergestützten Modells, das rein auf Basis von parametrisierbaren Grenzen Gebäude plant. Der Vordenker Patrik Schumacher des Büros Zaha Hadid will darauf einen neuen, globalen Stil begründen, der alle anderen Stile überlebt und integriert. Weniger dogmatisch, ist das Architekturstudio NBBJ aus Seattle in dieser Art der Architektur weltweit führend[90]. Gebäude sind auch immer Ausdruck der Philosophie eines Unternehmens. Und deshalb ist NBBJ die bevorzugte Sozietät der Technologieunternehmen. Die Bill & Melinda Gates Foundation, Google, Samsung und auch die Dome von Amazon stammen aus der kybernetischen Feder von NBBJ. Zu Zeiten der Postmoderne war NBBJ eher für ironische Bauten bekannt, wie Ihr „Einkaufskorb"-Gebäude, nun konzentrieren sie sich rein auf datengetriebene Architektur. Es gibt ähnliche Büros, wie z. B. die riesigen Perkins+Will, deren Namen wir fast nie kennen. Aber deren Gebäude sind, obgleich ähnlich geplant, sehr nachhaltig, fügen sich in den Kontext ein – und bleiben deshalb fast verborgen.

---

88 *http://www.economist.com/news/21588893-tech-elite-will-join-bankers-and-oilmen-public-demonology-predicts-adrian-wooldridge-coming*

89 Die Gartenstadt sollte 32 000 Einwohner beherbergen, vgl. E. Howard, „Garden Cities of Tomorrow", London, 1902: *http://urbanplanning.library.cornell.edu/DOCS/howard.htm*

90 *http://www.nbbj.com/news/2014/1/17/wired-magazine-says-nbbjs-data-driven-technology-is-shaping-the-future-of-the-workplace/*

Open Source

Manchmal kollidieren die Terminologien der Gebäude- und Softwarearchitektur direkt miteinander. Eine Bewegung der Gebäudearchitektur nennt sich Open Source Architecture[91]. Diese baut nicht nur auf den kollaborativen Ideen des Open Source auf, sondern kombiniert sie mit dem offenen Pattern-Ansatz von Alexander, Palladios Formenkatalog, der Standardisierung der Metabolisten, offener Software ähnlich zum Building Information Modeling und Creative-Commons-Lizenzierung aller dieser Artefakte. Genutzt wird OSArc momentan vor allem für Aufbauprojekte, deren Ziel es ist, lokaler Landbevölkerung mit wenig Unterstützung nachhaltige Architektur zu ermöglichen. Getrieben wird sie von Designern und Technologieutopisten wie Bruce Sterling, Hans-Ulrich Obrist, Dan Hill und dem MIT, z. B. Negroponte und Maeda. Sie bildet damit einen Gegensatz zur Smart-City-Bewegung, die hauptsächlich industriegetrieben ist. Ein Mittelweg zwischen diesen beiden Extremen könnte die „mitfühlende Stadt" sein. Sie ist zwar smart im Sinne von vernetzt und reaktiv, beruht aber auf Open-Source-Technologien und wird von unten getrieben. Technologien wie z. B. 3D Printing, was im Rahmen von „Contour Crafting" für ganze Häuser erprobt wird, preiswerte Mini-Boards und Crowdfunding. Vor allem aber netzwerkgetriebene Zusammenarbeit, wie sie große Organisationen schon lange zur effizienteren Ressourcennutzung (Open Space Office etc.) vorantreiben.

Das Titelbild dieses Kapitels ist eine Kathedrale, die wie ein Basar gebaut ist. Die Sagrada Família in Barcelona wurde zwar von Gaudí geplant, doch nie fertiggestellt. Nach einer Teilzerstörung wurde begonnen, sie aufgrund seiner Visionen und mathematischer Artefakte wieder zu errichten. Mit einem relativ konstanten jährlichen Budget arbeiten seitdem verschiedenste Teams an der Vision eines Architekten, der längst nicht mehr das Sagen hat. Eine Geschichte, die im Mittelalter, mit z. B. den 600 Jahren Bauzeit des Kölner Doms und dessen verrottenden Holzmodellen als Basis ganz normal war.

---

91 OSArc: *http://www.domusweb.it/en/op-ed/2011/06/15/open-source-architecture-osarc-.html*

7 Patterns

joyfull/Shutterstock.com

 „Architecture's task now: Organizing and articulating the societal complexity of post-fordist network society."

Patrik Schumacher

In Kapitel 6 wurden Netzwerkorganisationen und die Schwierigkeit für den Architekten, in ihnen Vertrauen und Agilität zu erhalten, betrachtet. Darin wurde vor allem die Rolle des Architekten gegenüber der Community hervorgehoben. Diese Sicht von der Community, „bottom-down" kommend, kann kontrastiert werden mit einer Sicht vom konzeptuellen „top-down".

7.1 Brutalismus

Der Höhepunkt des Rationalismus und der Idee, die Welt über Architektur zu verändern, wurde in den späten 1960ern erreicht. Le Corbusier war immer noch damit beschäftigt, Chandigarh fertigzustellen, während sich Team X bereits vom CIAM abgespalten hatte. Auf Basis der französischen Philosophie des Strukturalismus begründeten sie eine neue Architektur, welche in Japan zum Metabolismus, den Wohnkapseln, führen sollte. In Europa hingegen entwickelte sich für eine gewisse Zeit eine explosive Mischung aus den strengen Regeln von International Style, Corbusiers Charta von Athen und den strukturalistischen Ideen rund um die Megastrukturen von Archigram & Co.

Diese Phase war der Brutalismus, der Höhepunkt des mechanischen Denkens. Der Brutalismus greift das Prinzip des Strukturalismus auf, will aber die Macht in den Vordergrund stellen, Le Corbusiers Idee der gesellschaftlichen Veränderung noch extremer durchsetzen. Autoritäre Bauten, die technische Überlegenheit ausstrahlen sollten. Seit Piranesis „Carceri" gab es den Wunsch dieser Architektur als Monument des totalitären Systems. So ist eines der berühmten Gebäude des brutalistischen Stils die FBI-Zentrale, das J. Edgar Hoover Building. Der Brutalismus führte zu einem besonders schlechten Ruf nicht nur der Moderne, sondern auch Le Corbusiers „Wohnmaschine", obwohl diese nur aus Effizienzgründen eine ähnliche Form hatte. Funktionen der Maschine sollten im Brutalismus nach außen gezeigt werden, z. B. durch angebrachte Aufzüge oder Kamine, Tragwerke oder mechanisch wiederholte Elemente. Ein feines Detail des Brutalismus war der Tick, im Beton die Spuren der Holzverschalung nicht zu verdecken, sondern beizubehalten, um zu zeigen, dass man die Natur gebändigt hatte. Die Phase des Brutalismus fiel in eine Ära der wirtschaftlichen Depression und Neuorganisation. Sozialistische Staaten bauten großflächig neue Wohnungen für die Planwirtschaft. In England mussten Sozialwohnungen errichtet werden, um verrottende Vororte zu ersetzen. Die Idee war es, Wohntürme, „Streets in the sky", zu bauen, die auch Geschäfte und Infrastruktur beherbergen

entwickler.press

sollten, und diese wie autonome Dörfer zu betrachten. Das führte zu ab-gekapselten, rechtsfreien Enklaven, in die sich keine Polizei mehr traute[1]. Für uns ist das aus zwei Gründen interessant: Erstens führte diese fehl-geschlagene Episode zu Christopher Alexanders „Oregon Experiment" und damit zu agiler Entwicklung und Patterns. Zweitens prägt diese Ästhetik heute immer noch einen großen Teil der Nerd-Kultur. Über den zeitgleichen Science-Fiction-Boom fanden die Bauten Eingang in düstere Zukunftsvisionen.

Abbildung 7.1: Robart's Library, Toronto, 1973

---

1   Siehe die Geschichte der Manchester Crescents unter *http://www.culturewars.org. uk/index.php/site/article/the_legacy_of_brutalist_vitality/* oder Heygate Estate, das im Film „Harry Brown" gezeigt wird.

Dystopie

Das maschinelle der brutalistischen Gebäude hat auch immer etwas Futuristisches. Am Ende des Brutalismus stand die „High-Tech-Architektur", welche ebenso die Strukturelemente, Rohre und Aufzüge zeigte, aber verspielter mit Glas, Stahl und Chrom umging wie z. B. Renzo Pianos „Centre Georges Pompidou" oder der BMW-Turm. Wenn wir uns dystopische Filme wie „Blade Runner", „Stalker", „Minority Report", „Matrix", „Terminator", „12 Monkeys", „Clockwork Orange", aber auch „Dr. No" oder Jacques Tatis „Playtime" ansehen, besticht das Böse oder das System oft durch seine anonymisierende Totalität. Das beste Beispiel ist „Star Wars" mit dem Todesstern als Maschine, den anonymisierten Troopern und den funktionalen Sternenzerstörern[2]. In utopischen oder neutralen Science-Fiction-Filmen hingegen dominiert meist „International Style", gepaart mit Verspieltheit, wie in „Star Trek", „Fünftes Element", Kubricks „2001", „Tron", „Gattaca", oder ganz aktuell „Her". Auch das Pionen Data Center, in welchem WikiLeaks gehostet wurde, fällt darunter. Viele der Programmier, die ich kenne, lieben Science Fiction und sind von der Architektur dieser Filme beeinflusst. Auf der JAX 2012 haben wir daher eine Keynote über die Nutzung von Technologie in Science-Fiction-Filmen gehalten. Nicht, weil ich glaube, dass wir extrem viel daraus lernen können[3], sondern weil ich es für wichtig halte, dass wir diesen Einfluss auf uns verstehen. Wenn diese Filme uns eine spannende Welt zeigen, sollten wir nicht versuchen, diese spannende Welt zu reproduzieren, sondern sie weiterzuentwickeln. Wenn sie einen Reiz ausüben, sollten wir verstehen, woher dieser kommt. In „Blade Runner" hießen die Roboter „Nexus". Google nennt die Android-Referenzimplementierung so, weil sie damit ihren Anspruch an „Singularity" zeigen, dass Mensch und Maschine eins werden. Es sollte jedem Nutzer überlassen sein, wie weit er selbst damit gehen möchte.

---

2   *http://spotlessopinion.blogspot.de/2012/12/brutal-brutalist-science-fiction-and.html*
3   Das iPad gab es schon in Alarm im Weltall 1956, was wiederum auf dem MEMEX von 1945 beruht. Die meisten Interfaces bis auf jenes von „Her" sind erschreckend einfach, z. B. die Single-Purpose-Oberflächen in Star Trek.

7.2 Oregon

1970 demonstrierten die Studenten der University of Oregon gegen die entstehenden brutalistischen Betonbauten auf ihrem Campus und die damit einhergehende Macht von Investoren, die sich in den Gebäuden ausdrückte. Die Universität zeigte sich einsichtig und wandte sich an einen aufstrebenden Star am Himmel der Architekten, der mit seinem Buch „Notes on the Synthesis of Form" bekannt geworden war: Christopher Alexander.

Sein Vorschlag war radikal, er sollte als „Oregon Experiment" in die Geschichte eingehen. Statt eines Masterplans sollte man den Campus iterativ weiterentwickeln, mit einem Komitee, welches aus allen Interessengruppen zusammengesetzt war. Regeln sollten nur beschränkt eingesetzt werden, stattdessen sollte auf ein Set aus planerischen Vorlagen zurückgegriffen werden, die zu abstrakten baulichen Problemen Lösungen boten, die so genannten „Patterns". Damit traf er den Zeitgeist: Jane Jacobs und Lewis Mumford publizierten zur gleichen Zeit ihre Werke, in denen sie mehr Einbezug der Community forderten, Buckminster Fuller seine Ideen von Design.

Alexander argumentierte, man könne Stadt- und Campusplanung nicht linear berechnen. Die „Morphogenese" einer Stadt sei mehr als nur ein konzeptueller Baum von Faktoren, der nach „Divide et Impera" aufgeteilt werden konnte[4]. Stattdessen sei die Stadt ein Netzwerk von Entscheidungen und sozialen Entwicklungen. Die Patterns waren nur ein Teil der Lösung. Er modifizierte auch den Planungsprozess mit Feedback, legte Kapitalgrenzen fest und führte Fachgruppen ein. Damit war es kein reiner Bottom-up-Prozess, sondern ein Masterplan, der an wechselnde Anforderungen angepasst werden konnte.

In der Softwareentwicklung, besonders dem Buch „Design Patterns", wurde nur das Pattern-Konzept übernommen, nicht jedoch der Masterplan – Gamma et al. glaubten nicht an Software nur aus Patterns, sondern

---

4   *http://c2.com/cgi/wiki?HistoryOfPatterns*, er nutzt hier einen Begriff von Alan Turing (Kapitel 2), womit der Bezug zur Informatik klar wird.

wollten eine „Architecture Encyclopedia"[5] schaffen, um effizienter vom Wissen anderer profitieren zu können. An der University of Oregon funktionierte genau der Masterplan nicht – die Komitees alleine waren ineffizient, so zogen sie bald wieder Architekten zur Unterstützung heran.

Das Experiment war dennoch erfolgreich, auch wenn Alexander es selbst in der Einleitung zu „The Oregon Experiment" als zu einschränkend wegen der klaren Kapitalstrukturen wahrnahm. Die Universität selbst entwickelt seitdem die Regeln konstant weiter[6], ergänzt um niedergeschriebene Normen und Traditionen, die neuen Komiteemitgliedern die Vision näher bringen sollen. Die Patterns sind, parallel zu konservativen Bauten, in Benutzung.

CC BY 2.0/Jeff Ozvold

Abbildung 7.2: University of Oregon, Foto von Jeff Ozvold

Das Pattern-Prinzip breitete sich seitdem über die verschiedensten Gebiete aus. Besonders im New Urbanism fand die Idee des Masterplans auf der Basis kleiner Einheiten Anklang. Über die Jahre entwickelten sich innerhalb des New Urbanism verschiedenste Strömungen. Es gibt

---

5   E. Gamma et al., „Design Patterns", Pearson Education, 1994
6   FAQ zur Pattern Language: *http://uplan.uoregon.edu/faq/*

                                                   entwickler.press

Bestrebungen, die vielen Ausprägungen zwischen der Community und einem regelbasierten „New Science of Cities"-Ansatz wie von Batty und Duany wieder zusammenzuführen. Der „Traditional Urbanism" versucht Patterns top-down zu betrachten; in einem 2010 erschienenen Band „The Language of Towns & Cities: A Visual Dictionary" wird „The final word on the language of urban planning and design" gesprochen. Duany selbst versucht mittlerweile, nachdem Regierungen und Gesetzgeber nicht die gewünschte Unterstützung bringen, eine neue Methode, den „Lean Urbanism"[7]. Darin kombiniert er sein Wissen über Gesetzgebung im öffentlichen Raum mit dem „Tactical Urbanism", der Bewegung bottom-up, um kleinen Geschäften eine Veränderung des Stadtbilds ganz nach liberalen Idealen zu ermöglichen.

Obwohl die auf der Komplexitätstheorie aufbauende „New Science" auf den ersten Blick Alexander in die Hände spielt, denn er könnte seinen Masterplan berechnen, lehnt er diese Variante des New Urbanism ab. Greg Bryant schreibt in seinem Blog vom Kampf, das Organische von Alexanders Ansätzen mit Programmiersprachen, also dem Formalen einer Chomsky-Grammatik, zu verbinden[8]. Er erzählt, wie er versuchte, im Gespräch mit Alexander die Brücke von dessen Architektur zur Informatik Chomskys zu schlagen. Alexander konnte dies jedoch nicht akzeptieren: „What is missing from the mathematics of analytic biolinguistics, is life."

Es sind nicht nur die die Kräfte Top-Down und Bottom-Up, die hier aufeinandertreffen, sondern auch die Kräfte Effizienz und Nachhaltigkeit. Man könnte sie auch lang- und kurzfristig, Quantität und Qualität, oder lebendig und geplant[9] nennen. Christopher Alexander hebt in seinem neuesten Buch „Battle for the Life and Beauty of the Earth" diese Kräfte hervor. Die einen wollen, dass alles im richtigen Kontext zusammen-

---

7   *http://nextcity.org/economic-development/entry/project-for-lean-urbanism-congress-for-the-new-urbanism-andres-duany*, als Beispiel das Australische „Urban Design Protocol", nach dem sich jeder richten soll: *http://www.urbandesign.gov.au/*.

8   G. Bryant: *http://chomskyalexander.blogspot.de/2010/03/depth-and-innate-judgements.html*

9   Wie bei Pieter Hintjens: *http://hintjens.com/blog:74*

passt, achten auf die Feinheiten, Ganzheitlichkeit und Anpassbarkeit. Es sind die organischen Systeme, er nennt sie System „Typ A". Die anderen wollen Standardisierung, Kontrolle, Macht und Kapital, das sind die Systeme „Typ B". Natürlich treten die Extreme selten auf, sind aber hilfreiche Achsen zur Einordnung[10]. Alexander baut das Buch am Beispiel der „Eishin School" auf, einem seiner Bauprojekte, in denen er die Konzepte von iterativer Entwicklung mit Selbstbeteiligung umsetzen konnte. Als Gegenteil würde er, nach seiner öffentlichen Debatte[11], Peter Eisenmans technokratischen Dekonstruktivismus sehen. Eisenman sagte in einer Debatte zu Alexander, der sich als der emotionale Typ dem rationalen Eisenman gegenüberstellt: „I don't like to deal with feelings. I like to deal with ideas."

7.3 Komplexität

In Kapitel 2 wurde bereits auf die Kybernetik und die Berechenbarkeit der Welt[12] eingegangen. Die Idee hat sich durch viele Architekturstile hindurch gehalten, angefangen von der Renaissance über die Moderne bis heute.

Oben wurde Peter Eisenman erwähnt, der bereits in Kapitel 6 vorgestellt wurde. Er wird, zusammen mit Frank Gehry, als der Ursprung für die generische, evolutionäre Architektur[13] gesehen, als Höhepunkt des Idealismus und der mechanischen Denkschule. Um das zu verstehen, muss man einen Schritt zurückgehen, hinter Strukturalisten und den Weltkrieg, zum „International Style", der in Kapitel 4 vorgestellt wurde.

---

10 Weshalb ich sie in Kap. 2 abgewandelt, orthogonal zu Top-Down/Bottom-Up verwende. Patterns selbst sind Top-down-Artefakte in einem Bottom-up-Prozess.
11 *http://www.katarxis3.com/Alexander_Eisenman_Debate.htm*
12 Titel eines Buches von Bernd Olaf Küppers
13 Z. B. die Beschreibung eines DNA-basierten Planungsansatzes für die Goethe-Universität in Frankfurt 1987, aus G. Lynn, „Archaeology of the Digital", Sternberg Press, 2013, S. 260.

Die Ausstellung „International Style" schaffte es, die Idee der Moderne zu formalisieren. 1932 im MoMA abgehalten, wurden verschiedene Ideologien der Moderne, die alle auf Industrialisierung und Aufteilung von Räumen, Abgrenzung bei gleichzeitiger Variation abzielten, zusammengefasst. Von einer Idee einer besseren Gesellschaft wurde die Moderne zu einer Metapher und schließlich zum Designtrend ohne Hintergedanken. Mies van der Rohe und Johnsons „Seagram Building" war eine Ikone, aber statt des Monoliths wurde die Bronzefassade gelobt, welche jedes Jahr mit Limonenöl gepflegt werden muss. Als dieser Designtrend einen Höhepunkt erreichte, formierte sich eine Gruppe von Architekten, welche die Materialverliebtheit zurückwiesen, die „New York Five". Sie favorisierten stattdessen den frühen Rationalismus und Konstruktivismus der 1920er Jahre als Symbol für einen ungebrochenen Fortschrittsglauben. Auch „The Whites" (gegenüber den „Greys", den Brutalisten) genannt, wurden sie vor allem durch formal reduzierte, grellweiße Architektur bekannt.

Einer von ihnen war Peter Eisenman. Seine Bauwerke waren ästhetisch so formell wie die der anderen „New York Five", gingen aber noch einen Schritt weiter: Sie sollten konzeptuell eine ebenso starke Formalisierung erreichen. Eine Formalisierung, die aus der dekonstruktivistischen Idee entstand, dass alles Symbol ist, alle Systeme Text. Dazu hatte er bei seinem „House III" angefangen, mit Boole'schen Operationen von Quadern zu spielen. Er entwickelte das Haus aus Regeln heraus, auf deren Basis er Wandscheiben und Deckenplatten frei kombinierte, weit über die rechten Winkel des „International Style" hinaus. Mit Aufkommen des Computers wurden seine Entwürfe immer kühner, auch strukturell „dekonstruktivistisch", die Wände durchbrachen Räume, Innen- und Außenseite von Gebäuden – was er „Blurred Zones" nannte. Ziel war es, so viel Zufall wirken zu lassen, dass auch unbewusste Vorurteile (Symbole) gegenüber Räumen abgebaut werden konnten und so der Raum wirklich flexibel wurde. Eisenmans Gebäude wurden „zersplittert", eine Reihe von Artefakten, die zwar auf einer Grundidee beruhten, aber vom

Computer fragmentiert wurden. Er nennt das den Übergang von der Ära der Mechanik zur Ära der Elektronik[14].

Abbildung 7.3: Denkmal für die ermordeten Juden Europas, Peter Eisenman

Wenn man von der Kombination verschiedener Konzepte in einem neuen, zersplitterten Kontext spricht, nennen Architekten dies nach Deleuze den „Fold"[15]. Die Konzepte bleiben separat, werden aber auf einer neuen Ebene zusammengeführt. Deleuze führt als Beispiel den Barock an, wo „organisch" und „mechanisch" zu Strenge und gleichzeitig Ornament „gefaltet" wurden. Asymmetrische, organische, Grundformen wurden durch Spiegelung symmetrisch und damit mechanisch, künstlich. Als Zeit der Einflüsse von Aufklärung, entfernten Kulturen, Fürsten und Absolutismus ist der Barock der erste Kunststil, der hauptsächlich Altes kombiniert. Deleuze spricht von Falten, weil er die Gegensätze als zwei

---

14 Aus T. Lenoir, „Flow, Process, Fold", Princeton University Press, 2002
15 In der funktionalen Programmierung gibt es auch einen Fold, dieser verdichtet allerdings. Deleuzes Fold wäre eher ein Map auf einen neuen Typ.

Seiten eines Blattes Papiers sieht, das so oft gefaltet wird, bis es zu einem Origami wird, bei dem man die anfänglichen Gegensätze, die beiden Seiten, nicht mehr erkennen kann. Sie verschmelzen nicht, sondern ergänzen sich in einer neuen Dimension. Damit ist der Fold im Barock auch der Ursprung des Generativen und des Konzeptuellen, des Maschinellen, aber auch des Remix und der Ironie.

Im Barock werden die ersten mechanischen Androiden und zuletzt auch der Schachtürke gebaut. Mit dem Bau der Androiden wurde versucht, vom Mensch als Maß aller Dinge auszubrechen, das System, welches Vitruvius eingeführt und Palladio in seiner „perfekten Villa" auf rein mathematischer Basis auf die Spitze getrieben hatte.

T. Fabian/Shutterstock.com

Abbildung 7.4: Villa Capra „La Rotonda", Palladio, 1592

Der Humanismus und mit ihm Le Corbusier nahmen diese Trennung zum Anlass, den Menschen in die Mitte der Maschine zu rücken, zu vermessen und Logarithmentafeln daraus abzuleiten. Tatsächlich entwickelten sich daraus die Finite-Elemente-Methode (FEM), die Baustatik nach Navier und die Normen zu Bauzeichnungen und verbindlicher Detailgetreue bei festen Maßstäben. Die Vordenker der Moderne bis hin zu den

Postrukturalisten wollten den Menschen aus der Architektur entfernen und sie eigenständig machen, zu etwas Übergeordnetem. Doch damit stellten sie nur immer deutlicher heraus, wie sehr sie doch abhängig waren von diesem menschlichen Maß[16]. Peter Eisenman nimmt dies zum Anlass, zu schreiben, dass wir uns so lange nicht vom alten Menschenbild verabschieden können, solange wir noch die Wahrnehmung als wichtigstes Element der Architektur sehen. In „Vision's unfolding"[17] argumentiert er, dass nur elektronische Medien und deren Verwendung in einem „Fold" von Algorithmus und Architektur Räume schaffen können, die nicht mehr den Menschen im Zentrum haben, sondern „auf den Menschen zurückblicken". Die vier Wände als Krücke könnten endlich abgelegt werden, denn nun könne der Computer beliebige Räume berechnen.

7.4 Unheimliche Parameter

Mit dem Fold zwischen elektronischem, digitalem Weltbild und der Realität haben Eisenman und seine Kollegen eine neue Ära eingeläutet. Nach einer Phase der Resignation schufen sie ein neues Bild vom Architekten als jemandem, der alle Arten von Strukturen von Kommunikation schafft und die entsprechenden Algorithmen und Regeln designet, die den Text des Lebens schreiben. Damit konnten sie es schaffen, die Unzulänglichkeiten des Strukturalismus und Brutalismus, der naiven Kybernetik- und Ingenieursverliebtheit zu überwinden und eine ganz neue Ebene des Konzepts zu definieren. Wenn alles strukturierende, generierende Architektur ist, dann ist jede Technologie Architektur, wie Elizabeth Grosz schreibt[18]: „Perhaps all technologies are modeled on architecture."

---

16 In: C. Hight: Architectural Principles in the Age of Cybernetics, S. 186
17 P. Eisenman in: „Theorizing Architecture", S. 556
18 E. Grosz in: „Architecture from the Outside", S. 82

Wenn man noch einen Schritt weiter geht, kann man Gebäude und Städte vollkommen modellieren lassen. Auch hier gab es bereits erwähnte Ansätze wie Space Syntax, Urban Metabolism und verschiedene Arten des New Urbanism. Wie schon Strukturalisten und Dekonstruktivisten, hatten diese das Manko der Außensicht auf das System, sie beanspruchten, mehr über das System zu wissen. Es überrascht nicht, dass sich die Ansätze von Alexander und Eisenman schließlich in einem Modell verbinden, das gleichzeitig innerhalb und außerhalb des Systems sein wollte.

Patrik Schumacher ist der Vordenker von Zaha Hadid Architects, deren Betrag zur Schule des Dekonstruktivismus in Kapitel 4 bereits angeschnitten wurde. In einem Vortrag[19] an der Harvard GSD erklärt er seine Idee der „Autopoiesis" oder der „parametrisierbaren Architektur". Mit dem Begriff Autopoiesis bezieht er sich auf Niklas Luhmann und Ludwig Wittgenstein, große positivistische, idealistische, analytisch-logische Philosophen. Hier entlehnt er das Bild der Welt als „System of Systems", eine Welt, die aus sich ständig in einem Tanz befindlichen Systemen besteht. Es gibt keine über- oder untergeordneten Systeme mehr, keinen Autor, sondern nur parallele Systeme die sich selbst strukturieren. Die Systeme unterscheiden sich nur noch durch Kommunikation. Alles ist, wie bei Eisenman, Symbol, und auch die Architektur selbst ist nur noch Symbol. Seine Idee von Architektur geht stark in die Richtung einer Choice Architecture, wie sie in Kapitel 6 angerissen wurde. Evolutionäre Algorithmen entwickeln Architektur und Städte rein auf der Basis von Parametern, die zu Simulationen von menschlichem Verhalten, der Kommunikation, führen, welche Stück für Stück in Räume aufgrund anderer Constraints überführt werden. Der Architekt hat die Aufgabe eines Dolmetschers und Kurators, der einzelne Parameter anpasst und die Systeme dabei à la „Dungeon Keeper" beobachtet, wie sie sich weiterentwickeln.

---

19 P. Schumacher, „Parametric Order – 21st Century Architectural Order", unter: *https://www.youtube.com/watch?v=zG2WMVkD5dw*

Nach Schumachers Theorie besteht Architektur aus a) Organisation, b) Symbol und c) Wahrnehmung von Territorien. Territorien sind Plätze, an denen menschliche Kommunikation stattfindet. Im Barock wurde nur die Organisation, in der Moderne nur Organisation und Symbol, in der Phänomenologie nur Wahrnehmung als wichtig erachtet. Diese drei Sichten auf die Architektur will er parametrisieren und in einem neuen, globalen, allgemeingültigen Stil vereinen. In unserer Sprache ausgedrückt: Er entwickelt drei global gültige, parametrisierbare Pattern Languages für Event-basierte Systeme: Modularisierung, Prozesslogik und User Experience.

Sein Verständnis von Stadtplanung wird einer ähnlichen Schule, den Varianten der „Systems Urbanism", zugerechnet, zu dem alle systemtheoretischen Varianten und Netzwerkansätze verbunden werden. Diese unterscheiden sich vom New Urbanism und seinem bottom-up geplanten Ansatz, wie in Kapitel 2 gezeigt, durch einen top-down evolutionären Ansatz. Obwohl der Effekt gleich scheint, ist die Macht des Architekten anders verteilt. Im Systems Urbanism übernimmt dieser eine Machtposition. Patrik Schumacher sieht die Rolle aber als „innovative ordering and framing of communicative interaction", also die Choice Architecture, die Auswahl der Varianten und gezielte Steuerung der evolutionären Anreize hin zur Akzeptanz einer der Lösungen, welche der Algorithmus aus seinem Repertoire ausgewählt hat.

Die Kritik an beiden Methoden setzt am offensichtlichen Reduktionismus an, der Annahme, dass die Welt per „Divide et Impera" aufgeteilt werden kann. In Arch+ 205 zum Thema Servicearchitekturen schreibt Stephan Trüby über diesen Ansatz, er sei Zeichen eines „darwinistisch inspirierten Denkens, das zum Deckmäntelchen eines Design-Elitismus werde: Evolution sei, was der Entwerfer wolle.[20]

Wenn parametrische Verfahren auch technisch möglich sind, so sind sie doch für den Nutzer schließlich nur schlecht navigier- und verstehbar und können sich deshalb einer totalitären Ästhetik nicht entziehen. Auch

---

20 Vgl. Stephan Trüby, in: Arch+ 205, S. 2

wenn sie gerne den Kontext einbeziehen würden, beziehen sie nur dessen mathematische Darstellung ein. Dadurch fallen sie in das „Uncanny Valley", welches Masahiro Mori im Bezug auf Androiden definiert hat: Je näher die Androiden an den Menschen herankommen, desto mehr Faszination üben sie aus. Doch an einem gewissen Punkt kippt diese Wahrnehmung und schlägt von Faszination in Unheimlichkeit um, der Android wirkt wie ein Zombie. So ist es auch mit den parametrischen Bauten. Sie üben eine Anziehungskraft aus und faszinieren durch ihre Facetten, bleiben aber entrückt. Hochhäuser des International Style übten, obwohl sie den Kontext ebenso ignorierten, allein durch ihre Materialien einen Reiz aus, der bis heute jenen der Dekonstruktivisten und parametrischen Bauten übersteigt.

Ein Beispiel für die weniger dogmatische Anwendung des Prinzips sind Spezialisten für Wolkenkratzer. Weltweit führend dürfte Skidmore, Owings and Merrill (SOM) sein, die vom Sears Tower bis zum Burj Khalifa schon so einige Rekorde für das höchste Gebäude der Welt selbst eingestellt haben. Für den Burj Khalifa setzten sie traditionelle Planung zusammen mit Building Information Modeling (BIM), einer Technik zur Parametrisierung einzelner Module, ein. So konnte die Höhe dreimal nachträglich nach oben korrigiert werden, ohne neu planen zu müssen. In ihren „Critical Planning Principles for the 21st Century"[21] stehen sie für ein gesundes Maß zwischen Planbarkeit und Nachhaltigkeit, intelligenter Infrastruktur[22] und Vielfältigkeit. Um das zu realisieren, sollen Städte regional übergreifend ihre Entwicklung, inklusive der Population, planen. Ziele für Lebensqualität können nur eingehalten werden, wenn diese mit Zielen des Wachstums einhergehen. Das klingt recht idealistisch, ein wenig zentralistisch und ein wenig nach Léon Krier, zeigt aber die Bandbreite der Dienste, die SOM anbieten kann und will. Der Architekt wird hier zum Dienstleister für Strukturierung, Planung und nicht zuletzt Politik – ein Weg, den immer mehr Büros gehen.

---

21   *https://www.som.com/services/urban-design-planning*
22   Sie vermeiden den Begriff „Smart City", siehe dazu Kapitel 9

Irina Schmidt/Shutterstock.com

Abbildung 7.5: Burj Khalifa, Dubai

Wiederverwendbarkeit

Das Thema der Wiederverwendbarkeit habe ich in diesem Buch bewusst übergangen. Dabei wäre es die einfachste Parallele zur Architektur, vielleicht auch die, neben der Planung, am häufigsten genutzte. Wiederverwendbarkeit in der Gebäudearchitektur ist allein schon durch die DIN/ISO-Normen gegeben. Zudem sorgt der Mensch mit seinem Maßen dafür, dass Arbeitsflächen 90 cm hoch sind und Waschmaschinen 60 cm, damit man sie gerade so durch eine Tür mit 818 mm Zargendurchgangsmaß wuchten kann. Auch in der Architektur gibt es Bestrebungen, das Konzeptuelle zu standardisieren, über Vorgaben für Pläne hinaus. Eines meiner ersten Bücher zur Stadtplanung hieß „Stadtbausteine", eine einfache Einführung in oft gebrauchte Anordnungen von Gebäuden im Stadtraum. Kürzlich erstand ich „Operative Design", einen kleinen „Catalog of Spatial Verbs", der Gebäude aus festgelegten Operationen auf wenigen Standardkörpern ableitet. Doch der Vergleich hinkt. Erstens: Softwaresysteme grenzen zwar an die Realität, bewegen sich aber hauptsächlich im Virtuellen.

Wiederverwendbarkeit in der realen Welt ist das Resultat industrieller Produktion und Marktwirtschaft, welche Preise für handwerkliche Leistungen auf einen Bruchteil reduziert hat. In der Softwarearchitektur besteht der Kostenvorteil bei Wiederverwendung nicht in demselben Grad, Programmieraufwand ist oft im Vergleich zum Wert gering. Das erkennt man an den wenigen erfolgreichen Industriestandards. Eine fachlich hervorragende COTS-Software wird man immer integrieren können. Zweitens: All die Wiederwendungsthemen kennen Bauingenieure genauso wie Architekten. Der Vorteil von Standards, die gesetzlich verpflichtend sind. Architekten differenzieren sich darüber, dass sie ganzheitliche Prozesse besser kennen, auch die Psychologie und Soziologie in die Architektur einbeziehen. In Deutschland wird nur ein Teil der Neubauten mithilfe eines Architekten realisiert. Ob ein Architekt überhaupt herangezogen werden muss, hängt vom Bauamt ab – solange Planung und Statik gewährleistet sind, kann dieses frei entscheiden. Die Honorarordnung HOAI schützt dann vor Preiskampf.

7.5 Deklarative Verfahren

Seit Lisp 1958 entwickelt wurde, gibt es in der Softwareentwicklung die Möglichkeit, deklarativ zu entwickeln. Das heißt: Im Gegensatz zur imperativen Programmierung, bei der man den Programmablauf definiert, spezifiziert man das Problem, dessen Lösung dann automatisch berechnet wird. Vor allem in der künstlichen Intelligenz verwendet, setzten sich die deklarativen Sprachen außer in der Regeltechnik nie breitenwirksam durch, erleben aber gerade eine Renaissance im Bereich der Hochskalierbarkeit. Sie entsprechen dem Ideal der parametrischen Architektur insofern, als eine Gruppe von Spezialisten das Problem definiert und der Architekt in gewissem Maße auf die Problemfindung und die Aufteilung Einfluss nehmen kann. Das Resultat ist aber für den Menschen nicht hundertprozentig antizipierbar, da komplexe Algorithmen den Weg zum Ziel definieren. Allerdings ist das Ziel der deklarativen Programmierung weniger, evolutionäre Algorithmen weiterzuentwickeln denn formal beweisbaren Code zu produzieren.[23]

Die Idee einer reinen Problembeschreibung hat sich auch ohne die formale Beweisbarkeit gehalten. Hier stand vor allem die Idee im Vordergrund, dass man Geschäftsprozesse ohne Medienbruch und Übersetzungsverlust digitalisieren könne. Die einmal digitalisierten Prozesse könne man dann schrittweise anpassen. An dieser Stelle haben die deskriptiven Verfahren etwas mit den Patterns gemein, die ebenfalls einen Masterplan darstellen sollten, die innere Struktur aber nicht offenbaren, sondern nur eine Problembeschreibung. Oben wurden bereits „Design Patterns" von Gamma et al. erwähnt. Sie sehen Patterns als Methode „to focus on designtrade-offs – the different „forces" that help shape a design". In deklarativen Verfahren können diese „Forces" analog der Anreize in der Evolution genutzt werden. In CRE 200 Podcast[24] wird Norman Foster aus dem Film „Urbanized" zitiert mit der Aussage: „Cities are always the physical manifestations of the big forces at play."

Messbarkeit ist, wie viele Systeme von Kybernetik über Six Sigma bis Lean Startup festgestellt haben, der Schlüssel zu einer über „Force" Feedback-geregelten Evolution. Diese Konzepte sind im Urbanismus bereits ausprobiert wurden – wenn hier auch theoretischer, z. B. bei Lewis Mumford. Der stellte als einer der ersten den Unterschied zwischen der Optimierung in einer quantifizierbaren Maschine und der Qualität fest: Wenn man nur das optimiere, was messbar sei, fielen Gefühle, Behagen und Irrationalität[25] hinten hinunter. Evolutionäre Anreize müssten auf allen Ebenen geschaffen werden. Henri Lefebvre nannte das den „Terror der Quantifizierung"[26] der Technokraten. Ein Nachteil, den Russell

---

23 Siehe J. Bentley, „Programming Pearls", Addison-Wesley, 2000, S. 33 ff.
24 *http://cre.fm/cre200-stadtplanung*
25 Die wir brauchen, dazu sei D. Ariely: „Predictably Irrational" empfohlen
26 Aus A. Merrifield, „Henri Lefebvre: A Critical Introduction", Routledge, 2006, S. 89. In „Thinking in Systems" formuliert Donella Meadows „the idea that what we can measure is more important than what we can't measure."

Ackoff in „Antipatterns" formuliert: „Managers who don't know how to measure what they want settle for wanting what they can measure."[27]

Durch reine Messbarkeit werden Systeme angreifbar, mürbe. Mary Poppendieck hat diesen Effekt das „Predictability Paradox" genannt[28]: „The paradox is that trying too hard to create predictability creates the opposite effect."

Lisp führte nicht nur deklarative Programmierung ein, sondern auch Metaprogrammierung. Über die Zeit entwickelte sich daraus das Model-driven-Engineering. Ähnlich wie zu den idealistischen Zeiten der ingenieurgetriebenen Stadtplanung gab es hier mehrere Höhepunkte. Ein erster verlief analog zur Entwicklung der künstlichen Intelligenz, mit so genannten „5. Generation"-Sprachen (5GL) wie z. B. Prolog. Deren Beschränkung für einen allgemeinen Ansatz wurde recht schnell erkannt. Einen zweiten Höhepunkt gab es in den 90ern mit den CASE- und RAD-Werkzeugen. Diese Vorläufer moderner IDEs wie z. B. Rational Rose und Together nutzten visuelle Programmierung, vor allem in UML, um daraus Code zu generieren. Sie wurden schließlich aufgrund ihrer Limitierungen, besonders bei Multi-Tier-Webanwendungen, verdrängt. Die UML selbst feuerte eine dritte Hochphase an: frameworkbasierte Codegenerierung mit Templates, Frames und CRUD-Generatoren mit dem Ziel der wiederverwendbaren Komponenten über Tiers hinweg. Dies ging schließlich nahtlos ins Model-driven Software Development über, welche der Codegenerierung einen Domänenfokus verpasste und sie von einer technischen zu einer fachlichen Aufgabenstellung machte. Technisch wird dies realisiert, indem die Fachklassen z. B. mittels Aspekten/Annotations, Dependency Injection, SOA Workflows wie BPMN, Product und Service Lifecycle Frameworks und Context-oriented Programing[29] in die technische Infrastruktur integriert werden.

---

27 In: C. Neil, „Antipatterns", Auerbach, 2011, S. 147
28 F. Vega: *http://www.vissinc.com/2012/01/30/the-predictability-paradox-and-obliquity-achieve-predictable-outcomes-indirectly/*
29 *http://www.hpi.uni-potsdam.de/hirschfeld/cop/implementations/index.html*

Im Model-driven-Engineering[30] unterscheidet man zwischen dem „General-Purpose-Modeling", wie in der UML, und dem oft mit DSLs und DDD assoziierten „Domain-specific modeling". Dazwischen stehen kontextabhängige (in UML Stereotyp genannte), aber grundsätzlich generelle Modelle wie z. B. das Semantic Web oder der Systems Modeling Language (SysML). Johan den Haan kritisierte[31], dass Model-driven-Ansätze zu stark auf die Analysephase einer Software beschränkt seien und den Lifecycle ignorieren würden. Änderungen würden de facto schwerer gemacht, weil die Entwicklung mit komplizierten Modellen erschwert werde. Diese Kritik richtet sich vor allem gegen schwerfällige General-Purpose-Modelle, die ein gutes Beispiel dafür sind, wie zu viel Flexibilität den eigentlichen Geschäftsnutzen aus den Augen verlieren kann.

Domänenspezifische Sprachen (DSLs) sind Teil des Model-driven-*-Kanon, haben aber einen anderen Anspruch. Markus Völter hat in seinen „MD*/DSL Best Practices"[32] geklärt, dass diese Sprachen besonders dann sinnvoll sind, wenn bereits präzise Fachsprachen existieren: entweder technische auf Basis eines Frameworks oder Fachdomänensprachen. Deshalb sind externe DSLs, wie SQL oder reguläre Ausdrücke, so erfolgreich und interne DSLs , wie im Versicherungsbereich, eine so gute Brücke zur Spezifikation. Müssen DSLs hingegen mühevoll in einer Analysephase aufgebaut werden, sollte man sie mit Vorsicht genießen. Denn auch wenn DSLs Turing-vollständig sein können, ist es ratsam, ihre Ausdrucksfähigkeit einzuschränken und sie zur Konfiguration statt zum „Customizing" zu nutzen.

---

30 War eine Marke der OMG wie heute immer noch Model-driven-Architecture.
31 *http://www.theenterprisearchitect.eu/blog/2011/01/25/why-there-is-no-future-for-model-driven-development/*
32 Version 2.0, 2011: *http://voelter.de/data/pub/DSLBestPractices-2011Update.pdf*, er fasst alle MD*-Ansätze unter „Model Processing" zusammen.

7.6 Konfiguration

Konfiguration entspricht der deklarativen Idee, man dreht an Einstellungen, die sich nur indirekt im Programm auswirken. Statt direkt den Einfluss zu definieren, wie im Customizing, beschreibt man ein Problem – die „Language" der DSL wird in eine Semantik übersetzt. Statt nur die resultierenden Messwerte zu betrachten und zu verändern, betrachtet man die wirkenden Kräfte. Hier kann zum dritten Mal die Parallele zu Design Patterns geschlagen werden. Gamma et al. stellten klar, dass Alexanders Patterns ein Problem beschreiben, während ihre Muster den Schwerpunkt auf die Lösung legen. Design Patterns sind Lösungsansätze für wiederkehrende Problemstellungen, Kräfte genannt. Weil sie die Lösung im Sinne einer wiederverwendbaren Bibliothek so stark herausstellen, wurden sie zu einem Allheilmittel für die objektorientierte Programmierung erklärt, wenn sie auch selbst keine Kodifizierung anstrebten. Das Problem an diesem Ansatz, der die Fachlichkeit gegenüber der Wiederverwendbarkeit unterpriorisierte, war der Bezug auf die Sprache C++. Zwar wurden in den Folgejahren etliche Bücher zu Design Patterns in anderen Sprachen veröffentlicht, das Manko der Techniklastigkeit wurden sie jedoch nicht los.

In IEEE Software Ende 2013 wurde eine Studie von David Budgen veröffentlicht[33], die den Einsatz von Patterns großflächig untersucht hatte. Es konnte nur ein geringer Nutzen von Patterns festgestellt werden. Erfahrene Entwickler wandten zwar einige Patterns an, nahmen andere aber als zu beschränkt wahr, jüngere Programmierer konnten die Problemstellung noch nicht abstrahieren. Den meisten Nutzen scheinen Patterns als Analysewerkzeug wie in der PBAR[34] zu haben. Die verschiedenen Wahrnehmungen von MVC zeigen gut das Kernproblem von Patterns. Das Ende der 90er von Webanwendungen aufgegriffene Konzept aus

---

33 „Design Patterns: Magic or Myth?" *http://www.infoq.com/articles/design-patterns-magic-or-myth/*

34 Pattern-based Architecture-Reviews z. B. von Neil Harrison.

Smalltalk wurde von vielen GUI-Frameworks beansprucht – nicht nur in Fat Clients, sondern auch in Thin-Client-Anwendungen und mehrfach geschachtelt wie in MVVM. Heute würde sich niemand mehr trauen, von einer Smalltalk-Implementierung auszugehen, wenn MVC als Architekturmuster erwähnt wird.

In derselben Ausgabe von IEEE Software fand sich auch ein Artikel von Frank Buschmann[35] der, wahrscheinlich ohne direkten Bezug auf die Patterns-Studie, klarstellte, dass Architektur ein fließender Prozess ist und Zeit braucht (Kapitel 2). Diesen Zeitaspekt integrieren Cleland-Huang et al. mit ihrem „The Twin Peaks of Requirements and Architecture"-Modell, das Architektur als iterativen Prozess parallel zu den Requirements betrachtet. Parallel in dem Sinne, dass sie entkoppelt sind, aber sich über die jeweiligen fachlichen bzw. technischen Anforderungen gegenseitig beeinflussen. Ein Pattern erhält damit nicht einfach nur Kräfte, sondern eine Beziehungsstruktur über die Zeit hinweg. Dieses Modell stellt die Wichtigkeit der beiden Disziplinen heraus, ohne das eine oder das andere als vorranging zu betrachten. Eine einfachere Anwendung dieses Prinzips während des Entwicklungsprozesses sind Code Katas[36]. Sie sind ähnlich den Patterns, unterscheiden sich aber darin, dass sie den Wert dorthin, und nicht das Ziel, als vorranging betrachten.

Im Model-driven-Engineering ist die höchste Kunst, Modell, Code und Dokumentation konsistent zu halten – man spricht vom „Round Trip Engineering". Dies war eine der Grundideen hinter der UML, ein iterativer Ansatz aus verschiedenen Sichten und Metaebenen. Grady Booch schwebte für UML das Modell einer Weltformel, den „Design Patterns of the Universe" vor. Leider brachten rückblickend weder Design Patterns noch die UML die Erlösung der Softwareentwicklung, interne DSLs werden eher selten eingesetzt, obwohl sie Fowler in Patterns einteilte. In der IEEE Studie „What Industry needs from Architectural Languages" wurde 2012 eine groß angelegte Umfrage veröffentlicht. Dabei kam heraus,

---

35 *http://www.infoq.com/articles/architecture-and-agility-good-friends*
36 *http://codingkata.net/KataManifesto*

dass die erfolgreichen Sprachen immer aus der Industrie, nicht aus den Universitäten, kommen, und eher generisch denn formal sind. Zudem sind Kollaboration und ein weitreichender Einsatz von Requirements bis Deployment wichtig. Zu guter Letzt hilft das alles nicht, wenn die Sprache nicht einfach erweiterbar ist.

Das heißt: Alle Ansätze vereinheitlichender Sprachen sind immer einem „Turm von Babel"-Problem unterworfen. Sie funktionieren nur in Enklaven, in denen sie wiederum wenig formal eingesetzt werden. Nicht die Grammatik, sondern der Rahmen, der Kontext, die Constraints sind wichtig, damit eine Sprache funktioniert[37]. Eine formalisierte Schreibweise von Stories oder Verhalten, ob Behaviour-driven-Design (BDD), SOPHIST, MoSCoW oder RFC-2119, ist immer eine Ebene der Abstraktion, die paradoxerweise einer generischeren Nutzung im Wege steht. Im „AntiPatterns"-Buch[38] beschreiben William Brown et al. Anti-Patterns als Gedankenexperiment, in dem sich oft wiederholende schlechte Lösungen, erkannt an ihren Symptomen und Konsequenzen, zu besseren Lösungen umgebaut werden. Anti wird hier also nicht im Sinne von „gegen", sondern im Sinne von „umgekehrt" vorangestellt, denn man arbeitet von der Lösung an rückwärts. Es ist ein narrativer Ansatz, der an Code Katas und iterative Modelle erinnert, von denen man sich zur Lösung vorarbeitet – ein deutlich weniger technischer Ansatz als das ursprünglich von den Pattern-Evangelisten vorgesehene Format.

Die Idee, über Constraints und Forces chaotische und komplexe Systeme zu modellieren und so zu simulieren, dass man Designentscheidungen daraus ableiten kann, ist alt. Es taucht in „Patterns" wie in „Structured Analysis" ebenso auf wie in der momentanen Architekturdebatte. Informatik und Architektur sind sich momentan so nah wie seit den 1960ern nicht mehr. Ob man, wie die Dekonstruktivisten und die kybernetischen

---

37 Tatsächlich gibt es in der Linguistik „Constraint Grammars", die Kontext über Constraints einschränken, um Bedeutung zu verstehen.

38 W. J. Brown et al., „AntiPatterns", Wiley, 1998; *http://www.antipatterns.com/*, nicht zu verwechseln mit Andrew Koenigs Artikel über Anti-Patterns

Wissenschaftler von Urban Metabolism und New Urbanism, Architekturen nur aus ihren Constraints berechnen kann, ist fraglich. Aber selbst wenn man es könnte, stellt sich die Frage, ob man diese Constraints überhaupt fehlerfrei definieren kann, und wann man sicher ist, dass das gegebene Problem überhaupt lösbar ist. Diese Frage, das Berechenbarkeitsproblem, ist leider bis heute nicht gelöst. So bleibt die UML im Endeffekt auch nur eine der vielen Sprachen, die der Legende nach aus dem Turm zu Babel stammen, wie schon Grace Hopper erkannte[39]: „The wonderful thing about standards is that there are so many of them to choose from."

7.7 Ordnung

Es ist interessant, dass die Kybernetik auch Quelle für künstliche Intelligenz ist. Momentan sehen wir mit dem „Internet der Dinge" (IoT) eine neue Welle künstlicher Intelligenz in Netzwerkorganisationen. Viele Programmiersprachen sind für dynamische Evolution vorgesehen. Processing etwa, eine Java-basierte Plattform für Multimediainhalte, die mittlerweile vor allem durch die Kombination mit dem Arduino-Minicomputer berühmt ist, verfolgt diesen „Explore first"-Ansatz. Während meines Studiums hat uns Processing, neben Flash, LabVIEW und vvvv, die Augen für eine neue Art von Entwicklung geöffnet, welche an das Modellieren von Ton erinnert. Für „Physical Computing", also die Interaktion mit der echten Welt, konzipiert, weiß man später oft nicht mehr wirklich, was man programmiert hat – und freut sich des schönen Effekts. Wie ein auf links gedrehtes neuronales Netz, lernt man zu Chaos zu gelangen, versteht die Struktur dahinter aber nicht mehr vollständig. Zaha Hadid Architects nutzen dieselben Werkzeuge wie z. B. Processing, um mit evolutionären Algorithmen an ihre Architekturen zu gelangen. Patrik Schumacher ist, trotz seines „megalomanischen Anspruchs", großer Verfechter des Chaos als Quelle für spontane Ordnung und sieht den

---

39 Der Legende nach; siehe auch XKCD: *https://xkcd.com/927/*

Parameticism eher als Lösung zur Navigation[40] durch Komplexität denn als Vereinfachung. Wie Corbusier will er das Chaos bekämpfen, aber von unten und nicht von oben. Corbusiers Verständnis von Ordnung als Geometrie reicht ihm nicht, für ihn ist Ordnung, was für den Menschen erfassbar ist, worin ein Mensch Beziehungen erkennt. Für ihn ist Architektur die Erfassbarmachung der Komplexität von Beziehungen.[41] James A. Highsmith schreibt ähnlich in „Adaptive Software Development":

„But, possibly at some fundamental, philosophical level, what we really crave is a more holistic approach – one that speaks more to our sense of aesthetics than to our fixation on certainty."[42]

und argumentiert, dass die alten Newton'schen und Darwin'schen Regeln nicht mehr gelten, man muss in der Komplexitätstheorie nach Lösungen für erfolgreiche Softwareentwicklung suchen. Brooks und Booch hatten zwar Komplexität als Kerngebiet der Softwarearchitektur identifiziert, Highsmith hebt aber hervor, dass das Ökosystem darum, die Unternehmen, die Organisation, es schaffen muss, die beiden Systeme zu integrieren. Wenn das Unternehmen gar nicht komplex ist, kann die IT-Lösung auch simplizistisch sein. Das Buch erschien fast zwei Jahre vor dem agilen Manifest und ist deshalb vielleicht ein wenig in Vergessenheit geraten. Doch genau diese Herangehensweise ist es, die in der momentanen Diskussion um das agile Manifest wieder aufkommt. Agile Methoden sind so komplex geworden, dass sie entweder wieder vereinfacht werden müssen oder die Komplexität ihrer Kommunikationsstrukturen anerkannt werden muss. Ein anderes Konzept, Service Design, das in Kapitel 10 näher beleuchtet werden soll, könnte eine Lösung sein. Donald A. Norman erklärt[43], dass Service statt Produktdesign es schaffen kann, soziale, organisatorische und technische Systeme so zu kombinieren, dass tatsächlich eine gemeinsame Vision entsteht.

---

40 Diese Navigation soll in Kapitel 10 näher betrachtet werden.
41 *http://www.patrikschumacher.com/Texts/Parametricism%20-%20A%20New% 20Global%20Style%20for%20Architecture%20and%20Urban%20Design.html*
42 J. A. Highsmith, „Adaptive Software Development", Dorset, 2000, S. 30
43 D. A. Norman in: „Living with Complexity", MIT Press, 2011, S. 146

7.8   Paradox

Wir haben die Entwicklung über Barock, International Style, soziale Einflüsse bis hin zu modell- und evolutionsgetriebenen Ansätzen verfolgt[44]. Nun sind wir an einem Paradox und somit in gewisser Weise dem Höhepunkt dieses Buches angelangt: Alexanders Patterns werden als bottom-up angesehen, weil sie einen Prozess haben, der die Community mit einbezieht. Schumachers Parametricism hingegen wird als totalitär und gegen jeden gesellschaftlichen Kontext wahrgenommen. Die Quelle der beiden Prinzipien ist aber genau umgekehrt: Alexander legt Patterns fest, erschafft also top-down die Typologie einer Welt, welche dann einer Evolution unterliegt – wie die „New Science of Cities", die auf noch einfacheren zellulären Automaten unser Leben definieren will[45]. Schumacher hingegen fängt bottom-up an und versucht, so viele natürliche Rahmenbedingungen wie möglich in die Formeln einfließen zu lassen. Seine Programmierer remixen Code frei untereinander nach einem „Explore First"-Ansatz. Der Architekt ist für ihn nur Kurator, der Wissen hat über menschliche Kommunikation in Räumen, und die Resultate entsprechend eingrenzt. Ein Top-Down-Ansatz führt zu einem Bottom-up-Erlebnis, ein Bottom-up-Ansatz zu einem Top-down-Erlebnis. Das Wichtigere scheint also nicht der Beginn, die Idee, zu sein, sondern der zeitliche Prozess, organisch oder mechanisch, evolutionär oder kuriert.

---

44 Diese Darstellung unterschlägt viele Details, die mir als Amateur auch nicht immer geläufig sind, daher empfehle ich die Darstellung „The Century is over, evolutionary Tree of Twentieth-Century Architecture" von Charles Jencks, zu finden unter *http://www.flickr.com/photos/archidose/3088862107/*, die ich hier leider nicht abdrucken kann.

45 Zur Nutzung von zellulären Automaten in der generischen Architektur siehe C. Reas, C. McWilliams, „Form + Code", Princeton Architectural Press, 2010

entwickler.press

Postmoderne

So wie der Brutalismus in England ins Ironische, Selbstreferenzierende, Utopische kippte, driftete auch die Moderne schließlich ins Ironische, Kitschige – die Postmoderne. Philip Johnson, der Architekt des Glass House, baute Mischungen aus neoklassizistischen Elementen, Colin Rowe wollte mit „Collage City" die historische Stadt mit neuen Elementen aufmischen[46], und Robert Venturi taufte Mies van der Rohes „Less is More" in „Less is a Bore" um, was vor allem als Kritik an Philip Johnson zu interpretieren war. Ich persönlich kann mit der Postmoderne von allen architektonischen Stilen am wenigsten anfangen. Sie schlägt oft in Gekünstel um, eine willkürliche Anordnung von Elementen um einer platten Originalität willen. Die philosophischen Grundlagen, Poststrukturalismus, „Das Ende der großen Erzählungen", Kontextualismus (Phänomenologie) und Dekonstruktivismus finde ich in ihren Reinformen deutlich spannender. Die Postmoderne als Architekturstil beendete sich schließlich selbst, während der Poststrukturalismus als Philosophie weiterexistiert, und machte den Weg frei für einen offeneren Umgang mit dem Kontext, ohne den Zwang der Veränderung, die Überhöhung des Autors und das symbolische Brechen von Konventionen (Kapitel 4). Ein gutes Beispiel dafür ist die Entwicklung des Potsdamer Platzes in Berlin, und parallel die Entwicklung eines seiner wichtigsten Architekten, Hans Kollhoff. Die aktuelle Diskussion um die Erweiterung zeigt diesen Konflikt zwischen Masterplan, dem Strukturalismus und zeitgenössischem, liberalem Laissez-faire in der Stadtplanung. Natürlich könnte man auch hier Parallelen ziehen und behaupten, dass Model-driven Engineering und UML strukturalistisch seien, weil sie davon ausgehen, das Ganze sei in einer General-Purpose Language definierbar, so wie die zweite Generation der Systemtheoretiker. Man könnte auch behaupten, die Postmoderne sei ein Ausrutscher dieser Generation gewesen, so wie CASE-Tools, oder dass Polyglot-Programming und DSLs dekonstruktivistisch seien. Dieses Buch hat aber nicht als Ziel, willkürliche Parallelen zu ziehen, sondern Lehren aus der Vergangenheit. Dafür spielt die Postmoderne – zum Glück – keine Rolle.

---

46 Claude Lévi-Strauss' „Bricolage" ist die Basis für die Postmoderne, eine Verwendung möglichst heterogener Stile, siehe P. Rowe, „Design Thinking", MIT Press, 1987, S. 185.

8 Verifizierung

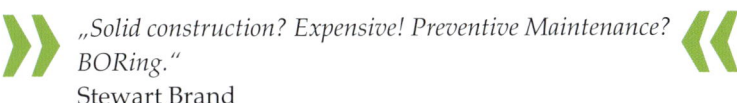

> *„Solid construction? Expensive! Preventive Maintenance? BORing."*
> Stewart Brand

In Kapitel 7 wurde der Versuch, Problemlösungen als Patterns, Constraints oder Kommunikationsnetzwerke zu betrachten, untersucht. Die Suche nach der richtigen Problemdefinition wird Validierung genannt. Darauf folgt der zweite Schritt, die Prüfung des Programmcodes gegen die Problemdefinition: die Verifizierung.

8.1 Kartenproblem

Eine Möglichkeit, Verifizierung und Validierung zu kombinieren und dadurch formal beweisbar zu machen, ist die deklarative Softwareentwicklung. In Kapitel 7 wurden die Probleme aufzeigt, wie das grundlegende „Turm von Babel"-Problem der konkurrierenden Sprachen und Kontexte.

Jorge Luis Borges beschreibt in seiner Kurzgeschichte „Von der Strenge der Wissenschaft" ein Reich, das die Kunst der Kartografie zur Perfektion beherrschte. Die Karten wurden immer besser, detaillierter. Um noch mehr Details darstellen zu können, wurde der Kartenmaßstab immer größer. Bis schließlich die Karte einer Region die Größe einer Stadt einnahm, und die Karte des Reichs die Größe einer ganzen Region. Schließlich erschufen die Kartografen eine Karte von höchster Präzision im Maßstab 1:1. Damit ging ihre Kunst zugrunde. Die folgenden Generationen erkannten keinen Sinn mehr in der Karte und so verwitterte sie, bis sie nur noch eine Ruine aus Fetzen war.

Die Idee der Karte in 1:1 taucht auch bei Michael Ende und Umberto Eco auf. Sie ist ein beliebtes Paradox der Kartografie und zeigt, wie die perfekte Abbildung der Wirklichkeit nie die Wirklichkeit selbst erreichen kann. Laut Beatriz Colomina sind Gebäude nur Repräsentationen, Abbildungen eines Zustands. Gebäude sind nicht nur Objekte, sondern auch Subjekte, mit ihren vielen verschiedenen baulichen, historischen und sozialen Grenzen sind sie eine „Wahrscheinlichkeit"[1], eine Darstellung eines Zustands aus einer Sicht, die noch gebrochen wird durch multimediale Technologien in den Gebäuden selbst. Damit meint sie nicht den Grundriss vs. den Aufriss, sondern tatsächlich den Raum selbst. Sie baut dabei auf Eisenmans Theorie von Desaster auf, das durch seine mediale Allgegenwart längst unser Bild von Architektur bestimmt. Für beide sind Architektur als Symbol und die reale Architektur eins gewor-

---

1   Sie greift hier auf ein Konzept Wittgensteins zurück, das besagt, dass ein Foto kein fixer Moment ist, sondern aufgrund der Belichtungszeit nur eine Wahrscheinlichkeit.

den. Wie Eisenman sagt „Die Verschmelzung von Abbildung und Wirklichkeit".[2] Gleichzeitig verabschieden sie sich jedoch vom Plan, von der Idee, es gäbe eine Abbildung. Eisenman verwendet deshalb ausschließlich isometrische Darstellungen seiner Gebäude und keine Perspektive.

CC BY 2.0/Metropolitan Transportation Authority of the State of New York

Abbildung 8.1: Tunnelbaustelle

In der Gebäudearchitektur, auch z. B. bei der Anlagenplanung, kennt man dasselbe Problem von Abbildung und Realität wie in der Softwarearchitektur. Eine Karte im Maßstab 1:1 ist nicht möglich, und je länger die Karte zur Herstellung braucht, desto weiter entfernt sie sich von der Realität.

Ich war einst auf einer Tunnelbaustelle zu Besuch und erfuhr dort erstaunt, dass der genaue Verlauf eines Tunnelbaus alles andere als planbar ist. Durch einen Berg, vor allem bei „nicht standfestem Gestein", bohrt man normalerweise stückweise und passt die Methode der Tragfähigkeit des Gesteins an – die „Neue Österreichische Tunnelbaumetho-

---

2   In: P. Eisenman, „Blurred Zones", Monacelli, 2003

de". So wie moderne Hochhäuser in Modulen gebaut werden, ist auch Tunnelbau ein iterativer Prozess[3].

Konstante Verifizierung ist bei iterativen Prozessen besonders wichtig. In Kapitel 7 wurden bereits Möglichkeiten im Rahmen der deklarativen Programmierung und Model-driven Engineering gezeigt. In diesem Kapitel soll auf vier weitere Ansätze eingegangen werden:

- Dokumentation
- Kultur
- Visualisierung
- Test

8.2 Bautagebuch

John Gall rechnet es der Architektur an, dass sie eines der grundlegenden Axiome der Systeme erkannt hat: Eine temporäre Lösung bleibt höchstwahrscheinlich permanent. Es ist nicht wichtig, ein System so änderbar wie möglich zu entwickeln, also so zu standardisieren wie die Metabolisten, sondern relevante Änderungen zuzulassen, sodass sie wenig am Rest des Systems ändern. Dazu müssen Protokolle spezifiziert sein, klare Übergänge mit definierten Freiheitsgraden. Eine Baustelle lebt vom Konsens einer Vision und definierten Qualitätsmetriken wie z. B. Betonqualität, lässt darin aber jedem Gewerk eine handwerkliche Freiheit. Der bauleitende Architekt ist für die Gesamtabnahme, Vorbereitung, Budgeteinhaltung sowie den Schutz vor zukünftigen Einflüssen verantwortlich, kann den Detaillierungsgrad und die Abgabe der Kontrolle an Spezialisten aber frei wählen. Unter dem Architekten stehen üblicherweise Teilbauleiter, Bauführer und Poliere. Durch den starken Fokus auf Kosten, Materiallogistik, Rüstzeiten, eingeschränkten Platz und ein klares Ziel werden Baustellen

---

3   Das erinnert mich an eine Songzeile: „There's always light at the end of the tunnel, it just might be a train", aus dem „The Streets"-Lied „Going through Hell"

meist mit den Methoden des klassischen Projektmanagements geplant, also Terminplanung z. B. per Netzplantechnik. Die Zeichnungen und Artefakte darin heißen „gemeinsames Aufmaß". So kann gewährleistet werden, dass Abweichungen möglich sind, aber kompensiert werden können.

Schwierig sind die Aktualisierung des Netzplanes und vor allem die Aktualisierung des Aufmaßes bei Veränderungen. Die einzelnen Gewerke arbeiten meist mit Werkplänen in großem Maßstab, die standardisiert nach Räumen aufgeteilt sind. Ihre Arbeiten werden vom Bauleiter in einem Bautagebuch verfolgt, das nach HOAI standardisiert ist. Vor allem, um Mängel, konkret eingesetzte Materialien und Fortschritt zu dokumentieren. Obwohl dieses Bautagebuch mittlerweile auch elektronisch möglich ist, bleibt es meist ein relativ unstrukturiertes Dokument, das selten in Revisionen der ursprünglichen Pläne zurückfließt, sondern meist nach Fertigstellung in neue Bestandspläne mit Wartungs- und Pflegeanweisungen übertragen wird. Üblicherweise tauschen die Gewerke ihre Revisionen der Pläne über ein elektronisches Planportal aus, das später archiviert wird.

Im Anlagenbau (wie auch auf Tunnelbaustellen) ist aufgrund der ständigen Veränderung ein solch abgeschlossener artefaktbasierter Prozess nicht möglich. Hier wird ein laufender Prozess der Nachdokumentation, das „Redlining" eingesetzt. Redlining kommt von den handschriftlichen Anmerkungen in Architekturplänen – nur werden diese im Gegensatz zum normalen Bautagebuch direkt wieder, z. B. via iPad-App „AutoCAD 360"[4], in die Originalpläne zurückgeführt.

Die Weiterführung dieser Idee zu einem vollintegrierten Planungs- und Ausführungssteuerungssystem ist das „Building Information Modeling" (BIM). Dabei stehen Simulation und Effizienzsteigerung im Vordergrund. Über die Definition von Standards und Constraints, z. B. „max. 6 Sitzplätze in einem Raum", werden Gebäudepläne errechnet, die man dann in verschiedensten Szenarien simulieren kann. Der Unter-

---

4   AutoCAD ist eines der Standard-BIM-Systeme, es entbehrt nicht einer gewissen Ironie, dass es als Skriptsprache Lisp einsetzt, die eine ähnlich hohe Abstraktion als Grundlage hat, siehe *http://www.autodesk.com/products/autocad-360/overview/*

schied zum traditionellen Plan sind die Nutzungsbeziehungen zwischen Elementen, statt nur rein grafisch zu arbeiten – daher auch der Begriff parametrisches Gebäudemodell. Vom in Kapitel 7 vorgestellten „Parametricism" unterscheidet sich BIM darin, dass es begrenzte Simulationen ausführt und nicht den Anspruch hat, das ganze Gebäude auf Basis gesellschaftlicher Faktoren zu errechnen. Auf der Baustelle schließlich fließen Änderungen direkt in diesen Plan ein und erzeugen eine Neuberechnung der folgenden Bauphasen. Die NASA[5] erprobt dieses Verfahren in Zusammenarbeit mit der System-Parameter-Beschreibungssprache SysML, um den noch vorhandenen menschlichen Faktor zu eliminieren, in der Hoffnung, per 3-D-Drucker perfekt auf die jeweilige Planetenumgebung abgestimmte Gebäude rapide entwickeln zu können.

Die Methode stößt aber auf Widerstand. Zwei Gründe sind interessant: Erstens sind Baustellen immer aus Subunternehmen zusammengesetzt. Diese haben nicht immer Zugriff auf das Modell, bzw. können es nicht frei verändern, zudem sind sie abhängig von detaillierten Informationen, die nicht ihren Prozessen (z. B. Beschaffung/Lager) entsprechen. Die BIM-Demagogen fordern hier einen Kulturwandel – der aber viele kleine Betriebe überfordert. Deshalb treiben Firmen wie Nemetschek[6] den Datenaustausch auch mit kleineren Softwarelösungen unter dem Namen Open-BIM voran. Nemetschek hat den Begriff „Round Trip Engineering" für diese Zusammenarbeit verwendet. Er stammt aus dem Model-driven-Engineering der IT. Die Probleme von generischen Modellen sind in der Softwarearchitektur wohlbekannt. Es ist anspruchsvoll, technische Flexibilität und gleichzeitig Modell-Governance zu gewährleisten. Das zweite Problem mit BIM ist rechtlicher Natur: Die Haftung. Wenn der Computer alle Pläne errechnet, ist die Schuldfrage nicht zu klären. Mängel können nicht auf Verursacher oder Eingabefehler zurückverfolgt werden. Dieses Problem ist noch ungeklärt.

---

5   AIAA Space 2013: *http://spacearchitect.org/pubs/AIAA-2013-5508.pdf*
6   *http://www.nemetschek-allplan.de/software/open-bim/open-bim-programm.html*

8.3 Dokumentation

In der IT haben wir zwar nur sehr selten Haftung, wohl aber Ownership und Verantwortung. Mangelt es daran, tauchen Fehler zu spät auf, weil sich niemand für den Gesamtüberblick verantwortlich fühlt. Dokumentation hat zwei Aufgaben: Zukünftige Nutzung sicherstellen, die echte „Dokumentation". Und ein generelles Verständnis der Ideen und des Kontexts schaffen, die Kommunikation. Diese Vision, sei sie technischer oder fachlicher Natur, muss gegeben sein. In der Architektur wird diese große Idee „Parti pris" genannt, man könnte es auch „Back of the Napkin" nennen. Eine einfache Zeichnung, die sofort klarmacht, was die Kernidee hinter dem Bauwerk ist.

Die Vision ist normalerweise Startpunkt zu einem „Software Architecture Document", das analog zu den verschiedenen Werkplänen auf einer Baustelle verschiedene Sichten auf die Architektur eines Systems dokumentiert. Die Schwierigkeit ist, dieses Dokument am Leben zu halten. Typischerweise wird das Dokument stark strukturiert, um so die einzelnen Kapitel unabhängig voneinander zu gestalten. Sichten werden angewandt, wie die Gewerke in der Gebäudearchitektur. Die Sichten sind dann Zuständigkeiten im Team zugeordnet. Jeder Sicht wird üblicherweise ein Stil aus der Vision, der Rationale[7], zugeordnet. Pro Sicht werden dann die Elemente einer Architektur aufgelistet, dann die Beziehungen zueinander, der Kontext des Systems, Varianten und deren Entscheidungen[8].

---

7   Siehe Fieldings Grenze der Rationale in Kap. 4; er hat Architekturstile als Constraints auf Beziehungen von Elementen beschrieben.
8   Ich habe hier in etwa die Sicht aus Clements et al. „Documenting Software Architectures, 2nd Edition", Addison-Wesley, 2011, paraphrasiert. Andere Formalisierungen der Entscheidungen sind A. Jansen und J. Bosch „Software Architecture as a Set of Architectural Design Decisions", ACM WICSA '05, 2005 und die „Minimalist Architecture" von Bredermeyer sowie klassische Konfliktlösungsmodelle.

In dieser Zusammenfassung ist die Komplexität eines solchen Dokuments erkennbar. Es verwundert nicht, dass es nicht als Entscheidungsprotokoll, sondern auch als Spezifikation eines Systems genutzt wurde, was den Dokumentationsaspekt mit dem der Kommunikation vermischte. Um zu verstehen, wie es dazu kam, muss man früher anfangen.

Mit den Methoden der „Systems Analysis" und des „Systems Design", welche ihre Wurzeln in der Kybernetik hatten, begann man Ende der 1970er, immer größere Softwaresysteme mit den Augen des „Systems Engineering" zu betrachten. Vor allem mit dem Ziel höherer Effizienz (Kapitel 5). Die Idee war am Anfang einfach, Tom DeMarco[9] wollte vor allem eine präzise Anforderungsdokumentation mittels Top-Down-Analyse erreichen. Seine Methode sollte ein Werkzeugkasten für die strukturierte Programmierung werden, so waren z. B. Datenflussdiagramme sinnvolle Werkzeuge zur Kommunikation zwischen Geschäftsabteilungen und IT-Abteilungen. Dieser Werkzeugkasten floss ins V-Modell ein, welches Spezifikation und deren Überprüfung in einem wissenschaftlichen „Prüfung der Hypothese"-Ansatz gegeneinander anordnete. Doch Unternehmen verstanden die Herkunft aus der Elektrotechnik falsch und wandten ihn in militärischer Präzision auf alle Arten von Systemen an – wofür er nicht gedacht war[10]. Wie Tom DeMarco später klärte:

„In retrospect, I believe that the whole dataflow approach is vastly more useful in control systems then typical commercial applications."[11]

Er fährt fort und erkennt, dass eventuell selbst der Name „strukturiert" falsch war, denn die ontologische Netzstruktur der Abhängigkeiten müsse im Vordergrund stehen. Unabhängig seiner eigenen Kritik entstand mit dem Aufkommen der Objektorientierung eine Vielzahl von Modellen, die Analyse und Anforderungen mehr formalisierten. Der

---

9   Im Rückblick „Structured Analysis: Beginnings of a New Discipline", 2001
10   Jennifer Stapleton entwickelte zehn Jahre später die Dynamic Systems Development Method, damit nicht zu verwechseln, eines der ersten agilen Vorgehensmodelle.
11   Im Rückblick „Structured Analysis: Beginnings of a New Discipline", 2001

Polymorphismus in der Objektorientierung implizierte bei den Modellen eine Hierarchie, die in der Realität selten so existierte. Mit der Einführung der UML wurde den separatistischen Visualisierungen zwar Einhalt geboten, andererseits wurde aber teilweise mit Gewalt versucht, altes Denken in das neue Modell zu pressen.

Seitdem entwickelten sich viele Ansätze die Architektur eines Systems in einem Masterplan-Dokument zu manifestieren: Klassisch wäre „Ports & Adapters" von Alistair Cockburn. Der wahrscheinlich am häufigsten anzutreffende ist der 4+1-Ansatz von Rational mit seinen Sichten. Die ARC-42-Vorlage[12] hat 4+1 zu den Sichten Kontext, Baustein, Laufzeit und Verteilung verfeinert. Simon Brown schlägt seine 4 Cs „Context, Container, Component und Classes" vor[13], das SEI die „Views & Beyond" mit den drei Hauptsichten Implementierung, Laufzeit und Schnittstellen[14].

Um der zunehmenden Komplexität der Dokumente, welche diese zunehmend trotz Strukturierung monolithisch werden ließ, Einhalt zu gebieten, wurde begonnen, die Spezifikationsaspekte zurückzunehmen. Philippe Kruchten legte in den Weiterentwicklungen von Rationals 4+1-Modell besonderes Augenmerk auf eine Ontologie der Entscheidungen und damit auf die Dokumentation im Sinne einer vorgreifenden Archäologie – nicht im Voraus, sondern mit dem Projekt mitlaufend. Die ARC-42-Vorlage setzte von Beginn an mehr Fokus auf Entscheidungen nach dem Prinzip von Stefan Zörner bzw. ATAM, zuletzt wurde sie um AIM 42 zur fortlaufenden Wartung ergänzt. Auch das IEEE SWEBOK spricht von zwei Hauptprinzipien „Minimizing Complexity" und „Anticipating Change", aber auch von „Constructing for Verification" – und meint damit die formale Validierung und Verifizierung gegenüber den Requirements, ist also gedanklich eher beim V-Modell.

---

12 Von Peter Hruschka und Gernot Starke unter *http://www.arc42.de/* und *http://aim42.org/* für die Vorlage zur evolutionären Analyse und Wartung.

13 *https://leanpub.com/software-architecture-for-developers/*

14 *http://www.sei.cmu.edu/architecture/tools/document/viewsandbeyond.cfm*

In den letzten zehn Jahren half das Aufkommen verschiedener Technologien, die Softwarearchitekturdokumente weiter aufzubrechen und sie dadurch einfacher verständlich zu machen. Der Fokus lag hier vor allem auf Lifecycles. Mit Doclets[15] war der erste Schritt zu direkter Verbindung von Code und Dokumentation getan, weiter ging die Integration in Issue Tracker. Später konnten Entscheidungen durch How-to-Videos oder Fotoprotokolle erklärt werden, die gemeinsam mit dem Architekturdokument versioniert werden konnten. Modellgeneratoren und Dokumentationswerkzeuge wie „Sparx Enterprise Architect" und „Rational Software Architect" schafften es, die Brücke zwischen Architekturelementen und Code zu schlagen, DITA und Docutils / reStructuredText ergänzten diese um Support-Dokumentation. Der Anteil der Dokumentation am Sourcecode nahm dadurch zu. Doch Code- und Check-in-Kommentare sind seit Beginn der Programmierung umkämpft. Brian Kernighan schrieb „Don't over-comment"[16] und erklärt, dass Codekommentare bei unleserlichem Code oft eher „eine weitere Ebene Isolation" denn verbessertes Verständnis schaffen.

Am wichtigsten war die Idee, Hyperlinks und Wikis zu verwenden. Das „semantische Wiki" ArchiMind nutzt dazu die an Kruchten angelehnte „Lightweight Software Engineering Ontology"-Klassifikation von Tang et al., um Wiki-Seiten mit Komponenten zu verknüpfen. Die Ontologie ist einfach genug und besteht zentral nur aus Anforderungen, die zu Entscheidungen werden, welche sich dann in Komponenten niederschlagen. Eine Lehre, die aus dem komplexen Modell Wojtek Kozaczynskis gezogen wurde, das der UML zu Grunde liegt. Das alles kombinierte schließlich Chris Granger mit seiner IDE „Light Table"[17], bei der die Dokumentation kongenial in die Programmierung einbezogen wird und Features wie REPL ermöglichen, diese Auswirkungen sofort zu sehen.

---

15 Hier fehlen Smalltalk und Lisp, ich wollte die Emacs / Vi / Atom-Diskussion vermeiden, siehe *http://www.chris-granger.com/2012/10/05/all-ideas-are-old-ideas/*

16 B. W. Kernighan, P. J. Plauger, „Elements of Programming Style", McGraw-Hill, 1978

17 *http://www.lighttable.com/*

Der Aufwand, der mit den integrierten Lösungen unternommen wird, unterstreicht vor allem die Wichtigkeit, Wartung und Dokumentation ständig vor Augen zu haben, damit man sie nicht vergisst. In „How Buildings learn" werden die Schwierigkeiten der Instandhaltung von Gebäuden beschrieben[18]. Für Stewart Brand gibt es darin zwei Extreme: Entweder, das Gebäude extrem robust zu bauen und es nur zeit- oder zustandsbasiert zu reparieren. Oder es von vornherein einfach wartbar zu machen und turnusmäßig Teile zu erneuern – die „präventive Wartung". Diese beiden Lösungen sind unterschiedliche Komplexitätsgrade. Die zustandsbasierte Wartung ist für ihn das „europäische" Modell von Bauwerken: Langhaltende Strukturen, welche die Familie mit dem Ort verbinden. Die präventive Wartung ist das „amerikanische" Modell: Ständige Wartung mit dem Risiko des rapiden Verfalls bei Nichtbenutzung. Robuste Dokumentation von Softwaresystemen setzt voraus, dass der Kontext von den Entwicklern verstanden wird, längerfristige Zyklen und Arbeit an ähnlichen Systemen akzeptiert werden. Präventive Wartung von Softwaresystemen heißt ständige Änderung in einem agilen Modell, aber auch permanentes Refactoring, um nah am Industriestandard und einer Wartbarkeit durch eine größere Menge an Entwicklern zu bleiben. Die Kunst ist bei beiden Systemen weder die Architektur noch den Code unnötig komplex zu gestalten. Ein „Ball of Mud" kann in der Dokumentation wie im Code auftreten. Brands Vorschlag sind die „Shearing Layer", Zwiebelschichten der Wartbarkeit im System. Jene, die seltener geändert werden müssen, sollten besser dokumentiert sein als jene, die ständiger Nutzung unterliegen. Das World Wide Web ist dafür das beste Beispiel: REST als wohldokumentierte, zentrale Vision und Struktur, Hyperlinks als flexibles, aber wartungsintensives Netz dazwischen, und reaktivere, flüchtigere Verbindungen obenauf.

Das Gegenteil von „Accidental Complexity" bzw. „Accidental Architecture" ist der Verfall, die „Inevitable Architecture"[19] wie es Lebbeus

---

18 S. Brand, „How Buildings Learn", Penguin, 1994, S. 110 ff.
19 *http://lebbeuswoods.wordpress.com/2012/07/09/inevitable-architecture/*

Woods formuliert. Ohne lesbare Dokumentation einer Vision ist jedes Gebäude, jedes System dem Zerfall oder der unkontrollierten Mutation preisgegeben. Ungenutzte Dokumentation verfällt zusammen mit ihrer Architektur so wie die Landkarte von Borges. Kippt der Zerfall in Zersetzung, spricht man von „Failed Architecture"[20], von Ruinen und Fragmenten, die von ihrer ursprünglichen Aufgabe entkoppelt sind. Ein Feature oder ganze „Legacy"-Systeme, die eigentlich keinen Nutzen mehr haben, werden beibehalten, weil man Schaden befürchtet – die so genannten „Boat anchor". Eine Folge der pragmatischen Grundregel „Never touch a running system". Sie werden damit tatsächlich ein Fall für Archäologie oder Forensik. In der Gebäudearchitektur werden Treppen die nirgends hinführen, zugemauerte Türen, nutzlose Luftpostrohre oder riesige Schalträume mit nur noch einem kleinen Sicherungskasten – „Thomasson" genannt, nach einem legendären, aber recht nutzlosen Baseballspieler. Ruinen können zwar auch einen romantischen Charme haben, der Kreativität erschaffen kann – doch das ist eher selten Teil der Vision.

Um solch einen archäologischen oder forensischen Fall zu vermeiden, bieten sich Analyse- und Visualisierungswerkzeuge an, deren Regeln ebenfalls Teil der versionierten Dokumentation sein sollten. Werkzeuge zur statischen Code- und Architekturanalyse sind z. B. Varianten von Lint oder Continuous-Build-Werkzeuge wie Sonar und SonarGraph. Die JArchitect Suite mit ihren sehr einfach definierbaren Regeln oder der IBM Rational Software Analyzer, die auch dynamische Codeanalyse zulassen. Visualisierungen können z. B. Code Swarm oder Code Flower sein.

---

20 Ein Beispiel dafür wären der Palast der Republik, Schlossruinen oder der Wiederaufbau nach dem Erdbeben von Skopje, siehe dazu Peter Eisenman: „The Architecture of the Disaster" oder Lahoud et al.: „Post-Traumatic Urbanism"

Abbildung 8.2: Verfallende, modulare Gebäude

Sustainability

Wartbarkeit und Vorbereitung auf laufende Instandsetzung sind Aspekte der Nachhaltigkeit von Architektur. Ein anderer Aspekt der Zeit ist die Sustainability. In Kapitel 4 habe ich eine Brücke von agilen Methoden zum selbstorganisierenden Bauen mit lokalen Rohstoffen geschlagen, was besonders in ländlichen Gegenden erfolgreich ist, in denen Gebäude ein Allmende darstellen. In Kapitel 4 hatte ich Roy Fieldings Feststellung erwähnt, dass eine Rationale zu Beginn der Architektur oft nicht im Laufe des Lebenszyklus' erhalten bleibt. Energieeffizienz ist dabei nur eines von vielen Themen, das im Rahmen von „Green IT" ein ohnehin so riesiges Feld ist, dass ich es hier beleuchten kann. Architekten haben schon immer Gebäude an der Sonne ausgerichtet: Auf der Nordhalbkugel Ost und West für Schlafzimmer und Küche, die Ostausrichtung der Kirchen oder in jüngerer Zeit Glas gen Süden als Heizung und Beton gen Norden als Isolation. Energieeffizenz selbst ist noch nicht nachhaltig. Echte Nachhaltigkeit lässt sich am einfachsten mit langfristiger Nutzung ökologischer Baustoffe erreichen, die so flexibel eingesetzt werden, dass man sie je nach Umgebungsbedürfnissen durch intelligentere Materialen ersetzen kann (z. B. Rachel Armstrongs Biomimikry-Architektur). Langfristigkeit als Schlüssel mit ausreichender Flexibilität, das ist eine Herausforderung, welche auch die Softwarearchitektur meistern möchte. Neben Dokumentation, kulturellen Standards, Illustration und Testing helfen hier ergänzende organisatorische Ansätze wie Knowledge-, Case- und Change-Management.

Adaptive Reuse

In „How Buildings Learn" wurde das Konzept der Shearing Layer eingeführt. Ein Beispiel hierfür ist ein in den USA eingeführtes Konzept zur Umwandlung von Gewerbe- zu Wohnflächen im Zuge der Gentrifizierung: Das Adaptive Reuse. Wohnflächen haben nicht nur andere Anforderungen z. B. an Installationen, sondern auch andere Erdbeben- und Brandschutzvorschriften. Aus historischen Gründen und um die Ruhe in den Vierteln zu bewahren, entschied man sich gegen Rückbau. Die Häuser werden entkernt, ihre tragenden Elemente und Fassaden jedoch beibehalten, dann werden neue Querwände und momentabfangende Rahmen eingezogen, die gleichzeitig Installationen tragen. Refactoring ist auch eine Form der Nachhaltigkeit.

8.4 Kultur

Der Brutalismus als Höhepunkt des konzeptuellen Bauens wurde von einem seiner Protagonisten selbst gekippt. Reyner Banham, Mitglied von Archigram, erkannte 1960, dass die Fixierung auf Technologie, die 100 Jahre zuvor mit der Ästhetik des Eiffelturms und den Stahlbetonwunderwerken Le Corbusiers begonnen hatte, zu Ende gegangen war:

„Throughout the present century architects have made fetishes of technological and scientific concepts out of context and have been disappointed by them when they developed according to the processes of technical development, not according to the hopes of architects."[21]

Er war es, der deshalb Architektur als Stream zu begreifen begann[22], in dem sich Technologie und Kunst ständig gegenseitig beeinflussen. Er erkannte, dass eine Technologie, Methodik oder Erkenntnis immer nur einen Einfluss auf die Gesellschaft hat und Architektur nur ein Schnappschuss dieses Zeitgeistes ist[23]. Um diesem Zwang des Zeitgeist zu entkommen, müsse man zwar mit dem Strom schwimmen, aber nicht zurückblicken, sondern voraus. Wanda Orlikowski brachte unabhängig davon später eine ähnliche Idee als Dualismus der Technologie in den Diskurs ein. Hier beeinflussen sich die Organisation eines Projektes oder Unternehmens und die Technologien ebenso gegenseitig, und können nicht vorhergesagt werden. Eine Technologie erlaubt nicht nur organisatorische Änderung, sie entspringt einer organisatorischen Änderung, und macht sich damit im ewigen Kreislauf selber wieder obsolet.[24]

Diese Einsicht aus der Architektur fand ihren Weg in die Softwareentwicklung über die agilen Prinzipien. Es wurde klar, dass eine rein technische Herangehensweise an Software zu einschränkend ist und Iterationen von organisatorischen und technischen Änderungen notwendig sind. Gegenüber dem V-Modell, das Spezifikation zur Verifizierung einer Hypothese nutzt, sollte der Wert direkt zusammen mit dem Kunden bemessen werden. Was als „Feature-driven Development" begann, wurde zum Kundennutzen. In den Prinzipien des agilen Manifests wurde dies wie folgt formuliert: „Business people and developers must work together daily throughout the project."[25]

---

21   In: A. Vidler, „Troubles in Theory Part III", in: „Architectural Review", Juli 2012, *http://www.architectural-review.com/essays/troubles-in-theory-part-iii-the-great-divide-technology-vs-tradition/8633393.article*

22   Aus *http://hct.aaschool.ac.uk/emil-kaufmann-inagurator-of-a-disciplinary-discourse/*

23   So war z. B. in Disneys „House of the Future" von 1956 zwar alles rund und aus Plastik, die Frau war aber immer noch in der Küche zu finden.

24   W. Orlikowski, „Changing Frames", Nabu, 2011

25   *http://agilemanifesto.org/principles.html*

Acht Jahre später befand man sich laut Paul Clements and Mary Shaw im „goldenen Zeitalter der Architektur", in dem gute Architektur zu etwas Selbstverständlichem geworden ist: „Because software architecture, like air travel after its golden age, is entering a period where it can be taken for granted."[26]

Das hat positive und negative Aspekte: Auf der einen Seite positive, denn Architektur wird als wichtig erachtet, wenn auch nicht formalisiert. Auf der anderen Seite negative, denn genau diese mangelnde Formalisierung lässt das Feld auf der Stelle treten. Architektonische Patterns finden sich laut ihrer Einschätzung selten zur Dokumentation angewendet[27] und können noch seltener tatsächlich im Code nachgewiesen werden. Im „Agile Manifesto" war zu lesen, agile Entwicklung sei eine Wertschätzung von: „Working software over comprehensive documentation."[28]

Damit war nicht eine völlige Abkehr von Dokumentation gemeint, sondern eine Abkehr von den großen monolithischen Dokumenten. Die agilen Methoden konnten bereits auf die erwähnten neueren Techniken zurückgreifen wie Wikis, Glossare, Video-Tutorials und die Kombination von Issue Trackern, Versionskontrolle, Doclets und Modellierungswerkzeugen mit mächtigen IDEs, die schnelle Entwicklung erst ermöglichten[29]. Vor diesem Hintergrund war es schlicht redundant, ausführliche Dokumentation zu schreiben. Was leider dabei unterging, war die Kommunikation der Vision, des Kontexts und der Entscheidungen.

---

26 P. Clements, M. Shaw, „The Golden Age of Software Architecture", Revisited in: IEEE Software, Vol. 26, no.4, July-Aug. 2009, S. 9
27 Patterns können aber als „Architecturally-evident Coding Patterns" hilfreich sein.
28 *http://agilemanifesto.org/principles.html,* siehe S. 25
29 Eine gute Aufzählung hat Markus Völter im Software ArchitekTour Podcast gegeben unter *http://www.heise.de/developer/artikel/Episode-15-Architekturdokumentation-852598.html*

8.5 Software Craftsmanship

Im Rahmen der agilen Methoden entwickelte sich auch die „Software Craftsmanship"-Bewegung[30]. Pete McBreens Idee[31] war hier ein Zurückkehren zu einer besseren Ausbildung der Programmierer, welche den gesunden Menschenverstand entwickeln, den Lernprozess formalisieren und somit einen Großteil wiederkehrender Dokumentation überflüssig machen sollte. In Anlehnung an die Idee der mittelalterlichen Gilden und Baumeister führt seiner Meinung nach nur langes Lernen zum Erfolg[32]. Seiner Auffassung nach sind mechanische Metaphern in der Softwareentwicklung nicht zielführend, da Programmierung vor allem eine soziale, intellektuelle Aktivität sei. Craftsmanship stellt er als synthetisches Lernen dem analytischen Lernen des Engineerings gegenüber[33]. Kleine Teams hochqualifizierter Entwickler, die ihre Arbeit signieren und dafür einstehen wie Handwerker, die einen Ruf zu verlieren haben. David Hoover beschreibt[34] anhand einer Reihe von Patterns diese Ideologie. Das wichtigste sind die drei Stufen der Handwerkskunst: Vom Lehrling über den Wandergesellen bis zum Meister. Der Meister ist jener der „masters view the acquisition, usage, and sharing of superior skill as the most important part of being a software craftsman."

Software Craftsmanship hat drei Komplikationen: Erstens wird nicht versucht, die „unbewusste Kompetenz"[35] eines Meisters zu externalisieren. Es ist Aufgabe des Lehrlings, einen Meister zu suchen und des-

---

30 In Deutschland im Rahmen der Softwerkskammer *http://www.softwerkskammer.org/*
31 P. McBreen, „Software Craftsmanship", Addison Wesley, 2001
32 Vgl. dazu die Geschichte der Gilden bei Alberti in Kapitel 1. Zumindest im deutschsprachen Raum hat sich durch die Ausbildung zum Fachinformatiker ein wenig Tradition der Bauhütten und Zünfte erhalten, was aber auch nicht flächendeckend zu besserer Software geführt hat.
33 Siehe dazu das SECI-Modell von Ikujiro Nonaka und Hirotaka Takeuchi, *http://de.wikipedia.org/wiki/SECI-Modell*
34 D. Hoover in: „Apprenticeship Patterns", O'Reilly, 2010, auch unter *http://chimera.labs.oreilly.com/books/1234000001813/index.html*
35 Siehe die 4 Stufen der Kompetenzstufenentwicklung bzw. die Orders of Ignorance

sen persönliche Idee von Lehre zu verstehen. Meister sollen Werkzeuge bauen, welche die Arbeit vereinfachen, die aber niemand versteht. David Harvey formuliert diese Kritik als „Reduktion auf einen Kodex", der Bezeichnungen für Rollen wie „Meister" über ihren Sinn stellt, und Querbeziehungen aus Effizienzgründen minimiert.[36] Laut ihm war diese Reduktion auch der Grund für den Niedergang der Pattern Bewegung selbst, auf der Craftsmanship aufbaut: Die versteckte Top-down-Typologie im Bottom-up-Prozess. Interessant an dieser Stelle ist, dass Christopher Alexander, dem Autor des originalen Design-Pattern-Begriffs, dieses Risiko sehr wohl bewusst war. Greg Bryant erzählt[37], wie er sich einst mit Alexander über die Vereinbarkeit von Chomskys Arbeiten zur Grammatik und Design Patterns unterhalten hatte. Alexander sah keine Übereinstimmung, denn für ihn ignoriert Chomsky die Reichhaltigkeit des Lebens, der Evolution von Beziehungen, Kontext und Semantik. Die Grammatik war für ihn „Flatland", eine niemals korrekte kartografische Abbildung einer reichhaltigen Landschaft wie bei Borges.

Zweitens die Annahme, dass Programmierung die einzige Handwerkskunst ist, welche den Erfolg von Softwaresystemen sichert. Das blendet Requirements Engineering Craftsmanship, Usability Craftsmanship, Agile Craftsmanship, Service Craftsmanship und nicht zuletzt Architektur Craftsmanship aus. Architekturwissen wächst parallel zum Programmierwissen, es gibt gute Programmierer mit wenig Architekturinteresse und gute Architekten mit eingeschränktem Programmierinteresse. Es gibt geniale Programmierer ohne Ahnung von einem Framework oder der Infrastruktur. Es gibt junge Architekten und alte Programmierer, die voneinander lernen können. Es gibt emotionale und soziale Intelligenz, welche genauso wie Handwerkskunst über den Erfolg eines Projekts entscheiden.

Drittens der menschliche Zwang, Interessengruppen und Clans zu bilden. Auch im Mittelalter gab es nicht nur eine Craftsmanship, sondern viele.

---

36 *http://www.davethehat.com/dh/blog/2009/05/25/software-craftsmanship-can-we-just-get-over-it/*
37 *http://chomskyalexander.blogspot.de/2009/09/synthesis-blooming-logic.html*

Auf der Walz konnte man zwar von anderen lernen, kehrte jedoch meist in die ursprünglichen Gefilde zurück. Interessenkonflikte innerhalb einer Plattform verhindern dabei einen allgemein verbindlichen Codex. So hat Martin Odersky einst auf einer Mailingliste verbittert[38] auf Scala zurückgeblickt, das angetreten war, zwei Welten zu verbinden, und dabei fast aufgerieben worden ist: „For me the main reason is that programming languages are incredibly tribal and Scala has no traditional community."

Weniger formal als die Software-Craftsmanship-Bewegung sind die Clean Coder[39], welche auf den Prinzipien von Robert „Uncle Bob" Martins „Clean Code"[40] beruhen. Ebenfalls in Patterns niedergeschrieben und um ständige „Evolvierbarkeit" bemüht, klammern sie allerdings den formalen Lernprozess aus. In Clean Code geht es weniger um einen Ehrenkodex denn ein generelles Verständnis von erfolgreichen Methoden. Wenn auch hier, wie in Bob Martins' Qualitätsbestrebungen via Governance, hin und wieder eine Hierarchie zum Vorschein kommt, ist dies insgesamt mehr an einem echten Common Sense orientiert. Ich persönlich bevorzuge das.

In Kapitel 4 wurde die Abhängigkeit von Organisation und Architektur betrachtet, in Kapitel 6 die Rolle des Architekten und der agilen Entwicklung. Dort wurde auf die „Müllmann"-Aufgaben eines Architekten eingegangen – eine davon ist, sowohl in der Gebäude- wie der Softwarearchitektur, die Dokumentation. Diese nachzuziehen und sie nicht wie eine Ruine verkommen zu lassen, ist elementare Aufgabe der Rolle, die um Konsistenz in der Softwarearchitektur und Konsequenz in der Durchführung der Vision bedacht ist. Der Softwaremeister belegt diese Aufgabe nicht automatisch.

Was Software Craftsmanship und Clean Coder so wertvoll macht, ist ihr Fokus auf die gemeinsame Arbeit am Code sowie das Hervorheben

---

38 Am 02.12.2013 in: „Scala-debate / Another Scala rant on HN"
39 In Deutschland ist *http://www.clean-code-developer.de/* bekannt
40 R. Martin, „Clean Code: A Handbook of Agile Software Craftsmanship", Prentice Hall, 2008

der zukünftigen Lesbarkeit und des architektonischen Verständnisses. Jede Form von Erfahrung bringt mehr Austausch mit sich. Das bedeutet nicht nur, Ideen und Wissen besser kommunizieren zu können, sondern auch anderer Ideen und Wissen besser interpretieren und integrieren zu können. Ein Softwaresystem ist darauf genauso vorzubereiten wie ein Team. Dazu gehört z. B. die Lesbarkeit von Code. Oben wurden bereits Check-in-Kommentare, Inline-Dokumentation und Variablenbenennung[41] betrachtet. Code verstehen ist bei Code Reviews wie Extreme Programming eine Kernkompetenz jeden Entwicklers. Code zu präsentieren ebenso, wie Peter Seibel feststellt[42].

Viel verschiedenen Code zu lesen ist eine Kunst und eine der undankbarsten Aufgaben. Wie Joel Spolsky schreibt: „It's harder to read code than to write it."[43] oder Brian Kernighan in „Elements of Programming Style": „Debugging is twice as hard as writing the code in the first place. Therefore, if you write the code as cleverly as possible, you are, by definition, not smart enough to debug it."[44]

Damit gehört Codelesen auch zu den Müllmannaufgaben. Wie John Gall generell über Systeme schreibt: „The old system is the new problem". Es ist unfair, Softwarewartung als niedere Tätigkeit abzuhandeln. Jeff Atwood[45] hat Robert L. Glass zitiert, dass Wartung hochkomplex und intellektuell anspruchsvoll ist, weshalb sie von den besten Entwicklern durchgeführt werden sollte. Léon Krier bezeichnete dies als Dilemma der Architekten, mit der Geschichte klarzukommen: Restauriert man gewissenhaft, gerät man in Vergessenheit. „Verschandelt" man das Gebäude, ist der Ruhm sicher.

---

41 Wichtigstes Clean-Code-Element: Durch gute Signatur- und Variablenbenennung kann redundante und dadurch gefährliche Dokumentation im Code vermieden werden.
42 *http://www.gigamonkeys.com/code-reading/*
43 *http://www.joelonsoftware.com/articles/fog0000000069.html*
44 B. Kernighan und P. Plauger, „The Elements of Programming Style", McGraw-Hill, 1974, S. 10
45 *http://blog.codinghorror.com/the-noble-art-of-maintenance-programming/*

8.6 Visualisierung

Die Hypothese, dass Programme formal überprüft werden können, wurde in Kapitel 7 kritisch hinterfragt. Eine Idee, die Dokumentation mit dem Craftsmanship zu verbinden, ist die Visualisierung. Ein visualisierter Prozess lässt sich zwar nicht formal überprüfen, reduziert aber zumindest technische Fehler und gibt besseren Überblick über den Geschäftsprozess. Visualisierungen sind mächtig, wie schon Alberti erkannte, sie suggerieren Struktur (auch dort wo keine ist), und machen Ideen greifbar[46].

Die Datenflussdiagramme der Structured Analysis erleben gerade eine Renaissance im Bereich der visuellen Programmierung. Obwohl Tom DeMarco sie selbst als nicht mehr zentral erachtet, sind sie zur Basis von J. Paul Morrisons „Flow-based Programming" (FBP) geworden. Flow-based Programming geht auf die Dataflow-Computerarchitektur zurück, die anfangs eine Alternative zur omnipräsenten Von-Neumann-Architektur darstellte. Sie stammt aus der Zeit der strukturierten Programmierung und Großrechner mit integrierten Daten- und Kontrollstrukturen, ähnlich der Embedded-Entwicklung und Feedback-basierten Systemen. Das Dataflow-Konzept hat in Unix Pipes und vielen funktionalen Sprachen Einzug gehalten sowie in einigen Aktor-Konzepten, z. B. Microsofts Dataflow Library. Heute ist FBP wieder interessant, weil mit Event-basierten Systemen (z. B. Event Sourcing und Aktoren) und Micro Services integrierte Datenflusskontrollstrukturen über Netzwerkgrenzen hinweg geschaffen werden können. Manchmal „Reactive Programming"[47] genannt, wird diese Kombination von Events und Datenflüssen genutzt,

---

46 Die „Sprache der Bilder" idealisiert aber auch, nutzt Macht, Geschichte und Annahmen aus, welchen sich nur wenige vollständige bewusst sind (siehe John Berger: „Ways of Seeing"). Deshalb habe ich in diesem Buch nur sehr behutsam illustriert.

47 Nicht zu verwechseln mit dem „Reactive Manifesto" von Typesafe, das mit Akka und Play-Aktoren zwar eine Art Dataflow unterstützt, aber kein fertiges Produkt für eine Dataflow-Architektur dargestellt.

um Hochskalierbarkeit bei gleichzeitig schnellen Zustandsänderungen zu erreichen.

Ein Beispiel dafür ist Meteor, ein Web-Client-Server Framework, das den Vorteil von Node.js, Asynchrones JavaScript auf Client und Server, ausnutzt, um ein Datenmodell Event-basiert ständig abzugleichen. Im Gegensatz zum ähnlichen CQRS[48], das eher REST-basiert arbeitet, setzt Meteor intern auf einen RPC-Ansatz (also Verb, nicht Nomen). Es fällt daher eher in eine Gruppe mit GWT, nur dass es Events verwendet, die dann die Datensynchronisationen der Dataflow-Architektur auslösen[49].

Meteor ist noch nicht visuell – das kann aber leicht ergänzt werden. Ein Beispiel dafür ist NoFlo[50], das auf FBP aufsetzt. Es ist ein JavaScript-Framework mit verschiedenen Laufzeitumgebungen für visuell gestaltete Dataflow-Systeme, kombiniert mit einer sehr mächtigen IDE. Es ergänzt dabei zwei Konzepte: Erstens die visuelle Echtzeitmodellierung, zweitens die Idee einer globalen Komponentenbibliothek, also einen SOA-ähnlichen Ansatz. Zusätzlich bezieht es sich auf Software Craftsmanship, da den NoFlo-Gründern offenbar klar ist, dass visuelle Beziehungen und Komponenten neben ihrer offensichtlichen Dokumentation schlecht Ideen und Patterns kommunizieren.

Der Dataflow-Ansatz ist nomenorientiert, da Entitäten zwischen Prozessen ausgetauscht werden. Der Inhalt der Prozesse wird nicht beachtet, weshalb der Ansatz gut zu kleinen Prozessen wie Aktoren und Micro Services passt. Orthogonal dazu steht der Controlflow- oder Workflow-Ansatz. Er legt den Fokus auf den Prozess. Die Datenquellen werden nicht betrachtet, weshalb man hier von Serviceorchestrierung spricht. Er ist vor allem im SOA, Business Process Management (BPM) und Adaptive Case Management (ACM) bekannt. Mittels einer Beschreibungs-

---

48 Command Query Responsibility Segregation, die Trennung von Speicherung und Abfrage der Datenbank mit asynchronen CRUD-Operationen, siehe Kapitel 5.
49 *https://www.meteor.com/blog/2012/03/21/introducing-ddp*
50 *http://noflojs.org/*

sprache wie BPMN oder BPEL wird eine Engine so konfiguriert, dass die einzelnen Serviceprozesse in der richtigen Reihenfolge angesprochen werden. Visuelle Editoren sind hier schon lange State of the Art, z. B. der Eclipse BPEL Designer für Apache ODE.

Schon Aristoteles wusste, dass das Ganze mehr als Summe seiner Teile ist. Eine Reduktion auf Dataflow oder Workflow ist immer vereinfachend. Eine „Schattenbuchhaltung" ist notwendig, um Usability zu erreichen. Ein gutes Beispiel sind Undo-Funktionen, welche in asynchronen Event-basierten Systemen schwer zu implementieren sind. David Garlan et al. haben dieses Problem als den „Architectural Mismatch" beschrieben[51]. Die Beziehungen der Teile brauchen Information über die Annahmen, z. B. Reihenfolge oder Transaktionen. Die Komponenten müssen Funktionalität stark kapseln, irgendwo muss aber ersichtlich sein, welche Komponenten wie eingesetzt werden. Diskrepanzen zwischen den Komponenten müssen per Anpassungen oder weiteren Schichten EAI[52] überbrückt werden. Manche dieser Diskrepanzen wird man in einer Organisation nie überwinden können, weil man an natürliche Grenzen stößt. Damit bilden auch visuelle Systeme nur eine weitere Abstraktionsschicht in den Zwiebelscheiben der „Shearing Layer".

Versionierung ist bei Dataflow- und Workflow-Systemen ein besonderes Problem. Schon bei den modellgetriebenen Techniken gab es deshalb in der Vergangenheit Rückzug von visuellen Modellen hin zu DSLs. Visuelle Darstellungen besitzen mehr Potenzial, sind aber gleichzeitig schwieriger zu verarbeiten. Viele Informationen sind implizit, etwa Layer oder Zusammenhänge. Ein einfacher Differenzalgorithmus für Bilder auf Basis von JPEG, wie ihn z. B. GitHub hat, besitzt keine Aussagekraft über die Signifikanz der Änderung. Strenge Visualisierungsmodelle wie die UML lassen sich zwar in Text formalisieren, verlieren durch die techni-

51 D. Garlan et al., „Architectural Mismatch", ACM, ICSE '95 Proceedings, 1995
52 Separate Enterprise Application Integration, siehe z. B. M. Fowler, „Patterns of Enterprise Application Architecture"

schen Informationen wie z. B. Stereotypen aber genau die gewünschte Prägnanz.

Aus meiner Ausbildung kenne ich noch Musik- und DJ Software wie vvvv, Max/MSP, Traktor aber auch GUI-Prototyping-Tools wie Concept-Draw oder zuletzt Facebooks Origami. Visuelle Programmierung wurde auch in LabVIEW und Rhino/Grasshopper für Regeltechnik eingesetzt und für EAI-Tools wie IBM Message Broker. Was diese erfolgreichen Beispiele gemeinsam haben, ist ihr beschränkter Einsatzbereich, ähnlich einer DSL.

8.7 Test

Da die Grenzen von Visualisierung offensichtlich sind, wird die mathematisch-idealistisch Herangehensweise der deklarativen Programmierung wieder attraktiv – Leslie Lamport hat kürzlich behauptet, dass Gebäude formal bewiesen seien und man sich daher daran orientieren sollte.[53] Aber Statik und Mechanik sind nur eine von vielen Constraints, auf deren Basis ein Gebäude errichtet wird. Der Eiffelturm ist kein Wohngebäude, sondern ein Industriemonument. Statik lässt sich zwar in der Tat gut berechnen, doch bereits bei Naturgewalten und Sustainability kommen Schätzungen und Erfahrungswerte hinzu. Herbert A. Simon sah den Architekten als Idealbild des iterativen Designers, der eher synthetisiert als analysiert.[54] Was das Wohlfühlen in Räumen, Bewegungsflüsse und organisatorische Raumaufteilung betrifft, ist trotz BIM, Space Syntax und Urban Metabolism immer noch viel schwarze Magie im Spiel.

---

53 Unter *http://www.wired.com/opinion/2013/01/code-bugs-programming-why-we-need-specs*, Lamport trägt den ACM A.M. Turing Award 2013
54 In: „Sciences of the Artificial", S. 92

Abbildung 8.3: Statische Kräfte als visuelle Kernidee des Eiffelturms

Genauso sind Mathematik und formale Beweisbarkeit durch Abstraktion nur einer von vielen Lösungsansätzen für Programme, der dafür andere Constraints nicht beachtet. Formale Beweisbarkeit ist fast nur bei Unveränderlichkeit gegeben, weshalb die Diskussion um funktionale vs. objektorientierte Programmierung meist um Veränderbarkeit, Zustand und entsprechende zustandsbehaftete Realweltschnittstellen geführt wird. James Hague[55] hat geschrieben, dass „85 % funktionale" Programme am effizientesten wären, er schlägt also eine Pareto-Verteilung zwischen Funktional und Imperativ vor. Es sind genau diese 15 %, welche auch bei großen Teilen formal beweisbarer oder generierter Software durch spezifizierte Testfälle oder Akzeptanzkriterien abgedeckt werden müssen, die in irgendeiner Form vor der Programmierung vorliegen sollten. Testfälle sollten nah an einem Artefakt sein (einem „Unit" wenn möglich), schnell lokal ausführbar und zu debuggen sein, sowie verständlich formuliert. Schon Dijkstra hatte 1968 geschrieben[56]: „In tes-

---

55 *http://prog21.dadgum.com/55.html*
56 In: „The structure of the „THE"-multiprogramming system", Communications of the ACM, Vol. 11, Issue 5, May 1968, S. 341.

ting a general purpose object ... one cannot subject it to all possible cases ... Therefore one must test it with a set of relevant test cases."

Was Tests nie abdecken können, ist intrinsisches Wissen. Deshalb kann man den menschlichen Testaufwand, außer in sehr einfachen Fällen, nur reduzieren – aber nie eliminieren. Die Frage, die sich unter dieser Voraussetzung stellt ist, wer das Produkt testet. Findige Entwickler erinnern sich dann gerne an die Methode „If you are not the customer, you are the product" und lagern den Test an den Enduser aus. Features werden langsam und nur an einzelne Zielgruppen ausgerollt, die dann überwacht werden – das so genannte A/B Testing. Abgesehen davon, dass dies zu Features führen kann, die man nicht mehr los wird[57], und außerdem der Datenschutz hier fragwürdig behandelt wird, läuft man damit aber Gefahr, eine langsame Qualitätsinflation zu unterstützen. Vorteile hat das Vorgehen aber beim Feintuning und der Datenerhebung für Simulationen. A/B Testing muss nicht nur für Usability sinnvoll sein, sondern auch für Deployments, wie es z. B. Twitter und Facebook einsetzen[58] oder einfach im Sinne eines Prototypings beim aus XP bekannten „Spike and Stabilize". A/B Testing hat seine Berechtigung bei gleichwertigen Lösungen, nicht aber als reiner Treiber hinter dem Produkt.

Im Testing hat sich in den letzten Jahren nicht nur technisch, sondern auch methodisch einiges getan. Getragen wird die Entwicklung von Acceptance-Test-driven Development (ATDD). Hierbei geht vor allem um Akzeptanzkriterien von User Stories. Die Idee basiert auf dem „Outside-in Sofware Development", welches den meisten agilen Methoden zugrunde liegt: Nur die Funktionen umzusetzen, die von den Stakeholdern wirklich benötigt werden. Diese Funktionen bzw. Akzeptanzkriterien werden bei ATDD nicht mehr nur vom Product Owner definiert, sondern gemeinsam im ganzen Entwicklungs- und Testteam zusammen mit dem Product Owner bzw. Kunden. So kann bereits lange vor der Implementierung ein Grundverständnis für die Funktionalität und Pro-

---

57 *https://xkcd.com/1172/*
58 *http://www.infoq.com/articles/twitter-infrastructure* und *https://code.facebook.com/posts/520580318041111/airlock-facebook-s-mobile-a-b-testing-framework/*

entwickler.press

duktplanung im Entwicklungsteam sichergestellt und andererseits die Qualität der Spezifikation oder Stories hinsichtlich Umsetzbarkeit erhöht werden. Meist werden die Akzeptanzkriterien über Beispiel- oder Grenzwerte („Specification by example") oder Szenarien definiert.

Nimmt man diese Beispielwerte und entwickelt sie in einem Test-driven Development-(TDD-) und Domain-driven-Design-(DDD-)Ansatz weiter, kommt man schließlich zum derzeit vorherrschenden Ansatz des Behaviour-driven-Development (BDD). Diese Bewegung wurde von Dan North[59] im Rails-Umfeld basierend auf der Idee gestartet, Akzeptanztests bereits so zu formulieren, dass sie direkt als Test automatisch ausgeführt werden können. Die von Extreme Programming (XP) vorgeschlagene Formalität von User Stories, kombiniert mit der Formalität von Akzeptanzkriterien auf ATDD, wird in eine Domain Specific Language (DSL) gegossen. Diese DSL wird dann in einem Runner wie z. B. Cucumber für Ruby, SpecFlow for .NET oder JBehave für Java gegen die Anwendung automatisch, z. B. in der Continuous Integration, ausgeführt. Der Vorteil davon ist, dass die Szenarien von allen Teilnehmern als Verhalten verstanden werden und dieses Verhalten in einer gemeinsamen Szenariosprache definiert wird. Diese Sprache ist gleichzeitg Dokumentation und Testbeschreibung – beides gemeinsam versioniert.

So kommt man zum von James Coplien geforderten „mentalen End-User-Modell" auf dem seine Lean Architecture[60] als Kernthese beruht. Nur vom Benutzer ausgehend werden Daten, Kontext und Interaktion modelliert. Der Nachteil ist natürlich genau diese Sprache. Die Idee des V-Modells war es, Gruppendynamik und vereinfachte Annahmen zu verhindern, mithilfe von klaren Trennungen der Kompetenzen. Auch wenn dies zu streng ausgelegt wurde, hatte es doch den Vorteil, dass zwei bis drei Perspektiven auf ein Szenario vorlagen. BDD vereint diese Perspektiven. Das kann gefährlich sein, wenn zu schnell übereinge-

---

59 *http://dannorth.net/introducing-bdd/*
60 Lean Architecture wird auch von Jeff Sussna gebraucht und ist kein feststehender Begriff, Lean meint hier auch nicht KPI-basiert, sondern einfach leichtgewichtig.

stimmt wird, weil beispielsweise jemand im Team dominant agiert. Ich habe selbst erlebt, wie ein kritischer Sonderfall wegen zu optimistischer Szenariodefinition erst im Feldtest gefunden wurde. Auch hier muss gesunder Menschenverstand angewandt und überlegt werden, welche Szenarien man zur Sicherheit detaillierter ausarbeiten will. Für weniger End-User-getriebene Modelle bietet sich ergänzend das Contract Testing an, das die BDD-Prinzipien auf Interfaces abbildet. Auch hier ist die Idee, mittels einer DSL Abfragen so formulieren, dass automatisch Abfragevarianten entwickelt und gegen die Schnittstellen getestet werden.

Testing hat nicht nur den Sinn der Prüfung einer Logik, sondern auch weitere nützliche Funktionen. Im Zusammenhang mit BDD ist vor allem der Dokumentationsaspekt offensichtlich sowie die Prüfung der Schnittstellen gegen eine technische Spezifikation. Am wichtigsten ist aber meines Erachtens der Regressionstest[61]. Hier ist das Ziel, systemimmanentes Verhalten zu fixieren. Die Regression ist eine ungewollte Änderung des Systemverhaltens, das es besonders bei häufigen Änderungen ohne Releasehinweise einzudämmen gilt. Andrew Hunt hat in Anlehnung an Fowlers „Refactoring" geschrieben: „Maintaining good regression tests is the key to refactoring with confidence."[62]

Ein Überbleibsel aus der Zeit des V-Modells ist die „Test Coverage", respektive die Idee, dass man einzelne „Code Units" vollständigen testen sollte. Unit Tests können trotz hoher Branch Coverage nie alles abdecken. Gründe dafür sind z. B. Umsysteme, die gemockt werden müssen, Kombinationen, die im Code gar nicht abgefragt werden, ein Kontext, welcher nur den Nutzern, aber nicht den Programmieren bekannt ist, oder Nebenläufigkeiten und Zustände, die erst bei Parallelisierung auftreten. Joe Armstrong hat gesagt: „The Code shows me what it does. It doesn't show me what it's supposed to do."[63]

---

61 Eine interessante Entwicklung sind automatisch generierte Regressionstests, z. B. von Agitar
62 In: A. Hunt, „Pragmatic Programmer", Addison-Wesley, 1999, S. 187
63 In: Peter Seibel, „Coders at Work ", Apress, 2009, S. 231

Die irrational magische „100 % Unit Test Coverage" oder eine Prüfung gegen ein Schema oder Interface geben nur an, dass aller Code oder alle Prüfungen durchlaufen wurde, nicht aber, ob Code oder Prüfungen fehlen, seien sie fachlich oder fehlende Grenzwerte und alternative Hypothesen.

Deshalb betrachte ich Branch Covereage nicht als übergeordnet wichtigen KPI – vielleicht sogar schon als Bad Smell[64], wenn z. B. die Coverage in der Persistenz extrem hoch und dafür im Business Layer sehr niedrig ist, um im Mittel auf einen ordentlichen Wert zu kommen. Andere Tests sind daher zwingend, wie z. B. Integrations- bzw. Systemtests, Regressionstests für wohldefinierte Algorithmen und Logik, Simulationstests, UI-Tests bzw. Instrumentationstests, Performance- und Lasttests, Behaviour bzw. Contract/Property Testing[65] und vielleicht sogar Fault- oder Mutation Injection.

Das alles ist aber nicht sinnvoll, wenn nicht die richtigen Daten gesammelt werden. Eine Hue-Lampe über dem Entwickler, der den Continuous Build gebrochen hat, rot aufleuchten zu lassen, ist vielleicht anfangs lustig – verfehlt aber (von der Demotivation einmal abgesehen) sein Ziel. Ich persönlich prüfe lieber, ob generell Assertions[66] verwendet werden, und wenn ja, dann an der richtigen Stelle. Dann schaue ich mir an, ob Unit Tests mittels Fluent Assertions eine Story nachstellen, die klein genug ist, um im inkrementellen Build lokal ausgeführt zu werden – der Rest können dann Integrations- oder Systemtests sein. Idealerweise gibt es sogar einen Build, der die Werte der regulären Assertions im Abnahme- oder Feldtest mitloggt und damit Aussagen über die tatsächliche Nutzung einer Komponente zulässt – die man dann in einem nächtlichen Systemtest simulieren kann.

---

64 Kent Beck hat (laut Martin Fowlers in: „Refactoring") den Begriff „Code Smell" geprägt. Er bezeichnet Code, der zwar funktioniert, aber etwas Schlechtes an sich hat, strukturelle Fehler, schlechte Lesbarkeit oder fehlende Assertions und Kontrakte.

65 *http://thinkrelevance.com/blog/2013/11/26/better-than-unit-tests*

66 Siehe z. B. John Regehrs „Use of Assertions": *http://blog.regehr.org/archives/1091*

Integrationstests schließlich testen das Zusammenspiel der Systeme. Hier ist es besonders wichtig, „produktionsnahe" Systeme zu haben, idealerweise dieselben Systeme – vielleicht sogar rotierend in einem A/B-Testing-Prinzip. Wie Urs Hölze in einem Interview[67] gesagt hat: „Configuration issues and rate of change play a pretty significant role in many outages at Google."

Diese Tests müssen auch Netzwerktopologie betrachten, weshalb Netzwerkvirtualisierung sinnvoll sein kann. Mittels „Role-based Access Control" können auch in VLANs sichere Teilnetze zum Test eingerichtet werden. Systeme wie Shunra, SOATest oder Jepsen können Netzwerklast und Fehler simulieren, ähnlich Erdbeben- oder Wettersimulationen bei Gebäuden. In der Architektur sind solche Simulationspakete im Rahmen von BIM oder 4G ein eigener Markt, in dem Realweltbedingungen jeglicher Art durchgespielt werden können. Notfalls sogar am Modell im Windkanal, wie z. B. das Burj Khalifa, das im Maßstab 1:500 getestet und dann iterativ angepasst wurde – sogar gedreht, um häufigen Winden besser widerstehen zu können. Bei IT-Systemen ist man hier noch nicht so weit, zwar gibt es Firmen, die auch z. B. Realweltdaten über Mobilfunknetze für Simulationen bereitstellen, diese sind aber noch nicht gut in die eigenen Prozesse und Netzwerkinfrastruktur integrierbar. Kollegen haben mal einen kleinen Messroboter gebaut, den sie über längere Zeit in Verkehrsmitteln haben mitreisen lassen und dann die gewonnenen Daten in MATLAB einspeisten, um Modelle zu Synchronisationsproblemen bei mobilen Endgeräten zu entwickeln. Der Vorteil von Testing, nicht nur A/B Testing, sondern auch Simulationen, ist die Realitätsnähe. Weniger abstrakt als Dokumentation, weniger reduktionistisch als Codegenerierung und weniger subjektiv als kulturelle Normen und intrinsisches Wissens. Deshalb bin ich persönlich Fan von Tests – in Zusammenhang mit Dokumentation der Vision und Entscheidungen, integrierten Kommentaren und End-to-End-Versionsverwaltung sowie allgemein akzeptierten Standards wie z. B. Clean-Code-Benennungen.

---

67 *http://www.datacenterknowledge.com/archives/2012/12/10/why-does-gmail-go-down*

Charles C. Mann hat in seinem berühmten Artikel „Why Software is so bad"[68] für mehr Design, weniger Hacking, weniger Features und mehr Standardisierung plädiert. Wie so viele argumentiert er mit Kontroll- und Regelsystemen. Dabei vergisst er, dass es nicht immer weniger Kontrolle oder Struktur ist, die Software augenscheinlich schlechter macht, sondern die Erweiterung der Domänen, auf die Software Einfluss nimmt. Wir bauen nicht mehr nur Kontrollsysteme, wir bauen alles mit Software – „Software is eating the world"[69]. Software und unsere Realität sind nicht mehr klar zu trennen, sie beeinflussen sich in einem iterativen Dualismus. Deshalb wird die Software so fragil wie die Realität, so unvorhersehbar, so unstandardisierbar, aber auch so vielfältig, evolutionär und so schön.

Code Smell

It was 1858, a remarkably hot summer, and London stank. For the better part of 40 years, the Thames had been used as an open sewer, and correspondingly emanated a stench so commanding that the House of Commons, situated on its banks, considered reconvening upstream. And by no means could Londoners find refuge at home. Interiors housed perspiring, choleric bodies, and mouldering rooms gave residence to the rank malodour of decay.

Cities from London to Bombay were gripped by a fear of miasma, or „bad air". The exhalations of the city, it's buildings, and it's people, formed invisible clouds of „miasmata", tiny particles of rotting organic material that were considered the primary transmitters of infection. This intangible phenomena could only be identified by it's aromatic trail, although a crack in a building's foundation, or the peeling of a wallpaper visually implied structural weakness, and could signal miasma's imminent arrival.

Death by foul air was of course discredited before the end of the 19th Century by Pasteur and Koch and their work in microbiology. But by this time, smell had cemented its influence, not least as a great motivator, and pushed cities like London and Paris to Haussmannian reform. A bad smell, it seems, got things cleaned up.

Nadia Wagner

---

68 *http://www.technologyreview.com/featuredstory/401594/why-software-is-so-bad/*
69 Marc Andreessen im Wall Street Journal, 20. August 2011

9 Infrastruktur

Dorti/Shutterstock.com

 „The servant who shaves the captain controls the ship."

Herman Melville

Das Zitat von Herman Melville stammt aus Ausgabe 205 des Architektur-Leitmediums „Arch+". In der Ausgabe geht es um Servicearchitekturen und ihre Entwicklung seit den Römern. Das Verhältnis der Infrastruktur zur Stadt ist ein ebenso enges wie das zwischen Middleware und Anwendung. Die Fachzeitschrift liest sich wie eine Einführung in die SOA.

9.1 Futurama

Römische Handelsrouten bilden bis heute die Kernachsen Europas. Fast keine größere Stadt, die nicht auf eine Siedlung aus römischer Zeit zurückgeht. Obwohl die alte Legende, dass die Breite unserer Eisenbahnschienen[1] zwei römischen „Pferdehintern" entspricht, nicht wahr ist, die Struktur der Straßen und Meilensteine hat sich bis heute erhalten und mehrere Generationen von Gebäuden überlebt. Dabei hat sich die Straße selbst ständig erneuert, blieb in ihrer Funktion aber erhalten. Drum herum wuchsen Siedlungen und neue Ableger[2], die Straße wuchs mit und wurde zur „DNA der Stadt"[3].

Transportinfrastruktur war nicht erst seit den „Zöllnern" Zeichen der Macht und damit Vorläufer heutiger Nationen. Im „großen amerikanischer Straßenbahnskandal" kaufte General Motors mehrere lokale Straßenbahnbetriebe auf, um diese später stillzulegen und somit die Herrschaft über den Automarkt erreichen – ihre Vision des „Futurama". Darauf erwuchs die autogerechte Stadt aus Kapitel 2. Die Folge waren sozialen Brennpunkte der 1970er, durch mangelnde Verkehrsinfrastruktur und die „vertikalen Städte" hervorgerufene Enklaven. Mehr Städte verlagerten daraufhin ihre in den 1950ern und 1960ern gebauten Verkehrsadern, bauten Umgehungsstraßen oder untertunnelten. Unter dem Motto „Re-thinking the Urban Freeway" wurde diese Bewegung später auch in den USA aufgegriffen. Hierbei ging es weniger um Umweltverschmutzung denn um Nachverdichtung teurer Wohnlagen sowie die Dezentralisierung des öffentlichen Nahverkehrs. Satellitenstädte und Stadtteilzentren sollten die Konzentration auf das Zentrum abfedern. Zugang zu einzelnen Geschäften sollte erleichtert werden, alles zu Fuß erreichbar sein („Walkable City"), Mischbebauung zwischen Büros und

---

1   Und damit des Space Shuttle: *https://standards.nasa.gov/documents/RomanChariots. pdf*

2   Ein schöner Kurzfilm dazu ist „Das Rad" von Stenner et al., 2001

3   Ausdruck des „True Urbanism", einer der vielen Gegenbewegungen zum New Urbanism, *http://www.livablecities.org/articles/dna-city*

entwickler.press

Wohnanlagen gefördert und Segregation von Problembezirken durch Aufwertung und Empowerment vermieden werden. Vor allem der letzte Punkt ist interessant: Verkehrsadern, alles vom „Bahnhof Zoo" bis zur „8 Mile", sind häufig Kulturgrenzen. Studien haben gezeigt, dass Kulturen mit weniger Distanz zu Verkehrsnetzen weniger segregiert werden[4]. In Deutschland, wo öffentliche Verkehrsmittel fünfmal häufiger genutzt werden als in den USA,[5] hat dies zu deutlich homogeneren Stadtteilen geführt.

Vor drei Jahren gab es eine interessante Diskussion im Economist[6], wie man mit dem Umstand, dass mittlerweile die Hälfte der Weltbevölkerung in Städten lebt, umgehen soll. Die eine Seite argumentierte, dass man das Wachstum von Städten eindämmen müsse, vor allem die Art der unkontrolliert wachsenden Wucherungen, denn diese führten zu unkontrollierbaren Problemen. Die andere Seite argumentierte, diese Wucherungen seien aufgrund der Vorteile von Städten unaufhaltsam und die Infrastruktur der Städte müsse mitwachsen. Der zweite Standpunkt ist interessanter – er führt das Problem der Wucherungen auf mangelnde Infrastruktur, besonders Mobilitätsbeschränkungen, zurück. Tatsächlich gibt es Studien, wie das vom Bundesministerium für Bildung und Forschung geförderte „Future Megacities"[7]-Programm, die Verkehrsplanung als eines der effizientesten Mittel der Stadtplanung erachten, in diesem Fall der nachhaltigen Stadtplanung. Für die IT-Architektur ist das nicht nur aus „Green IT"-Sicht interessant, sondern weil man weniger verschwendete Energie als weniger komplexe Systeme, weniger Ausfälle und bessere Geschwindigkeit deuten kann.

---

4   *http://sustainablecitiescollective.com/rickrobinson/49961/are-smarter-cities-key-social-mobility*

5   *http://www.theatlanticcities.com/commute/2012/10/5-reasons-germans-ride-5-times-more-transit-americans/3510/*

6   11. Januar 2011, *http://www.economist.com/debate/days/view/639*

7   *http://future-megacities.org*

Abbildung 9.1: Umgewandelter Cheonggyecheon Park in Seoul

Paradoxerweise führen mehr Straßen manchmal zu mehr Belastung aller Verkehrswege und damit insgesamt langsamerer Durchschnittsgeschwindigkeit und höherer Umweltbelastung. Berühmt geworden ist dies als „Lewis-Mogridge Position"[8]. Wichtig ist es, bei der Straßenplanung das Gesamtsystem und vor allem die Hauptachsen in Betracht zu ziehen. Ein Folgeprojekt oder eine Verbesserung müssen nicht immer vergrößern, sie können auch abtrennen. So wurde zum Beispiel in Seoul eine Hochstraße entfernt und durch einen Park ersetzt. Die Verkehrsbelastung sank – auch weil die Lebensqualität des Stadtteils erhöht und damit als Ziel öffentlichen Verkehrs begehrter wurde[9]. Ein weiteres Bei-

---

8   M. Mogridge, „Travel in towns: jam yesterday, jam today and jam tomorrow?", Macmillan Press, London, 1990. In der Softwarearchitektur „Software bloat" genannt oder in Fred Brooks Worten „Second-system effect".

9   Das umsetzende Büro ARU (in Kapitel 2 erwähnt) nennt diese Architektur welche Landschaft und Stadt zu einem vereint „Landscape Infrastructure", das ist interessant vor dem Hintergrund der Gärtner- bzw. Farmermetapher.

spiel sind Orlando und Philadelphia, die sich eine „Road Diet"[10] verordneten und Fahrradwege und Bürgersteige überbauten – was zu mehr Lebensqualität, weniger Unfällen und höherem Wirtschaftswachstum führte. Dazu müssen öffentliche Verkehrsmittel pünktlich, sicher und erschwinglich sein – was politischen Willen voraussetzt.

Dieser politische Wille, so schreibt James Scott[11], ist die einzige Möglichkeit zu halbwegs funktionierenden geplanten Städten. Er nennt Jane Jacobs Herangehensweise „Marxismus" und stellt sie dem „Leninismus" von Le Corbusier gegenüber. Denn Lenins Planstädte funktionierten ebenso wie Corbusiers Chandigarh nur, weil es administrative Hauptstädte waren, und der Staat nicht nur die Architektur, sondern auch die Arbeitsstellen und die Arbeitsorte kontrollieren konnte. Sie waren top-down geplante Städte, während jede von Jane Jacobs, ob Marxistisch oder Liberal, bottom-up evolutionär waren. Ein ähnliches Prinzip von Top-down vs. Bottom-up liegt der europäischen Prachtarchitektur gegenüber der nomadisch geprägten Architektur, im Mittelalter und in Arabien, zu Grunde.

Napoleon III. ließ Baron Haussmann Paris gründlich umbauen, nachdem er in London die Kanalisation gesehen hatte. Erkenntnisse in der Erforschung von Krankheiten führten zu neuen Hygiene- und Verkehrsvorschriften, Brände sollten verhindert und Bauteile standardisiert werden, um die Industrialisierung voranzutreiben. Am wichtigsten aber war die Zentralisierung der Macht. Dazu notwendig war eine neue kapitalistische Mittelklasse, die mit aufsteigenden Baufinanzierungen Stadtpaläste schaffen konnte. Das Haussmann'sche Netzwerksystem der Avenues war militärische Strategie, um Truppen schnell und einfach bewegen zu können. Ergänzt um Prachtboulevards, wurden aus ihnen Monumente der Macht. So war gesichert, dass auch die nun für den freien Handel offenen Straßen immer früher oder später an den König erinnern würden.

---

10 *http://dc.streetsblog.org/2013/01/23/road-diets-are-changing-american-cities-for-the-better/*
11 J. Scott, „Seeing Like a State", Yale University Press, 1999

Das genaue Gegenteil sind die schmalen Gassen der gewachsenen Städte, die Angreifer verwirren sollten[12]. Die arabischen Städte mit ihren fast uneinnehmbaren Brandmauern und Straßengewirr konnten sich dem Adresssystem am längsten entziehen. Um Schatten zu spenden und Wasser zu schützen, wurden diese besonders eng, meist um den zentralen Markt gebaut. Dies ergab eine automatische Teilung in soziale und familiäre private Zonen, die manchmal sogar pro Stamm unterteilt waren[13]. Der tief im Islam verwurzelte Unterschied zwischen dem öffentlichen und angemessenen Raum gegenüber den privaten und verspielten Räumen verstärkte diesen Effekt. Die Herrscher saßen hingegen oft am Rand der Stadt, um Konflikten zwischen den Gruppen auf dem zentralen Platz ausweichen zu können.

Antonio Abrignani/Shutterstock.com

Abbildung 9.2: Paris vor den Haussmann'schen Änderungen

---

12 Napoleon hatte im schweizerischen Bern direkt nach seiner Einnahme Sektoren eingeführt und Straßennamen anbringen lassen, um sich zurechtzufinden.

13 *http://www.cca.qc.ca/en/exhibitions/2315-photographing-the-arab-city-in-the-19th-century*, auch das Buch „The City in the Islamic World" von S. Jayyusi et al.

entwickler.press

Sowohl die arabischen und mittelalterlichen wie auch die neu geplanten europäischen und amerikanischen Städte nutzten auch ohne Verkehrsinfrastruktur schon immer Monumente in der Stadt zur Orientierung. Am natürlichsten waren die Kirchtürme und Stadttore. Sie leiteten den Bewohnern wie Leuchttürme den Weg – eine Analogie, wie sie Aldo Rossi bzw. Pier Vittorio Aureli vorgeschlagen haben.[14] Eine Verkehrsinfrastruktur kann nicht ohne Monumente existieren, die Knotenpunkte sind Orientierungspunkte und damit meist Monumente. Allein durch ihre Langlebigkeit und die Geschichten von Ankunft und Abreise werden auch die meisten Verkehrsknotenpunkte selbst zum Monument. Monumente und Gebäude werden zum kollektiven Verständnis der Stadt. Nicht im Sinne von Léon Krier, der die Fragmente hübsch arrangiert, sondern, wie Pier Vittorio Aureli sagt, durch aktive Trennung. Dies ist die zentrale Aufgabe der Architektur. Er nennt das „Archipelago", Städte als Inseln in der Stadt, die Monumente als Grenzen haben und Infrastruktur als Faserwerk. Darauf spielt sich die die Evolution ab, die eine Stadt erst zur Metropole[15] macht[16]:

„Instead of dreaming of a perfectly integrated society that can only be achieved as the supreme realization of urbanization and its avatar, capitalism, an absolute architecture must recognize the political separateness."

Wolfgang Sonne hebt hervor[17], dass dieser Ansatz das Problem der Definition von Monument hat. Auch Wohngebäude oder ganze Siedlungen (man denke an die Innenstadt von Rothenburg oder Venedig) können Monumente sein. Stephan Trüby ergänzte, dass auch Zerstörung und Veränderung, die Leere, Monument seien können. Noch wichtiger unterliegen diese Monumente aber einem Dogma und einer Ideologie, die sich ändern kann. Wird ein gewisser Grad an „Monumentalität" überschritten, kann es bis zum Paradox kommen, dass sich neue Gebäude

---

14   P. Aureli, „The Possibility of an Absolute Architecture", MIT Press, 2011, S. 182
15   Metropole heißt Mutterstadt, erst durch die zentralen Monumente wurde die Stadt erfahrbar und dadurch eine „Mutter" gemeinsamer Identifikation.
16   P. Aureli, „The Possibility of an Absolute Architecture", MIT Press, 2011, S. 45
17   In: Carsten Ruhl „Mythos Monument", transcript, 2011

mehr als gewünscht von Rest abheben müssen, um ihre Nichtmonumentalität herauszustellen. In der Softwarearchitektur sind ähnliche Situationen in Unternehmen bekannt, die sehr stark auf COTS-Software setzen. Von der Idee einer zentralen Infrastruktur für die Geschäftsprozesse der Organisation ausgehend, sind sie irgendwann an einem Punkt angekommen, an dem viele große Landschaften nebeneinander existieren, die eigentlich alle alles können. Ironischerweise wird gerade dann oft kleine handgeschmiedete Software nötig, da Anpassungen an den anderen „denkmalgeschützten" Monolithen zu riskant wären.

Politische Monumente

In Dave Eggers „The Circle" wird eine dystopische Version von Google, die das Leben aller Menschen bestimmen will, beschrieben. Auf dem Campus des Unternehmens steht vor dem Headquarter ein Brunnen von Santiago Calatrava. Die Symbolik erkennt man erst auf den zweiten Blick. Calatrava ist der Lieblingsarchitekt der Bauingenieure und vieler analytischer Wissenschaftler, seine Gebäude sind filigran, fast schwebend, manchmal an Skelette erinnernd. Sie sind ein Triumph über die Schwerkraft und werden deshalb gerne als politische Symbole verwendet. Seine „Margaret Hunt Bridge" ist das Titelbild dieses Kapitels. Den Wechsel der Wahrnehmung dieser politischen Symbole kann man an der spanischen Schuldenkrise in Valencia ablesen – einer Stadt, die sich mit den Bauwerken von Santiago Calatrava übernommen hat.[18] Zuerst gefeiert als nationaler Stolz, sind sie mittlerweile Symbol für Luxus und Zweckentfremdung geworden. Das Cross-Plattform-Framework Calatrava[19] von ThoughtWorks nutzt eine seiner Brücken als Key Visual. Das passt, denn Calatrava ist eine elegante, aber etwas over-engineerte Lösung für „Mixed-Model Mobile Apps", also native mobile Anwendungen, die aber nur in einer Sprache geschrieben und dann in einer virtuellen Maschine ausgeführt werden. Ein Spiel, dessen Regeln man kennen muss. Denn die Infrastruktur ist zwar mächtig, aber auch so komplex, dass man die Anwendung stark von ihr abhängig macht.

18 New York Times vom 25.09.2013: *http://www.nytimes.com/2013/09/25/arts/design/ santiago-calatrava-collects-critics-as-well-as-fans.html*
19 *http://martinfowler.com/snips/201210151007.html*

9.2 Smart Cities

Ein gutes Beispiel für das Zusammenspiel von Infrastruktur und Stadtplanung ist die Geschichte der Müllabfuhr[20] und der Gesetze für Luftverschmutzung.[21] London war, neben Hamburg, eine der ersten Großstädte, welche vollumfänglich Kanalisation und eine Müllabfuhr hatten (nach Da Vincis Vorbild aus Kapitel 2). Grund dafür war der „Great Stink" Anfang des 19. Jahrhunderts, eine Hitzeperiode mit Choleraausbruch und unerträglichem Geruch in der ganzen Stadt. Als Napoleon ein paar Jahre später den Erfolg in London sah, wies er Baron Haussmann an, im Zuge der Restrukturierung von Paris auch die Kanalisation einzuführen. Damit wurde Infrastruktur zu einem Kernelement der Stadtplanung wie nicht seit der Renaissance. Eine der ersten Maßnahmen war der Abriss des alten Hôtel-Dieu-Krankenhauses und dessen Neubau – das erste Krankenhaus nach modernen Hygienestandards in der Geschichte[22]. Zusammenfassend kann gesagt werden, dass Kanalisation und Müllabfuhr den Weg in die moderne Stadt ebneten. In New Songdo, einem Teil des koreanischen Seoul, wurde eine neue Epoche einläutet mit einer neuen Stadt, welche das komplette Abfallsystem unterirdisch geplant und an die Hochhäuser angeschlossen hat. Dies funktioniert nur, weil New Songdo eine so genannte „Smart City" ist, eine mittels Sensoren gesteuerte Stadt, in welcher diese Prozesse weitestgehend automatisiert ablaufen.

Mike Bracken argumentierte[23], dass der Erfolg der Kanalisation in London darauf zurückzuführen ist, dass sie „bewundernswert" (beautiful) war. Nicht weil Kanalisation so schön ist, sondern weil sie eine neue Qualität in das Leben der Bevölkerung brachte, und weil sie eine Ingenieurglanzleistung war, die vom Staat gefördert wurde, wie vergleich-

---

20 *http://www.acedisposal.com/history/history_garbage.aspx*
21 *http://www.nytimes.com/1992/07/05/books/we-are-what-we-throw-away.html*
22 Die Berliner Charité war als Pestkrankenhaus berühmt, aber nicht so organisiert.
23 *http://mikebracken.com/blog/conferences-events/digital-by-default-and-the-challenge-of-agile-government/*

bar in der Geschichte nur die Elektrizität und Eisenbahn[24]. Er vergleicht das mit den Möglichkeiten der IT, welche heute eine ähnliche Qualitätssteigerung in der Infrastruktur zur Bevölkerung bringen könnte. Nicht im Sinne einer Smart City, sondern über bessere Benutzerführung und freundlichere Prozesse. Er möchte, dass unsere Regierungen „Digital by Default" werden.

Angefangen mit dem Smart Metering und dem Smart Grid[25], der intelligenten Nutzung des Energienetzes über verteilte Messstationen, hat sich ein Trend zur „schlauen Stadt" entwickelt. Die Quelle waren Infrastrukturunternehmen und -beratungen, nicht Stadtplaner. Die Grundidee der Smart City ist nicht, die Stadtplanung abzulösen, sondern vor allem bessere Daten für die Planung bereitzustellen und die Infrastruktur effizienter zu machen. IBMs „Smarter Cities"-Projekt passt gut in die Ansätze von New Urbanism und Pattern Languages, weil IBM ebenfalls eine „Top-down-Infrastruktur" nutzen will, um „Bottom-up-Plattformen" zu etablieren.[26] Die Smart City ist interessant, weil sie einerseits neue Anforderungen an „Pervasive Computing" und unsere Architekturen für hochverteilte „Internet of Things"- (IoT-)Systeme stellt. Andererseits zeigt sie die Wichtigkeit von Infrastruktur auf, um genau solch ein System am Leben zu halten.

Adam Greenfield erzählt[27] die Geschichte von New York, welches durch die RAND Corporation in den 1970ern mit Ideen aus „Urban Dynamics" rein auf Basis von Algorithmen neu geplant werden sollte. Das Resultat war eine „Apokalypse", in denen Teile der Stadt niederbrannten, weil die Feuerwehr falsch zugeteilt wurde, was zu „Völkerwanderungen" in der Stadt führte, die für soziale Unruhen sorgten. Er will damit nicht die Berechnung selbst anprangern, sondern die Auslagerung der Algorithmen an die Anbieter der „Smart City"-Soft- und Hardware. Seiner

---

24 Siehe Horace Dediu: *http://www.asymco.com/2013/11/18/seeing-whats-next-2/*
25 *http://mitei.mit.edu/publications/reports-studies/future-electric-grid*
26 Was genau der Begriff „Plattform" hier heißt, bleibt fragwürdig.
27 In: „Against the smart city", Do projects, 2013

Meinung nach könnten diese die Verantwortung für solche Ereignisse mit dem Verweis auf einen SLA von sich weisen, gleichzeitig aber den Code unter Verschluss halten und nur Änderungen zulassen, welche sie als „Features" für alle Städte begreifen, die ihre Software einsetzen. Damit wird ein unkontrollierbarer Masterplan implementiert, der urbane Zukunftsvisionen an Produktmarketing auslagert.

In eine ähnliche Richtung, nur bottom-up, geht die Smart-Home-Bewegung. Die Technik hier ist schon länger bekannt und geht von der einfachen Integration der Türklingel in die Telefonanlage über die vollständige Kontrolle der Hauselektronik. AT&T sind hier z. B. mit ihrem „Digital Life"[28] den Weg vorangegangen. Mit der Übernahme von Nest durch Google ist die Smartphone-Integration einen Schritt weitergekommen. Das Thingernet, M2M, „Internet der Dinge" oder „Autonomic Computing" hält damit Einzug in unsere Haushalte. Man kann sich Szenarien, z. B. bei der Automobilintegration[29], vorstellen, bei der das Haus aufheizt, wenn man sich ihm nähert, oder bei der der Wagen im Winter vorgewärmt wird – getriggert durch eine „Google Now"-Kalenderintegration. Diese Embedded-Systeme haben nochmals ganz andere Anforderungen an Softwarearchitektur, vor allem, was Zugriffssicherheit und Deployment anbelangt. Ähnlich „Occasionally Connected" wie Smartphones sind aber auch die umgebenden Systeme gefordert mit Netzwerkunterbrüchen, parallelen API-Versionen und Fuzzy-Daten umgehen zu können. Vielleicht ist das der Grund, warum Google auch in Roboter investiert, die im Bereich der autonomen Steuerung bereits Vorsprung haben. Nach dem Kauf der Militärroboterschmiede Boston Dynamics zogen sie einen Großteil des Android-Teams ab und wiesen sie der neu gegründeten Robotersparte zu[30].

---

28 Siehe Bzur Haun in: Inc. vom 24.01.2014: *http://www.inc.com/bzur-haun/the-future-of-work-is-in-the-hardware-not-the-software.html*
29 Auf der CES stellte z. B. Audi eine Kooperation mit Google vor, BMW mit Apple
30 New York Times vom 4.12.2013, *http://www.nytimes.com/2013/12/04/technology/google-puts-money-on-robots-using-the-man-behind-android.html*

Abbildung 9.3: New Songdo, eine „Smart City"

9.3 SOA

Infrastruktur wird in verteilten Systemen immer wichtiger. Was vor 15 Jahren unter dem Stichwort Serviceorientierte Architektur (SOA) als Nachfolger der Middleware und Enterprise Integration Layer annonciert wurde, ist mittlerweile in den meisten Unternehmen zu einer eigenen Landschaft aus Integrationslösungen geworden. Verschiedene Generationen von Komponentenarchitekturen konkurrieren dabei um die Vormachtstellung. Dabei war die Einführung „schwergewichtiger" Lösungen wie eines ESB oft gar nicht das Problem, sondern die „Governance", Services über diese bereitzustellen.

Jeff Bezos hat der Legende nach[31] SOA bei Amazon eingeführt, indem er schlicht und ergreifend verkündete, jeder, der sich nicht daran halte,

---

31   Aus: S. Yegge Rant: *http://steverant.pen.io/*

werde gefeuert. Wie bei städtischer Infrastruktur benötigt es bei komplett neuer IT-Infrastruktur den politischen Willen, und das heißt normalerweise Geld. Die Steigerung der Gesamteffizienz zahlt sich erst später aus, diese langfristige Sicht muss vom Sponsor mitgetragen werden. Umgekehrt werden Systeme ohne politischen Willen, mit nur punktuellen Änderungen, normalerweise immer unzuverlässiger. Das Dilemma dahinter ist in der Softwarearchitektur als „Zawinskis Law" bekannt, das Einbauen von fragwürdigen Features, die alles nur schlimmer machen, ein gutgemeinter Versuch, Sponsor und technische Anforderungen zu vereinen. Neben der Maximal-, Minimal- und Kompromisslösung der Lebenserhaltung von komplexen Landschaften gibt es aber noch den Königsweg[32]: Politischer Wille zu vielen kleinen Änderungen, auf Basis einer mitwachsenden Infrastruktur. Dieses Argument voranzutreiben, muss der Kern der Architekturrolle sein.

In Kapitel 5 wurde bereits eine Lösung für solch einen evolutionären Infrastrukturansatz besprochen, die Micro Services. Mithilfe eines klassischen „Divide et Impera"-Ansatzes kann man diese nutzen, um schrittweise zu einer serviceorientierten Architektur zu gelangen. Das Verfahren hat Martin Fowler als „Branch by Abstraction"[33] beschrieben. Dabei muss serviceorientierte Architektur nicht zwingend stark gekoppelte Web Services bedeuten. Im Grunde ist jede nach Aufgaben aufgeteilte Architektur, die auf einer Middleware aufbaut, eine serviceorientierte Architektur. Klassischerweise sind Event-basierte Systeme eine einfache Möglichkeit zur losen Kopplung von Services.[34] Die Middleware kann auch einfaches HTTP Routing von REST-Ressourcen sein, manchmal wird das Resource-oriented Architecture (ROA) oder Web-oriented Architecture (WOA) genannt. Mit dem Aufkommen mobiler Anwendungen gingen diese Ansätze nahtlos in eine neue Form der weltumspan-

---

32 Auch Konsens genannt, ich habe hier die Varianten des Thomas-Modells für Konfliktlösung paraphrasiert
33 M. Fowler: *http://martinfowler.com/bliki/BranchByAbstraction.html*
34 Ein Beispiel hier sind die unterschiedlichen Ansätze von Zero-MQ gegenüber AMQP: *http://zeromq.org/docs:welcome-from-amqp*

nenden SOA, das „API Management" über. Stefan Tilkov bezeichnet diesen Ansatz meines Erachtens sinnvoller als „Lightweight SOA"[35], die Übertragung klassischer Best Practices aus verteilten Systemen und Komponentenarchitekturen auf das Web.

In Kapitel 8 wurden bereits SOA, Business Process Management (BPM) und Adaptive Case Management (ACM) angeschnitten. Die drei Paradigmen, welche auch in Kombination genutzt werden können, haben gemein, dass sie versuchen, organisatorische Realweltprozesse und menschliche Interaktion mit automatisierten, computergesteuerten Prozessen zu verbinden. Der Prozess wird „Orchestrierung" von Services genannt und kombiniert üblicherweise eine Integrationsplattform (z. B. einen ESB oder Message Bus) mit einer Steuerungslogik. Wie jeder, der mit solchen Systemen als Anwender gearbeitet hat, weiß, ist der subjektive Produktivitätsgewinn überschaubar. Im Fall von klassischem BPM liegt dies am „größter gemeinsamer Nenner"-Ansatz, der nicht alle Faktoren zur Orchestrierung verwendet, sondern starr nach Vorgabe arbeitet. Adaptive Case Management geht hier einen Schritt weiter und ermöglicht es einem Benutzer, eine „kognitive Karte" (Kapitel 10) zu nutzen, um sich selbst holistisch im Workflow zurechtzufinden. Das ACM legt dabei nur die Constraints fest, nicht aber jeden Prozessschritt. Die Idee kommt aus dem australischen Gesundheitswesen, das besonders für seine Ressourceneffizienz bekannt ist. Menschen sind dort so in den Prozess eingebunden, dass sie einen hohen Freiheitsgrad an Entscheidungen haben, gleichzeitig aber jederzeit Unterstützung und Statusrückmeldung durch den Prozess. Mit der Übertragung dieses Freiheitsprinzips auf Workflow-Lösungen ermöglicht ACM andere Integrationslösungen als synchron stark gekoppelte Services, und damit innovativere Kombinationen bestehender Geschäftsprozesse.

---

35 *http://www.innoq.com/de/talks/2009/04/lightweight-soa-jax09/*

9.4 Resilienz

In Kapitel 2 wurden bereits Resilienz und Anti-Fragilität erwähnt, als es darum ging, dass Architekten ihre Methoden dem Kontext anpassen müssen.

Resilienz, zu Deutsch „Unverwüstlichkeit", kommt ursprünglich aus der Traumaforschung, wird aber mittlerweile auf alle Bereich der Mensch-Umgebung-Interaktion in der Psychologie verwendet. In der Stadtplanung werden „Resiliente Infrastrukturen" als Systeme interpretiert, die flexibel auf Störungen reagieren können – so wie die eingangs erwähnten Straßen, die sich „selbst erneuern, ohne sich grundlegend zu verändern"[36].

Resilienz hat sich als Begriff in der IT in den letzten Jahren vor allem seit Nassim Nicholas Talebs Buch „Anti-Fragilität" durchgesetzt, also etwa seit 2012, vor allem im Kontext DevOps, das selbst ca. seit 2009 existiert. Erwähnt wurde es schon früher, z. B. auch als Argument für UML von Grady Booch 1998[37] – auch wenn wir UML heute nicht mehr besonders flexibel ansehen. Ebenso wichtig ist der Begriff in Stewart Brandts „How Buildings Learn". Den letzten Hype erlebte das Konzept Mitte 2013 in Typesafes „Reactive Manifesto". Ende 2012 verband Todd Hoff das Konzept bereits mit Ideen in Stadtplanung von Geoffrey B. West, der nachzuweisen versucht, dass bei stetigem Wachstum der Infrastruktur einer Stadt der Wohlstand ebenfalls wächst. Verdoppelt man die Größe einer Stadt, wachsen Wohlstand und Lebensqualität für alle um 15%[38]

---

36 Zitat von Peter Newman aus: *http://www.zukunft-mobilitaet.net/40882/analyse/resilienz-infrastruktur-stadt-wirtschaft-zukunft-resiliente-infrastrukturen/#fn-40882-3*

37 G. Booch, „Software Architecture and the UML", 1998, auch *http://www.uml.org. cn/umlapplication/pdf/booch.pdf*

38 Aus: „Why Cities keep on growing, Corporations always die, and Life gets faster": *http://longnow.org/seminars/02011/jul/25/why-cities-keep-growing-corporations-always-die-and-life-gets-faster/*, ein ähnlicher Effekt wird von Edward Glaeser in „Triumph of the City" festgestellt. Man kann man bei Städten ein stetiges Wachstum, welches gleichzeitig Ressourcenschonend ist, beobachten.

Grund für diese Annahme sind „Economy of Scale"-Effekte bei der Nutzung von Infrastruktur, die besser ausgelastet wird. Ein einfaches Beispiel für solche Infrastrukturen, die bereits in der Softwarearchitektur enthalten sind, sind Frameworks[39]. Im Gegensatz zu Bibliotheken geben sie einen Programmfluss vor, z. B. Spring und Java EE. Ihr positiver Effekt auf die Produktivität wurde empirisch erwiesen.[40] Die Lernkurve zu Beginn kann normalerweise schnell wettgemacht werden. Je mehr Entwickler in einem Team die Frameworks kennen, desto effizienter wird dessen Nutzung, da Wissen besser ausgetauscht werden kann. Vorsicht ist jedoch geboten, wenn man dadurch Entscheidungen hinauszögert, technische Schulden („Technical Debt"[41]) eingeht, für die man später zahlen muss.

Der Begriff Framework kommt vom Baugerüst, an dem Gebäude hochgezogen werden. Baugerüste, besonders Standgerüste, sind in Europa heute meist Systemgerüste, das heißt, modular aufbaubare Konstruktionen. Sie zeichnen sich durch schnelle Auf- und Abbauzeiten, relativ „idiotensichere" Handhabung und Austauschbarkeit der Komponenten aus. Damit sind sie eine Reaktion auf die hiesige Art zu bauen, die stark von kleineren Eingriffen, Arbeitsteilung und Automatisierung geprägt ist. In Asien sind hingegen Stangengerüste, meist aus Bambus, häufig anzutreffen. Man sollte sich von der Optik und der offensichtlichen Brandgefährdung aber nicht täuschen lassen: Statisch können sie mit ihren hiesigen Kollegen problemlos mithalten, Bambusgerüste sind sehr flexibel und ähnlich tragfähig wie Stahlgerüste. Sie sind auch billiger, leichter zu bearbeiten und zu transportieren sowie einfacher an schnellen, asynchronen Hochbau anzupassen. Da sie nicht modular sind, sondern ohnehin von Spezialisten verknotet werden, können ad hoc Übergän-

---

39 Vgl. Fayad und Schmidt, „Object-oriented Application Frameworks", 1997, *http://www.cs.wustl.edu/~schmidt/CACM-frameworks.html*

40 In Studien zur Nutzung von Programmiersprachen höherer Ordnung, siehe z. B. Capers Jones „The Economics of Software Quality", Prentice Hall, 2011, S. 168 ff.

41 Der Begriff geht auf Ward Cunningham zurück und beschreibt, wie man sich zukünftige Probleme als „Zinsen" auf schnelle Improvisationslösungen einhandelt

ge, Überhänge, Arbeitsflächen und Rundungen aufgebaut werden. Bei erdbebengefährdeten oder sehr windigen Gebieten kann die Struktur in scherenförmigem Fachwerk aufgebaut werden, um flexibler, „resilient", auf Kräfte reagieren zu können. Sie haben damit, wie in diesen Gebieten häufig auch für Gebäude notwendig, ein so genanntes „adaptives Tragwerk".

Abbildung 9.4: Bambusbaugerüst

Dass Infrastrukturflexibilität der Schlüssel zu Agilität ist, klingt einleuchtend. In „The Adaptive Enterprise"[42] war bereits 2002 die Feststellung zu lesen, dass Infrastruktur wichtiger wird als Anwendungen – vor allem, weil Anwendungen immer weiter kombiniert und damit selbst Teil der Infrastruktur werden:

---

42 B. Robertson und V. Sribar, „Adaptive Enterprise", Addison-Wesley, 2002;
    http://www.informit.com/articles/article.aspx?p=26113

„If you are implementing a major new application package, what differentiates your effort isn't the application itself, but how successfully or quickly you get it running … these problems aren't application issues; they're infrastructure issues."

Ihr Vorschlag ist eine „Adaptive Infrastructure" – das klingt jedoch einfacher als es ist. Resilienz bedeutet nicht, dass kein Wartungsaufwand notwendig ist. Stattdessen ist sogar höherer Wartungsaufwand nötig, da man die Prozesse ständig anpassen muss. Ihr Vorschlag nach einem Portfoliomanagement für Integrationslösungen geht stark in die Richtung einer Enterprise Architecture, eine zentrale Governance mit eigenen Betriebsteams. Leider hat sich diese eigentlich offensichtliche Variante der Resilienz als zu starr herausgestellt, so wie Archigrams Plug-in City und die Wohnkapseln der Metabolisten nur flexibel aussahen, es aber nicht waren.

9.5 DevOps

Ein anderer Ansatz, zu adaptiven Infrastrukturen zu gelangen, ist die Akzeptanz von Fehlern, was Nassim Nicholas Taleb „Anti-Fragil" nennt. Dazu dreht man das Konzept um – und baut bewusst so starre Lösungen, dass diese ständig von Grund auf geändert werden müssen.

In „Scalabity Rules" erzählen Martin Abbott und Michael Fisher die Geschichte des Reaktorunfalls von Three Mile Island.[43] Verschiedenste Theorien für das Lernen in Organisationen wurden laut daraus entwickelt. Alle Theorien stimmen grundsätzlich in zwei Dingen überein: Erstens, dass häufig auftretende Fehler zu besserem Lerneffekt führen. Und zweitens, dass seltene Fehler die Fähigkeit der Organisation zu Lernen verringern.

In Kapitel 8 wurde bereits die Wichtigkeit von Softwarewartung und -design für laufende Instandhaltung hervorgehoben. Ähnlich wie die

---

43 M. Fisher, M. Abbott, „Scalability Rules", Addison-Wesley, 2011, S. 124

Dokumentation hat auch der Betrieb von Systemen einen eher schlechten Ruf bei Entwicklern – zu Unrecht. In „How Systems fail"[44] stellt Richard Cook fest: „Failure-free operations require experience with failure."

Aus Fehlern zu lernen ist der Kerngedanke der „DevOps"-Bewegung. Durch die Zusammenführung der Rollen Softwareentwicklung, Betrieb und Qualitätssicherung soll eine End-to-End-Ownership über Komponenten erlangt werden. Das Konzept ist deshalb in den letzten Jahren so bekannt geworden, weil die Wartungsintensität der Infrastruktur rapide abgenommen hat. Hauptgrund dafür waren einerseits die Virtualisierung und andererseits die Möglichkeit, Plattformen mit Skriptsprachen automatisch zu generieren, etwa mit Puppet oder Chef. Dadurch wurde Infrastruktur zu Software, auch „Infrastructure as Code" genannt. Der letzte große Durchbruch wurde mit dem Prinzip der „Immutable Infrastructure"[45] erlangt. Hier ist die Idee, gar keine Veränderung mehr zuzulassen, also genau nicht adaptiv zu sein. Stattdessen wird die Umgebung entweder komplett neu gebaut oder nicht verändert. Beispiele hierfür sind Heroku und Docker.

Mit Infrastructure as Code gingen auch neue Cloud-Plattformen einher. Irving Wladawsky-Berger stellt in „The Data Center in the Cambrian Age"[46] die Wichtigkeit heraus, Cloud nicht als Infrastruktur, sondern als evolutionäres Netzwerk zu begreifen. Zwar tummelt sich unter dem Begriff Cloud alles zwischen klassischem Infrastruktur-Hosting (IaaS) und Application Software Provider (SaaS), die eigentlich wichtigen Änderungen spielen sich aber in der Platform as a Service (PaaS) ab, denn genau hier können DevOps-Vorteile ausgespielt werden.

In „The Cathedral and the Bazaar" stellt Eric S. Raymond das Prinzip „Release early, release often" auf und legte damit die Basis für die agile Entwicklung wie auch Continous Integration und Continuous Delive-

---

44 *http://www.ctlab.org/documents/How%20Complex%20Systems%20Fail.pdf*
45 *http://chadfowler.com/blog/2013/06/23/immutable-deployments/*
46 *http://blog.irvingwb.com/blog/2009/08/the-data-center-in-the-cambrian-age.html*

ry.[47] Er vergleicht die Kathedrale und den Basar, auf den Schluss kommend, dass der Basar die effizientere Art ist, hohen Kundennutzen zu erlangen. Wenn ich den Text auch sehr mag, so habe ich den Vergleich nie verstanden. Nicht nur, weil die gotischen Kathedralen oft wenig geplant, sondern sehr iterativ von wechselnden Komitees gebaut wurden, sondern weil der Sinn ein anderer ist. Auf dem Markt will man schnell einkaufen, und die Marktwirtschaft soll sicherstellen, dass der Bedarf schnell und günstig gedeckt wird. Die Kathedrale hingegen soll einen viel langfristigeren Bedarf stillen und sogar demonstrieren, dass es noch viel langfristigeren Bedarf gibt als wir uns vorstellen können. Heike Delitz schreibt in „Architektursoziologie", die Kirche löse das Ritual ab, sie stellt eine Gesellschaft dar und transportiert eine Atmosphäre, welche ohne konkrete Regeln einen Zusammenhalt unterstütze.[48] Beides sind valide Prinzipien für Softwarearchitekturen: Die Finanzbuchhaltung muss zehn Jahre rückwirkend revisionssicher sein und so einige Betriebssysteme, die sich wie Linux entwickeln, überleben. Es ist wie die Kathedrale, die einige „Benevolent Dictators" überlebt, während diese Fürsten aber stets die Marktwirtschaft kontrollieren.

9.6 Polyglot Programming

Infrastruktur muss nicht immer ein Framework oder eine Middleware sein, Sprachen sind ebenso Infrastruktur. Paul Graham argumentiert[49], dass sein Erfolg auf Lisp beruhte, weil er ein Entwicklungsmodell schuf, welches das Potenzial dieser allgemein als akademisch verschrieenen Sprache hob. Momentan werden Mixed-Model- und polyglotte Anwendungen mit Sprachen wie z. B. Fantom[50], Reactor, Play / Akka oder ganz im Extremen Vert.x interessant, weil sie die Stärken einer virtuellen Ma-

---

47 E. S. Raymond, „The Cathedral and the Bazaar", O'Reilly, 1999, S. 28
48 H. Delitz, „Architektursoziologie", transcript, 2009, S. 64
49 In: „Revenge of the Nerds": *http://www.paulgraham.com/icad.html*
50 *http://fantom.org/sidewalk/topic/1107*

schine ausspielen. Sie können die Vorteile einer „Immutable Infrastructure" besser nutzen und dennoch die jeweils besten Programmierkonzepte für jede Situation bereitstellen.

Sprachen können ebenso Infrastruktur sein und müssen ebenso versioniert werden. Eine DSL, ein Fluid Interface oder ein API sind sogar besonders schwer zu versionieren, weil eine Rückwärtskompatibilität nicht an einzelnen Strukturen, sondern an Beziehungen festgemacht werden muss.

Failed Architecture

Das romantische Ideal der Ruine gilt in pittoresken Stadtteilen aber nicht für Infrastruktur. Denn im Gegensatz zur „Patina" eines Gebäudes kann man deren „Meantime between failures" recht genau bestimmen. IBM erforscht im Rahmen der „Smart Cities"-Initiative besonders die Infrastruktursysteme unserer Welt. Demnach ist die 12-Trillionen-bewertete „Gebäude- und Transportinfrastruktur" eines der ineffizientesten Systeme der Welt. Allein die USA brauchen in den nächsten sechs Jahren drei Trillionen Dollar, um ihre marode Infrastruktur instand zu setzen. Auf den ersten Blick ist Infrastruktur immer verlockend, sie macht das Leben für alle einfacher. Sie kommt aber auch mit einer „Maintenance Debt", Kosten in der Zukunft, die immer weiter anfallen. Eine moderne Hochgeschwindigkeitszugschiene hält etwa fünf Jahre, die Asphaltdeckschicht einer Straße etwa 10-20 Jahre, verbaute Trinkwasserleitungen in Gebäuden halten um die 50 Jahre, Kanalisationsrohre und Hochspannungsleitungen bis zu 80 Jahre und mehr. Die Instandhaltung des deutschen Straßennetzes macht jedes Jahr etwa 50 % der Kosten aus. Im Vergleich dazu ist ein Haus, bei dem man mit 2 %[51] als Instandhaltung rechnet, vergleichsweise günstig. Geht man statt der 80 Jahre von den etwa 10 Jahren aus, die ein Konzern-IT-System läuft[52], kommt man bereits auf 15 %, recht nah an die 18 %, die üblicherweise bei COTS für Wartung ver-

---

[51] Den 1,5-fachen Herstellungskosten über 80 Jahre, Peterssche Formel.
[52] E. Burton Swanson, Enrique Dans, „System life expectancy and the maintenance effort: exploring their equilibration", MIS Q. 24, 2 (June 2000), 277-297, leider habe ich keine aktuelleren Zahlen gefunden.

anschlagt wird. Verschiedene Studien sprechen davon, dass in den meisten Großkonzernen bis zu Dreiviertel des IT-Budgets für Wartung bestehender Anwendungen ausgegeben wird. Die 18 % Wartung finden sich recht genau im Budget wieder und führen so bei 10-jähriger Laufzeit zu den doppelten Kosten der Einführung „on top" – gegenüber dem anderthalbfachen beim Haus. Das ist natürlich eine nicht ernstzunehmende Milchmädchenrechnung. Sie zeigt aber, warum der Betrieb oft als teuer wahrgenommen wird, was dann zu einer Erosion der Systemlandschaft führt, einer „Failed Architecture".[53]

53 *http://failedarchitecture.com/the-poetry-of-decay/*

entwickler.press

10 Trampelpfade

Sira Anamwong/Shutterstock.com

 „Who ever said that pleasure wasn't functional?"

Charles Eames

 „Sometimes the Interface is the System."

Brian Eno[1]

In der Einleitung wurde Jaques Herzog zitiert mit der Aussage, dass ein Bauwerk nicht nur schön sein dürfte. Damit meinte er, dass ein Bauwerk einen zentralen Wert haben muss. Schon Vitruvius hatte seine „Form"

---

1   Aus A. Hunt, „The Pragmatic Programmer", S. 205 zu einer Diskussion über die perfekte Tonmischersoftware, die sich an analogen Steuerungen orientierte.

als einen von drei Aspekten der Architektur gesehen[2]. In der Architektur spricht man vom Bauwerk als Projektionsfläche für Information, als Medium. Die Informationssysteme der Softwarearchitektur erfüllen denselben Zweck.

10.1 Desire Lines

„When they first built the University of California
…They did not put any sidewalks, they just planted grass.
The next year, they came back and put the sidewalks
where the trails were in the grass.
….
Perl is those sidewalks in the grass."

Diese Legende von Larry Wall[3], dem Erfinder von Perl, erklärt ein Phänomen das im Englischen als „Desire Lines", im Deutschen als „Trampelpfad" bekannt ist: Liegen Wege zu weit auseinander oder zu weit vom Ziel entfernt, werden Menschen sehr kreativ darin, Abkürzungen zu finden. Die Effizienzgrenze, um diesen Prozess in Gang zu setzen, liegt zwischen 20 und 30 Prozent[4]. Ab einem Viertel Mehraufwand wird nach einfacheren Lösungen gesucht.

Ein noch schöneres Beispiel wird im Film „Social Life of Small Urban Spaces" von William H. Whyte erläutert. Sein Team analysierte in den 1980ern öffentliche Plätze in New York. Dabei stellten sie fest, dass, solange Sonneneinstrahlung, Leben, Bewegung und Windschutz gegeben sind, auch vermeintlich anonyme Plätze beliebt sein können. Menschen gehen überraschend hohen Aufwand sein, um dort verweilen zu dürfen: So beobachtete sein Filmteam kreative Möglichkeiten, auf Absper-

---

2   Für Vitruvius war Schönheit „Eurythmia", die Anmut der Gesamtproportionen.
3   In: Dr. Dobbs Journal, Februar 1998: *http://www.drdobbs.com/a-conversation-with-larry-wall/184410483*
4   In der Usability kennt man Fitt's Law, welches eine ähnliche Annahme trifft.

rungen zu sitzen oder Lehnen zu basteln. Besonders amüsant waren die Langzeitaufnahmen über den Tag mit beweglichen Stühlen, die immer entlang des Sonnenverlaufs verschoben wurden, teilweise nur ein winziges Stück, der Individualität wegen. New York erließ aufgrund dieser Erkenntnisse eine Anordnung, die „privately owned public spaces" vorsah, Gebäude mussten in Zukunft öffentliche Plätze bereitstellen, um somit besser ins Stadtbild integriert zu werden.

Nicht nur Trampelpfade zeigen diese Bedürfnisse, wie Rebecca Solnit am Beispiel des tibetanischen „Shal" erklärt. Dies ist kein Pfad, sondern eine Spur, die existiert, nachdem z. B. nomadische Zelte abgebrochen wurden. Ähnlich wie die Pfade zeigen sie ein vergangenes Verlangen, vielleicht auch einen Fehlschlag. Donald A Norman[5] argumentiert darauf, dass Trampelpfade nicht nur den effizientesten Pfad zeigen, sondern auch, wie Benutzer mit schlecht designten Lösungen umgehen, ihren Fehlern, die „Trails left behind".

Abbildung 10.1: Trampelpfad

---

5   D. Norman, „Living with Complexity", MIT Press, 2010, S. 130

In den letzten 10 Jahren hat in der Philosophie ein Trend gegen die rein sprachliche, konzeptuelle Betrachtung von Dingen stattgefunden. Der von Noam Chomsky und Richard Rorty eingeleitete „Linguistic Turn", die Betrachtung der Welt rein aus Zeichensicht, ist, wie das dekonstruktivistische Bauen, abgeflacht. Daraus entwickelte sich auf der einen Seite aus der analytischen Philosophie die statistisch-neuropsychologische Herangehensweise der „Neurophilosophie"[6], welche in der Architektur des „Parametricism" manifestiert wird. Und auf der anderen Seite diverse Gruppen, welche die Freiheit erforschen, z. B. Gender-Philosophie, Kritische Theorie und Moralphilosophie um Peter Bieri. In der Architektur schlägt sich diese in minimalistischen und grenzüberschreitenden Bauten fest, die eine Interaktion herausfordern wollen. Gottfried Böhm nennt das den „Iconic Turn"[7], Klaus Krippendorff den „Semantic Turn".[8] Bauwerke verlieren ihre offensichtliche Verständlichkeit anhand klassischer Modelle. Dafür orientieren sie sich aber an einer Bildsprache, die uns heute geläufiger ist, eine „Lesbarkeit" aus Sicht von Gefühlen, Verlangen (Desire), Bewegungen und Markenmotiven.

Die Aussage eines Gebäudes, das Konzept hinter der Form muss vom Betrachter „gelesen" werden, auch wenn der Text ein Bild ist. Vom ersten Blick auf das Gebäude bis zum Befinden darin erstellt ein Mensch sich eine „kognitive Karte". Die Semiotik in der Architektur wird zu viel diskutiert, als dass man sie hier anreißen könnte. Nur so viel: Peter Eisenman fordert den „Text der Architektur", den er natürlich als Linguistik versteht, zum Lerninhalt zu machen. Für Lewis Mumford ist die Stadt eine Geschichte, die man nicht übersetzen kann, für Robert Venturi ist Architektur immer Kommunikation von Raumgrenzen (dazu später mehr).

---

6   In den letzten Jahren mit viel populärwissenschaftlicher Literatur aus der Volkswirtschaft belegt, z. B. von Gerhard Roth, Wolf Singer, Steven Levitt, Daniel Kahneman.
7   Aus H. Burda, „The Digital Wunderkammer", Petrarca, 2011
8   K. Krippendorff, „The semantic turn", CRC Press, 2005

Die Bildsprache als Verständnis von außen, aber auch von innen, zeigt bereits das Spannungsverhältnis, in dem sich die Formensprache von Bauwerken bewegt. Laut Friedrich Kittler ist ein Interface zwischen Mensch und (Wohn-)Maschine eine „bedeutende Fläche", ein Medium.[9] In der Architektur wird dieses Interface zum Gebäude aber ein Durchgangsbereich, der selbst Raum hat. Alexander Galloway nennt diesen Bereich „Intraspace". Er führt an, dass dieser eine Allegorie für das gesamte Gebäude ist, da er nicht nur Blickwinkel, sondern auch die Annäherung selbst einschränkt.[10] Ähnlich wie bei Computersystemen ist das Interface nicht nur Darstellung, sondern bestimmt die Bedeutung des Systems als Ganzes. Ein ästhetisches, kohärentes, für den Menschen verständliches Intraface zieht den Mensch an, macht neugierig und schafft es, mehr Aufwand aufzubringen als man normalerweise investieren würde. Ein inkohärentes, ideologisches Intraface schreckt dagegen ab.

Der Weg auf das Gebäude hin ist dieser Zwischenraum, welcher eine bestimmte Lesart des Bauwerks vorgibt. Tadao Andō ist berühmt für seine hinter Anhöhen und Wäldern versteckten Gebäude, zu denen verwinkelte Wege führen. Für ihn ist die Architektur das Herausarbeiten einer Skulptur, welche man sich nur von der Natur leiht, seine „Church of the Light" Titelbild dieses Kapitels. Der Weg dorthin soll die langsame Verschmelzung sichtbar machen. Diese Herangehensweise ist eine Entlehnung aus der Ikebana-Kunst[11] des Blumenarrangierens. Hier ist die Leere, „Ma", Teil des Arrangements, um den einzelnen Objekten Geltung zu verleihen. Wie an der Grenze von negativem und positivem Raum bei der Annäherung an eine italienische Piazza, die sich vor der Gasse öffnet, wird der Blick bewusst gelenkt.

---

9   F. Kittler, „Optical Media", Wiley, 2009, S. 45

10   A. Galloway, „Außer Betrieb", Walter König, 2012

11   Aus: Garr Reynolds, „Presentation Zen", *http://www.presentationzen.com/presentationzen/2009/09/0-design-lessons-from-ikebana.html*

Im Zeitalter der ständigen Bewegung[12] sind die Wege nicht mehr statisch, sondern verändern sich selbst ständig. Elizabeth Grosz schreibt, dass Architektur die Kunst ist, Räume zu verändern.[13] Laut ihr gibt es immer mehrere Räume, mehrere „Hiers", die eine Person wahrnimmt. Die Wahrnehmung ist stark von der Zeit abhängig, von der Vergangenheit, dem Wissen, wo man sich befindet. Die Lesbarkeit verändert sich und mit ihr die Annäherung an ein Gebäude. Die kognitive Karte muss verschiedene Maßstäbe und Kontexte haben, beginnend mit einer groben Vision des Raumflusses bis hin zu den Fluchtplänen. Aufgabe des Architekten sind die Beziehungen dazwischen.

Die Vision wird durch den Wow-Effekt der Fassade erreicht, wie man z. B. an der Nutzung von Vorhandfassaden oder den Farbspielen von Sauerbruch Hutton sieht. Auch wenn die Fassade tatsächlichen Nutzen hat, z. B. für Klimaregulierung oder Lichtverteilung, ist sie heute vor allem diese Allegorie.

Klappentexte zu Büchern, in denen Sätze stehen wie „Softwareoberflächen sind wie Häuserfassaden" sind leider falsch. Die Fassade hat recht wenig mit der Nutzung eines Gebäudes zu tun, sie ist ein Schutz, eine Grenze zwischen öffentlichem und privatem Raum, aber sagt nichts über das Gebäude aus. Daher gibt es in der Architektur eine strenge Unterscheidung von Fassade und Grundriss. Die Fassade, oder allgemein die Grenze, so sagt Bernard Cache[14] ist die „Basis des sozialen Raums", sie definiert eine Gesellschaftsgrenze. Das, was wir Boundary nennen. Und die UI ist normalerweise keine Boundary, sondern nutzt diese, sie ist einer der Wege hinein. Man kann diese Boundary auch, wie es Gilles Deleuze versucht hat, als Differenz sehen, als aufgebrochenen Zwischenraum.[15] Fassaden können denkmalgeschützt sein, mit einer

---

12 In J. E. Katz' „Handbook of mobile communication studies" nennt Kenneth Gergen diese wechselnden Kommunikationsbeziehungen „Monadic Clusters".
13 In: „Architecture from the Outside", S.127
14 In: H. Delitz, „Architektursoziologie", transcript, 2009
15 Vgl. G. Deleuze, „Differenz und Wiederholung", Wilhelm Fink, 1997

Stahlbetonstruktur dahinter – oder gar keiner. Fassaden sind sogar nur, wenn man dem Argument von Robert Venturi folgt, reine Dekoration – und Architektur ist „Decorated Sheds". Sein Buch „Learning from Las Vegas" wurde in den 1970ern zu einem schlagartigen Bestseller mit bis heute anhaltendem Streitpotenzial. Sein Argument ist, dass Architektur gar nicht an Räumen orientiert sein muss, denn Architektur ist immer zuerst Symbol und Kommunikation. Daraus schließt Venturi, dass man die Kommunikationswirkung auf der Oberfläche maximieren und dahinter den Raum rein technisch begrenzen sollte. Im Extremfall ist das die IKEA-Filiale – eine blaue Box mit riesigem Logo. Damit argumentiert er auch gegen Architektur – denn innerhalb dieses Raums kann man alles selbst organisieren, er plädiert für eine „architecture without architects"[16]. Damit will der den Architekten gar nicht abschaffen – nur Raum von Fassade/Symbol trennen. Der Architekt könne immer noch Symbole bauen, aber solche, die dem Nutzer dienen[17]: „We look backward at history and tradition to go forward; we can also look downward to go upward."

Das Pendel schlug auch hier zu weit aus, wie Paul Knox berichtet[18]. In der Postmoderne wurde der Bezug zur Pop Art zu ernst genommen und Architektur nur noch als Design verstanden. Doch eine Stadtplanung, die als Ziel hat, sich ständig kurzfristig nach den Bedürfnissen der Menschen zu richten, der „Everyday Urbanism" in den Worten von Doug Kelbaugh[19], läuft nicht nur Gefahr, beliebig zu werden, sondern auch ineffizient und belanglos.

16 Was er und seine Mitautoren übrigens strikt von Bernard Rudofskys anonymer Architektur trennen
17 Robert Venturi, „Learning from Las Vegas", MIT Press, 1972, S. 3
18 In: „Cities and Design", Taylor & Francis, 2010
19 *http://www.periferia.org/3000/3paradigms.html*

Abbildung 10.2: Las Vegas

Die Fassade bleibt „Boundary", so schön sie auch aussehen mag. Sie muss vor allem den Anforderungen des Übergangs, des Intraspace, genügen. Stephan Trüby analysiert diese Anforderung in „Exit-Architektur" anhand der Ein- und Ausgänge von Gebäuden, und wie Menschen in den Gebäuden geleitet werden. Durch diese Leitsysteme, die „Building Codes",[20] reicht das Gebäude unsichtbar nach außen, passt sich der Infrastruktur und dem Kontext an.[21] Es verändert aber auch die Infrastruktur selbst, indem es Verkehrsströme leitet. Die Aufgabe des Architekten ist es für Trüby nicht, Räume zu definieren, sondern Bewegungen in und aus Räumen zu ermöglichen. Für ihn sind die Flucht- und Rettungswege, die Korridore allesamt, ein Zeichen für die „Stressresistenz" eines Gebäudes. Ein stressresistentes Gebäude erlaubt intuitive Bewegungen im Gebäude. Ein Beispiel dafür sind Paniksäulen, die keine strukturelle Begründung haben, sondern nur leiten.

---

20 Bauordnung/Baurecht wäre der deutsche Ausdruck, hat hier aber nicht diese Prägnanz, aus: S. Trüby, „Exit-Architektur", Springer, 2007
21 Der Haupteingang definiert z. B. die Adresse, was gerne politisch genutzt wird.

In der Mensch-Maschine-Interaktion nennt man diese kognitive Karte[22] einer Oberfläche „Indexicality"[23]. Die Möglichkeit, sich selbst in Beziehung zur Software einzuordnen, und die Freiheit festgelegte Pfade zu verlassen, aber trotzdem ein intuitives Gefühl für das Gesamtsystem zu haben. In seinen Usability-Heuristiken nannte Jakob Nielsen[24] das den „Match between system and the real world", die Nutzung einer verständlichen Sprache. Im Zeitalter des „Ubiquitous Computing" und „Multi-Screen"- oder „Omni-Channel"-Interfaces,[25] der allgegenwärtigen Nutzung von Computern, wird es schwieriger, diesen Match zu visualisieren. Der Kontext ändert sich nicht nur ständig, er erstreckt sich auch über mehrere Geräte gleichzeitig. Die Softwarearchitektur muss deshalb Kontexte als zentrales Konzept aufnehmen. Nicht im Sinne des „Context-Aware-Programming", das vorher versucht Features zu steuern, sondern im Sinne einer Software, die sich evolutionär an verändernde Umgebungen und Fehlbenutzung anpasst bis zum Synchronisierungs- und Transaktionsverhalten, und dem Benutzer die Wahl lässt, mehrere Geräte zu nutzen. Wie Mark Weiser in seinem einleitenden Werk zu „Ubiquitous Computing" schrieb: „The most profound technologies are those that disappear."[26]

In Kapitel 7 wurden Architektur-Patterns mit Vorsicht betrachtet, da sich die meisten ihrer Versprechen nicht bewahrheitet haben. Im Bereich der User Experience haben sie jedoch, als Möglichkeit, Lesbarkeit zu ermöglichen, eine Berechtigung. Menschen erkennen Muster in bestimmten Kontexten sehr schnell – diese Fähigkeit muss man sich zunutze machen. Georg Vrachliotis erzählt von einer interessanten Diskussion zwischen Christopher Alexander (Patterns) und Rem Koolhaas (Junkspace) die

---

22 Diese kognitive Karte, sowohl für Benutzer als auch im Code, ist Gegenstand der Forschung von Bret Victor, alle seine Vorträge sind es Wert, angesehen zu werden.
23 Vgl. J. Kjeldskov, „Indexicality", ACM TOCHI, Vol. 17, Issue 4, 2010
24 *http://www.nngroup.com/articles/ten-usability-heuristics/*
25 So nutzen beispielsweise 89 Prozent aller US-Reisenden und 69 Prozent aller US-Online-Käufer mehrere Geräte für einen Prozess gleichzeitig: *http://www.thinkwithgoogle.com/research-studies/the-new-multi-screen-world-study.html*
26 M. Weiser, „The Computer for the 21st Century", Scientific American, 1991, S. 94 ff.

von Hans-Ulrich Obrist moderiert wurde.[27] Alexander, der am Anfang selbst Programme zur Generierung von Städten aus Patterns[28] programmiert hatte, erklärt darin die Beschränkungen der Design Patterns. Er erkannte, dass es nicht die Patterns selbst waren, sondern die Beziehungen, welche Aufgabe des Architekten seien. Strukturen zu schaffen, sei das Ziel, mit dem Schönheit im Sinne des Eingehens auf die Bedürfnisse des Menschen geschaffen werden könnten. Code kann schön sein – hat aber auch andere Qualitäten. Ein Interface für einen Menschen hingegen muss schön in diesem Sinne sein, und daher strukturiert. Dazu können „Interaction Design Patterns" hilfreich sein.

Fassaden und Wege, das Setting der Bauwerke, sind allerdings wichtige Marketingaspekte eines Gebäudes. Siegfried Giedion nannte das die „Playboy-Architektur". Besonders in den von Nachverdichtung geprägten Städten Europas wird diese Eigenschaft von Gebäuden genutzt, um hinter historischen Fassaden neue Gebäude zu errichten. So wurde z. B. im Opern-Palais in München die baufällige innere Struktur abgerissen, die Fassade aber bewahrt.

Auch politische Gründe können solche fast zynisch anmutenden Schritte notwendig machen. In der Diskussion um das „Folk Art Museum" in New York schlugen die Wellen hoch, als man beschloss, es nach zehn Jahren abzureißen. Stattdessen wurde nun entschieden, die alte Fassade zu konservieren. Blendwerk, „Smoke and Mirrors", wird von der Struktur ununterscheidbar. Um diese Art von Bauwerken zu lesen, werden Bewohner und Benutzer gebraucht, die „empowered" sind. Die Anwendungen und Gebäude müssen davon ausgehen, dass Benutzer sie für alles Mögliche einsetzen[29], und einen Weg um jedes Interface herum finden. Resilienz heißt nicht nur Fehlertoleranz gegenüber Hardware, sondern auch gegenüber den nicht bedachten Umwegen[30] und Ideen der Benutzer. „Respon-

---

27 In: A. Gleiniger, G. Vrachliotis, „Muster", Birkhäuser, 2009
28 Analog dem heutigen New Urbanism oder Eisenmans Algorithmen
29 *http://contemporary-home-computing.org/turing-complete-user/*
30 Das Poka-Yoke-Prinzip: *http://www.usability.gov/what-and-why/interaction-design. html*

sive"- oder „Content Choreography"-Elemente einer Anwendung, die sich je nach Benutzerkontext anders verhalten, sind prediktiv – eine fehlertolerante User Experience ist mehr als das, sie hat ein „Bewusstsein".

Schocktherapie

Beginnend mit dem Gerade-noch-Modernisten Richard Neutra wurde nach dem zweiten Weltkrieg wieder mehr Wert auf Material und Umwelt gelegt. Hintergrund war die Angst vor der Atombombe und generell vor Verseuchung. So war es Neutra, der Raum als Erster als multi-sensorisches Erlebnis „wie im Mutterleib" definierte. Diese Definition des Designers als multisensorischer Gestalter passt gut mit „Ubiquitous Computing" zusammen: „Only the designer who is truly (hyper-)sensitive enough to … manipulate the wide ranging effects of design … to save and protect their clients from a dangerous world." Er drehte damit das Bild Frank Lloyd Wrights, Le Corbusiers und Buckminster-Fullers vom Leben in einer mehr oder weniger schönen, kontrollierten Maschine um[31]. Obwohl Neutras Gebäude auf den ersten Blick dem International Style zugerechnet werden können, mit scharfen Linien und hochwertigen Materialien, haben sie immer eine überraschende Wendung. Damit kombinieren sie offensichtliche Schönheit mit der oben erwähnten Neugier, die Funktion herauszufinden und anzupassen. Er nannte dieses Vorgehen „unmerklich schockieren", den Benutzer reizen.

Im User Experience Design kennt man das als „Gap Theory"[32]. Neugierde entsteht, wenn etwas nicht vorsehbar ist, aber sich bereits anbahnt – diese Lücke versucht der Benutzer zu überbrücken und lernt dabei, das System intuitiv zu verstehen. Statt dem Nutzer nur Informationen anzubieten, baut man Oberflächen, sodass man sich Fragen stellt, die schnell beantwortet werden können. Besonders im „multisensorischen" Umfeld wie Gestensteuerung ist diese Technik beliebig, eine App reagiert auf Bewegungen, die „in der kognitiven Karte verloren sein" ausdrücken (wie Schütteln) mithilfe, bietet sonst aber eher intuitive Benutzerführung.

---

31 Aus: Todd Cronan, „Danger in the Smallest Dose": Richard Neutras „Design Theory", 2011, *http://www.designstudiesforum.org/journal-articles/danger-in-the-smallest-dose-richard-neutras-design-theory/*

32 *http://www.wired.com/2010/08/the-itch-of-curiosity/*

10.2 Ästhetik

Daniel Kohanski hat Ende der 1990er-Jahre mit „The Philosophical Programmer" eines der ersten Programmierhandbücher geschrieben, die zwar viele Konzepte berühren, aber in einer Einfachheit der „Dummies"-Reihe.[33] Ich weiß nicht mehr, wie ich darauf gestoßen bin, wahrscheinlich in einem Antiquariat. Aber von C++-Handbüchern kommend, die Wörter wie Klasse konzeptuell nicht erklärten, verstand ich damit endlich, was Programmierung bedeutete. Kohanski schreibt darin, dass Programmierung eine Ästhetik ist. Im philosophischen Sinne einer Ästhetik: Wertfrei allem, was die Menschen wahrnehmen – Programmierung ist ein „schönes" Werkzeug für den Menschen. Nicht im Sinne von visueller Programmierung oder Clean-Code-Effizienz, sondern als Artefakt, das einen eigenen Wert hat. Das, was Paul Fishwick „Aesthetic Computing"[34] nennt, wenn er schreibt, dass Programmierer sich Code immer als etwas vorstellen müssen, das irgendwann etwas anfasst, verändert, in unsere allgegenwärtigen Werkzeuge und Ideen einfließt. Deshalb möchte er mehr Kollaboration und interdisziplinäre Zusammenarbeit zwischen Informatik und Kulturwissenschaften[35]. Er schreibt z. B. über Code als Narrativ[36], Medium und Metabolismus. David Gelernter versucht seit jeher die analytische, wissenschaftliche Herangehensweise, mit der synthetischen, ästhetischen Herangehensweise in der Kunst zusammenzuführen. Für ihn ist Schönheit das, was Technologie wirklich treibt. Die Freude, Technologie zu benutzen – etwas, das Apple der Industrie bewiesen hat. Er schreibt[37]:

---

33 D. Kohanski, „The Philosophical Programmer", St. Martin's, 1998
34 *http://www.interaction-design.org/encyclopedia/aesthetic_computing.html*, im Rahmen der Dagstuhl
35 Im Gegensatz zu Wireds „Everything is becoming a branch of computer science" *http://www.wired.com/insights/2013/11/everything-is-becoming-a-branch-of-computer-science/*
36 Basierend auf Donald Knuths „Literate Programming", der Kunst, Code zu schreiben, dass er sich wie eine Geschichte liest, z. B. in BDD angewendet.
37 D. Gelernter, „Machine Beauty", Basic Books, 1998, S. 22

„Beauty is more important in computing than anywhere else in technology because software is so complicated. Beauty is the ultimate defence against complexity."

Paul Graham schreibt[38], dass Architektur immer offen für andere Nutzungen ist, im Gegensatz zu schlecht geschriebener Software. Menschen wollen keine offensichtliche, platte Lösung, sondern sie wollen Ecken und Kanten erforschen. Als Lösung schlägt er Humor, Kuriosität oder Neugierde vor. Im Gegensatz zu wissenschaftlichen Ideen, die nicht ergonomisch sein müssen, sind Programme für Menschen gemacht – beim Schreiben und beim Ausführen. Deshalb sind für ihn Hacker und Maler so ähnlich. Beide sind nah am Menschen, arbeiten iterativ mit ihrem Material und lernen nie aus. Ein zu perfektes System ist nicht nur langweilig, es reizt auch zur falschen Nutzung, zu Trampelpfaden.

Bret Victor stellt die Frage, ob einfache Interaktionen uns weiter motivieren können, oder wir nicht nach reichhaltigeren, aber trotzdem eleganteren Formen suchen sollten.[39] Der Film „Her" von Spike Jonze greift diese Idee auf und kombiniert neue User Interaction Patterns mit der Suche nach Schönheit. In ihm ist die Technologie endgültig „pervasive" geworden, und hat tatsächlich das Bewusstsein entwickelt, welches Wünsche erkennt. Jonze schafft es, eine Welt zu zeigen, die ganz anders als andere Science Fiction auf Einfachheit gebaut ist. Sie geht auf die oben erwähnten Ideen des „Semantic Turn" und „Iconic Turn" zurück, in denen das Bild mächtiger wird als der Text, das Interface. In der Welt von „Her" gibt es trotz ständiger elektronischer Verbundenheit immer noch Einsamkeit und ungelöste Fragen. Aber es gibt auch Zufriedenheit und eine natürliche Interaktion mit Computern, welche das „Uncanny Valley" der Blade-Runner-Androiden aus Kapitel 7 überbrückt hat.

---

38 P. Graham, „Hackers and Painters", O'Reilly, 2004
39 In „A brief rant on the future of interaction design": *http://worrydream.com/ABriefRantOnTheFutureOfInteractionDesign/*

Diese Lösungen sind nicht mehr nur von User-Experience-Experten gestaltet, sondern tief im Code architektonische Lösungen, da sie Informationen nicht mehr technisch, nach Tiers geordnet, aufbereiten, sondern vom Benutzerbedürfnis ausgehend. Damit wird es Anforderung für jeden Softwarearchitekten, die Prinzipien der Ästhetik zu kennen. Nicht, indem man die Ästhetik berechenbar macht, sondern indem Fehler auf Benutzer- und Codeseite zugelassen werden und man aus den „Trails left behind", z. B. durch Tests und Simulationen, lernt, auf allen Ebenen Unschärfe und Resilienz zuzulassen.

Architectural Style

Einheitliche Ästhetik wird als Stil bezeichnet. Als an Idealen angelehnte Codices waren Stile seit der Renaissance bekannt. Mit dem Ziel der perfekten Villa, die jeder Bauherr selbst zusammenstellen kann, hatte Palladio seine Arbeiten zu einer wiederholbaren Typologie in der Architektur publiziert. Sie wurden zu einem großen Erfolg. Von da an wurde Stil zum Synonym für eine festdefinierte Formensprache. Doch Stile sind keine generellen Prinzipien, sie hängen von der Epoche, Mode und Politik ab. Mit Neuerungen in Gesellschaft (z. B. Badezimmer und Hygiene, Elektrizität, Heizung und kleineren Familien) und Bautechnik (Standardisierung, Metallurgie, Beton, Messgeräte, Baustatik Naviers) konnten sie nicht mithalten. Das Problem mit Stilen ist laut Emil Kaufmann[40], dass sie rückblickend sind und sich nur auf Wahrnehmung berufen. Stile ignorieren Strukturen, Beziehungen und Entwicklung. Als Philip Johnson die Postmoderne annoncierte, wollte er vermeiden, sie als Stil zu definieren, wie es mit dem „International Style" geschehen war. Johnson war es wichtig, statt einer Definition die Bezüge in den Vordergrund zu stellen. Diese Herangehensweise setzt sich bei heutigen Architekten, die Dogmatismus und Branding entgehen wollen, immer mehr durch[41].

In der Softwarearchitektur hat sich der Begriff „Architectural Style" parallel zum Pattern-Konzept entwickelt. Ähnlich einer Pattern Language definiert ein Architectural Style eine Sammlung aller Arten von

---

40   In: E. Kaufmann, „Von Ledoux bis Le Corbusier", Hatje, 1985
41   Paraphrasiert aus Á. Moravánszky: „Architekturtheorie im 20. Jahrhundert",
        Springer, 2002; vgl. auch A. Gleininger, „Code", Birkhäuser, 2010

entwickler.press

Best Practices für gewisse Kategorien von Systemen, z. B. einen Batch Style, in einer geordneten Struktur und Reihenfolge. Viele heutige Architekten wie z. B. Jean Nouvel oder Sauerbruch/Hutton haben längst Materialien und Lichtgestaltung als unverfänglichen Stil erkannt, mit dem der Grundriss den lokalen Gegebenheiten angepasst wird. Damit nehmen sie der Architektur den Starappeal und das Skulpturale. Ähnlich geht es den Stilen in der Softwarearchitektur, wo z. B. die Ideen von Batch und Web durch Map/Reduce oder Fat Clients durch Single Page Apps aufgelöst wurden.

10.3 Information Architecture

Software Design von Engineering und Architektur zu trennen, ist schwierig, weil der Begriff doppelt vorbelastet ist. Einerseits vom „Structured Design" in der SSADM und andererseits vom visuellen Design, der Gestaltung. Dabei umfasst Design viel mehr: Jede strukturierte, schrittweise Lösung eines Problems, an dessen Ende eine neue Gestalt steht.[42] Damit ist Design der Überbegriff von Architektur und Programmierung, Gestaltung und Konstruktion. In „Bringing Design to Software" erklärt Terry Winograd den Begriff „Design", indem er diesen einer Reihe von anderen Techniken in der Programmierung gegenüberzustellt. Damit kommt er zu dem Schluss, dass Design vor allem den Kontext einbezieht, holistisch ist, sich auf die menschliche Nutzung konzentriert und damit der reinen technischen Konstruktion als Lösung nichtmenschlicher Constraints gegenübersteht. Dies ist für ihn das Kernelement von Mitchell Kapors „Design Manifesto", welches Design mit den „Larger Issues"

---

42 Ich benutze hier den Begriff „Gestalt" als etwas erfahrbares Ganzes, angelehnt an ein Zitat von Robert Venturi „Gestalt psychology maintains that context contributes meaning to a part and change in context causes change in meaning. The architect thereby, through the organization of parts, creates meaningful contexts for them within the whole", R. Venturi, „Complexity and Contradiction in Architecture", Museum of Modern Art, 1977, S. 43

befasst sieht.[43] Diese „Larger Issues" werden auch als die wichtigen Architekturentscheidungen benannt.[44] Obwohl Winograd in seinem Buch diese Entwicklung diagnostiziert, lässt er die Diskussion offen.

Der holistische Ansatz, der Blick fürs Ganze, ist der Kern von „Information Architecture". Damit bezeichnet man die Darstellung von Informationen so strukturiert, navigierbar und durchsuchbar, dass sie verständlich werden. Besonders im mobilen Kontext nennt man sie daher auch „Architectures of Meaning"[45], da sie „responsive" darin sei, im aktuellen Kontext den wichtigsten Sinn auszumachen und Informationen entsprechend aufzubereiten.

Als Softwarearchitekten müssen wir uns heute auch mit „Information Architecture" befassen. Denn nicht nur Big Data legt besondere Anforderungen an Systeme, sondern auch „Responsive" und „Adaptive" Design, die unterschiedliche Darstellung von Informationen. Nicholas Negroponte, selbst Architekt und Mitbegründer der „Architecture Machine Group" am MIT war einer der Ersten, der 1984 feststellte, dass Computer nun zur Darstellung der Daten gebraucht werden würden, nicht mehr nur zur Berechnung: „The man-computer interface has evolved from the teletypewriter to workstations, that accomplishes a spatial metaphor for data management."[46]

Es ist interessant, woher der Ausdruck „Information Architecture" kommt. In einem Interview erzählt der Erfinder Richard Saul Wurman, selbst Architekt,[47] dass er den Ausdruck „Design" gegenübergestellt hat, weil er systemischer ist. Design ist ein recht linearer Prozess weniger Personen, Architektur hingegen ist kollaborativ, systemisch, von mehr Grenzen beeinflusst und langfristiger. Ich mag diese Unterscheidung,

---

43 *http://hci.stanford.edu/publications/bds/1-kapor.html*
44 Analog des „Important Stuff" von Martin Fowler
45 Fisher et al. in: Journal of IA: *http://journalofia.org/volume4/issue2/02-fisher/*
46 Aus Video „Soft Machine", 1984, *http://mit150.mit.edu/multimedia/soft-machine-1984%E2%80%94architecture-machine-group*
47 *http://www.momentmag.com/ted-richard-saul-wurman-interview/*

denn sie referenziert in keinem Punkt das Statische und Standardisierte, das Architektur hat. Auch Rosenfeld & Morville heben hervor, dass Webseiten nur deshalb so gut mit Architektur vergleichbar sind, weil beide menschliche Artefakte sind, die beliebig genutzt werden.[48] Das hat auch Martyn Dade-Robertson[49] aufgegriffen – er stellt die Frage, warum Architektur überhaupt immer mit festen Gebäuden in Bezug gebracht wird. Seiner Meinung nach waren es Plätze und Monumente, welche die erste Architektur waren, also Raum. Deshalb sieht er es als Hauptaufgabe der Architektur, Räume und Orte in ihren Beziehungen zueinander zu organisieren und diese Organisation für den Menschen erfahrbar zu machen. Struktur organisiert eine Menge, damit sind Architekten für ihn Strukturalisten. Hier befinden wir uns an einer nicht nur metaphorischen, sondern einer tatsächlichen Grenze zwischen Gebäudearchitektur und Informationstechnologie. Denn Information Architecture stellt Informationen so dar, dass sie für den Menschen erfahrbar werden – und das in Abhängigkeit von seinem Kontext, der sich vor allem bei mobilen Geräten ständig ändert, so weit, dass darauf über die Zeit eine Geschichte wird, die „Experience Architecture". Die Stadtarchitektur beeinflusst damit die Informationen und vice versa. In Morvilles Standardwerk „Information Architecture on the World Wide Web" wird diese Beziehung bereits mit Winston Churchills Zitat von unserer gegenseitigen Beeinflussung durch die Architektur vorweggenommen, das in Kapitel 5 thematisiert wird.

Kombiniert man die oben erwähnten „Larger Issues" mit diesem Kontext und einer User Experience, die sich nicht mehr nur auf Interfaces bezieht, sondern auf alle beteiligten Prozesse, kommt man zum „Service Design". Service meint hier einen höherwertigen Kundennutzen, der alles von Software über Industrie bis zur Supporthotline und PoS-Erlebnis beinhalten kann. Die Definition von Lucy Kimbell[50] dreht sich um die

---

48 „Information Architecture for the World Wide Web", O'Reilly, 2006
49 P. Morville, L. Rosenfeld, „The Architecture of Information", Routledge, 2011
50 L. Kimbell in: „This is Service Design Thinking", BIS Publishers, 2011, S. 50

Entwicklung von Ideen, Transdisziplinarität, Interaktionen von Ideen und die Erkenntnis des „value and the nature of relations between people and other people, between people and things, between people and organizations, and between organizations of different kinds."

Um an diesen Punkt der Transdisziplinarität zu kommen, aber dennoch strukturiert zu sein, reichen ein klassischer Designansatz oder Product Owner nicht mehr aus. Der hier oft genannte Ansatz ist „Design Thinking", eine Sammlung von Methoden, um den Innovationsprozess frei, aber gleichzeitig an Lösungen orientiert zu gestalten[51].

Design Thinking besteht eigentlich aus den Kernelementen Multidisziplinarität, Räumlichkeit und dem iterativen Prozess.[52] Auf Herbert A. Simons Lernprozess zurückgehend, wird Design Thinking je nach Schule als mehr oder weniger freie Kombination von Research, Ideenfindung, Prototyping und daraus Lernen verstanden. Leider wird es aber gerne auf den Design-Thinking-Prozess reduziert und dessen Iterationen werden beliebig verlängert. Das kann einen Marketingvorteil im Sinne kohärenterer Endprodukte haben, widerspricht aber der gewünschten sozialen Dynamik und Empathie, die erreicht werden soll, da sie den Prozess ideenreicher macht als ein reines Brainstorming. Mir gefällt die Definition aus dem Idioticon:

„Anthropology is the source of ever-deeper insights into our desires and aspirations. Architecture is a way of thinking about relating to constraints and building new things. Design bridges the two."[53]

---

51 P. Rowe, „Design Thinking", MIT Press, 1987, der auch Le Corbusier, Eisenman und Alexander in ihrer strukturierten Herangehensweise vergleicht.
52 *http://www.hpi.uni-potsdam.de/d_school/designthinking/kernelemente.html*
53 Auch weil sie ein wenig der Naturforschermetapher von Peter Seibel entspricht, siehe *http://www.triarchypress.net/idioticon--the-architecturedesignanthropology-paradigm.html*

Product Owner

Bei der Produktentwicklung sind wir stets auf der Suche nach emergenten IT-Systemen, welche bereits heute die noch unbekannten Geschäftsmodelle von morgen unterstützen: Volle Flexibilität, geringer Wartungsaufwand, Produkteinführung in Echtzeit.

Als agiler Product Owner (PO) arbeite ich täglich eng mit selbstorganisierten Teams zusammen. Auf natürliche Weise treten dabei Personen mit gewissen Eigenschaften in den Vordergrund: Leute, die gerne kalkulierte Risiken eingehen, Querdenker, Menschen mit dem Bestreben, stets technisches Können und Domänenexpertise zu vertiefen. In Gesprächen mit Dritten beziehe ich mich auf diese Kollegen mit den Worten „IT-Architekt".

Das selbstwartende, vollflexible IT-System gibt es nicht. Funktioniert die Zusammenarbeit zwischen Team, dem eingebetteten IT-Architekten und Product Owner, so entsteht eine sehr nutzenorientierte Gemeinschaft. Aus diesem Raum erwachsen erfolgreiche Produkte.

Henrik Mitsch, Product Owner, Sixt

Epilog

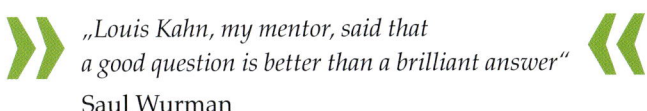

„Louis Kahn, my mentor, said that a good question is better than a brilliant answer"
Saul Wurman

Dieses Buch hatte zum Ziel, mehr Fragen zu stellen, denn Antworten zu liefern. Ich glaube, dieses Ziel wurde erreicht.

Ein Softwarearchitekt muss sich, wie ein Gebäudearchitekt, Fragen stellen. Das Infragestellen aller Methodiken, jeden Tag aufs Neue, macht die Aufgabe eines Architekten aus: der Fokus auf die langfristige Vision, die Dokumentation der Entscheidungen, die Müllmannaufgaben, den Teamzusammenhalt und holistisches Denken.

Ein Ingenieur oder Programmierer muss nach einer perfekten Lösung streben, kann innovativ nach diesen Lösungen suchen. Der Architekt muss sich damit abfinden, dass es diese nicht gibt. Diese Einsicht in die Komplexität ist es, was die Rolle des Architekten von der Rolle des Programmierers unterscheidet. Die Mitglieder in einem Projekt können in einer Situation mehr Architektenhüte aufhaben als Programmiererhüte. Aber der Unterschied in der Rolle sollte jedem, der Software herstellt, klar sein.

Gleichzeitig sind Architekten aber immer Personen, agile Coaches, Designer, Lotsen, Meister oder Manager. Diesen Rollenwechsel zu verkraften, ist wahrscheinlich die größte Anforderung an eine Person, um der Architektenrolle gewahr zu werden. Trotzdem sollten mehr Architekten ausgebildet werden – nachdem sie zuerst etwas anderes gelernt haben.

Anhang

Literaturverzeichnis

Russel Ackoff, „On Purposeful Systems", Aldine Publications, 2005

Douglas Adams, „Hitchhiker's Guide to the Galaxy", Del Rey, 1995

Christopher Alexander, „A Pattern Language", Oxford University Press, 1978

Christopher Alexander, „Battle for the Life and Beauty of the Earth", Oxford University Press, 2013

Hubertus von Amelunxen, „Gordon Matta-Clark", Akademie der Künste, 2012

Dan Ariely, „Predictibly Irrational", Harper Business, 2010

Marc Augé, „Nicht-Orte", C. H. Beck, 2012

Michael Auping, „Declaring Space", Prestel, 2007

Pier Vittorio Aureli, „The Possibility of an Absolute Architecture", MIT Press, 2011

Scott Bain, „Emergent Design", Net Objectives, 2008

J. Baldwin, „Bucky Works: Buckminster Fuller's Ideas for Today (Architecture)", Wiley, 1997

Reyner Banham, „Architecture of the Well-Tempered Environment", University of Chicago Press, 1984

Roland Barthes, „Mythen des Alltags", Suhrkamp, 1964

Bass et al., „Software Architecture in Practice", Addison-Wesley, 2012

Michael Batty, „New Science of Cities", MIT Press, 2013

Kent Beck und C. Andres, „Extreme Programming Explained",
Addison-Wesley, 2005

Walter Benjamin, „Das Kunstwerk im Zeitalter seiner technischen
Reproduzierbarkeit", Suhrkamp, 2010

John Berger, „Ways of Seeing", Penguin, 1990

Scott Berkun, „The year without pants", Wiley, 2013

Reza B'Far und Roy T. Fielding, „Mobile Computing Principles",
Cambridge University Press, 2004

Peter Bieri, „Wie wollen wir leben?", dtv, 2013

J. Binotto, „Descartes, Le Corbusier und der Terror der idealen Stadt",
Modulor, 2011

Joshua Bloch, „Effective Java", Addison-Wesley, 2008

Gottfried Boehm, „Was ist ein Bild?", Fink, 2006

Gernot Böhme, „Atmosphäre", Suhrkamp, 1995

Grady Booch, „Software Architecture and the UML", 1998

Jorge Luis Borges, „Die unendliche Bibliothek", Fischer, 2013

Laurent Bossavit, „The Leprechauns of Software Engineering",
Leanpub, 2013

William W. Braham und Jonathan A. Hale, „Rethinking Architectural
Technology", Routledge, 2005

Stewart Brand, „How Buildings Learn", Penguin, 1995

Olaf Breidbach, „Neue Wissensordnungen", Suhrkamp, 2008

Alfredo Brillembourg et al., „Torre David", Lars Müller, 2013

Frederick P. Brooks, „The Mythical Man-Month", Addison-Wesley, 1975

William Brown et al., „Anti-patterns", Wiley, 1998

Simon Brown, „Software Architecture for Developers", Leanpub, 2013

Lucy Bullivant, „Responsive Environments", V & A Publications, 2006

entwickler.press

Hubert Burda, „The Digital Wunderkammer", Petrarca, 2011

Thorsten Bürklin und Michael Peterek, „Stadtbausteine", Birkhäuser, 2007

Frank Buschmann, „Pattern-Oriented Software Architecture", Wiley, 2007

Italo Calvino, „Die Unsichtbaren Städte", Fischer, 2008

Mario Carpo, „Alphabet und Algorithmus", transcript, 2012

Manuel Castells, „The Rise of The Network Society", Wiley, 2009

Clayton Christensen, „The Innovator's Dilemma", Harper Business, 2011

Paul Clements et al., „Documenting Software Architectures", 2nd Edition, Addison-Wesley, 2011

Beatrice Colomina, „Privacy & Publicity", MIT Press, 1996

James Coplien, „Lean Architecture", Wiley, 2010

Le Corbusier, „The City of Tomorrow and Its Planning", Dover, 2000

Douglas Crockford, „JavaScript: The Good Parts", O'Reilly, 2008

Martyn Dade-Robertson, „The Architecture of Information", Routledge, 2011

Gilles Deleuze, „Postskriptum über die Kontrollgesellschaften", 1990

Heike Delitz, „Architektursoziologie", transcript, 2009

Tom DeMarco und Timothy R. Lister, „Peopleware", Addison-Wesley, 1987

Jared Diamond, „Collapse", Penguin, 2005

Edsger W. Dijkstra, „A Discipline of Programming", Prentice-Hall, 1976

Jos Dirksen, „SOA Governance", Manning, 2012

Paul Dourish, „Divining a Digital Future: Mess and Mythology in Ubiquitous Computing", MIT Press, 2011

Peter Drucker, „Innovation and Entrepreneurship", Harper Business, 2006

Andrés Duany, „The Smart Growth Manual", McGraw-Hill, 2009

Dave Eggers, „The Circle", Knopf, 2013

Peter Eisenman, „The Architecture of the Disaster", Passagen, 2009

Peter Eisenman, „Blurred Zones", Monacelli, 2003

Nam Ellin, „Postmodern Urbanism", Princeton Architectural Press, 1996

Eric Evans, „Domain-Driven Design", Prentice-Hall, 2003

George Fairbanks, „Just Enough Software Architecture", Marshall & Brainerd, 2010

Luigi Ficacci, „Piranesi", Taschen, 2011

M. Fisher und M. Abbott, „Scalability rules", Addison-Wesley, 2011

Paul Fishwick, „Aesthetic Computing", MIT Press, 2008

Michel Focault, „Überwachen und Strafen", Suhrkamp, 2001

Adrian Forty, „Words and Buildings", Thames & Hudson, 2004

Martin Fowler, „Patterns of Enterprise Application Architecture", Addison-Wesley, 2002

Martin Fowler, „Refactoring", Addison-Wesley, 1999

Chad Fowler, „The Passionate Programmer", O'Reilly, 2009

Iain Fraser, „Envisioning Architecture", Wiley, 1994

Matthew Frederick, „101 Things I learned in Architecture School", MIT Press, 2007

Jason Fried, „Getting Real", 37Signals, 2009

Ben Fry, „Visualizing Data", O'Reilly, 2008

Francis Fukuyama, „Trust", Free Press, 1996

John Gall, „Systems Bible", General Systemantics Pr, 2003

entwickler.press

Alexander Galloway, „Außer Betrieb: Das müde Interface",
Walter König, 2012

Erich Gamma, Richard Helm, Ralph Johnson, John Vlissides, „Design
Patterns", Pearson Education, 2012

David Gelernter, „The Aesthetics Of Computing", Phoenix, 1999

Siegfried Giedion , „Raum, Zeit, Architektur", Birkhäuser, 1996

Malcolm Gladwell, „Blink", Back Bay, 2007

Edward Glaeser, „Triumph of the City", Penguin, 2012

Andrea Gleiniger und Georg Vrachliotis, „Code", Birkhäuser, 2010

Andrea Gleiniger und Georg Vrachliotis, „Muster", Birkhäuser, 2009

Peter Glotz et al., „Thumb Culture", transcript, 2005

David Graeber, „Schulden", Klett-Cotta, 2012

Paul Graham, „Hackers and Painters", O'Reilly, 2004

Adam Greenfield, „Against the smart city", Do Projects, 2013

Elizabeth Grosz, „Architecture from the Outside", MIT Press, 2001

Peter Hall, „Cities of Tomorrow", Blackwell, 2002

Penelope Haralambidou, „Marcel Duchamp and the Architecture of
Desire", Ashgate, 2011

Neil Harrison und James Coplien, „Organizational Patterns of Agile
Software Development", Prentice-Hall, 2004

David Harvey, „Rebellische Städte", Suhrkamp, 2013

James A. Highsmith, „Adaptive Software Development", Dorset, 1999

Christopher Hight, „Architectural Princples in the Age of Cybernetics",
Routledge, 2007

Dan Hill, „Dark matter and trojan horses", Strelka, 2012

Bill Hiller, „Space Is the Machine", Cambridge University Press, 1999

Thilo Hilpert, „Funktionelle Stadt", Vieweg, 1978

C. Hofmeister et al., „Applied Software Architecture", Addison-Wesley, 1999

Douglas Hofstadter, „Gödel, Escher, Bach", dtv, 1992

Luke Hohmann, „Beyond Software Architecture", Addison-Wesley, 2003

Clyde Holsapple, „Handbook on Knowledge Management", Springer, 2004

David Hoover, „Apprenticeship Patterns", O'Reilly, 2010

Andrew Hunt, „The Pragmatic Programmer", Addison-Wesley, 1999

Bjarke Ingels, „Yes is More", Taschen, 2009

Jane Jacobs, „Cities and the Wealth of Nations", Vintage, 1985

Jane Jacobs, „The Death and Life of Great American Cities", Vintage, 1992

Slinger Jansen, „Software Ecosystems", Edward Elgar, 2013

Salma Khadra Jayyusi, „The City in the Islamic World", Brill Academic Pub, 2008

Steven Johnson, „Emergence", Scribner, 2002

Daniel Kahneman, „Thinking Fast, Thinking Slow", Farrar, Straus and Giroux, 2011

James E. Katz, „Handbook of mobile communication studies", MIT Press, 2008

Emil Kaufmann, „Von Ledoux bis Le Corbusier", Hatje, 1985

Doug Kelbaugh, „Cities and Design", Taylor & Francis, 2010

B. Kernighan und P. Plauger, „Elements of Programming Style", McGraw-Hill, 1978

James Kirk, „Re-Reading Japan", University of Westminster, 2012

Friedrich Kittler, „Optical Media", Wiley, 2009

Friedrich Kittler, „Unsterbliche", Wilhelm Fink Verlag, 2004

D. Knuth, „The Art of Computer Programming", 3rd Edition, Addison-Wesley, 1997

Daniel Kohanski, „The Philosophical Programmer", St. Martin's Press, 1998

R. Koolhaas & H. Obrist, „Project Japan", Taschen, 2001

Rem Koolhaas, „S M L XL", Monacelli, 1998

Joel Kotkin, „The City", Modern Library, 2006

John Kotter, „Our Iceberg is melting", Pan Books, 2006

Léon Krier, „Architecture of Community", Island Press, 2011

Léon Krier, „Architecture: Choice of Fate", Papadakis, 2008

Clemens Kroll et al., „Living with Le Corbusier", Jovis, 2011

Per Kroll, Philippe Kruchten et al., „The Rational Unified Process Made Easy", Addison-Wesley, 2003

Steve Krug et al., „Rocket Surgery Made Easy", New Riders, 2009

Bernd Olaf Küppers, „Die Berechenbarkeit der Welt", S. Hirzel Verlag, 2012

Adrian Lahoud, „Post-Traumatic Urbanism", Wiley, 2010

Bruno Latour, „Aramis", Harvard University Press, 1996

J. Law, „A Sociology of monsters: essays on power, technology, and domination", Routledge, 1991

T. Lenoir, „Flow, Process, Fold", Princeton University Press, 2002

Andreas Lepik, „Architekturmodell in Italien", Wernersche Verlagsgesellschaft, 1994

Sascha Lobo und Holm Friebe, „Wir nennen es Arbeit", Heyne, 2008

Adolf Loos, „Warum Architektur keine Kunst ist", Metro, 2009

Greg Lynn, „Archaeology of the Digital", Sternberg Press, 2013

John Maeda, „Laws of Simplicity", MIT Press, 2006

M. Maier, „The Art of Systems Architecting", CRC Press, 2000

Ruth Malan und Dana Bredermeyer, „Software Architecture Action Guide book", Bredermeyer, 2005

Rober C. Martin, „Clean Code", Prentice-Hall, 2008

Reinhold Martin, „The Organizational Complex", MIT Press, 2003

Pete McBreen, „Software Craftsmanship", Addison-Wesley, 2001

Steve McDonnal, „Code Complete", Microsoft Press, 2004

Reas & McWilliams, „Form + Code", Princeton Architectural Press, 2010

Donella Meadows , „Thinking in Systems", Chelsea Green Pub, 2008

Julia Meech, „Frank Lloyd Wright and the Art of Japan", Harry N. Abrams, 2001

Suketu Mehta, „Maximum City", Vintage, 2005

Andrew Merrifield, „Henri Lefebvre: A Critical Introduction", Routledge, 2006

Bertrand Meyer, „Object-Oriented Software Construction", Prentice Hall, 1998

M. De Michelis, „La città nuova", Silvana, 2013

Evan Miller, „The Mathematical Hacker", 2012

G. Minati und A. Colle, „Architecture as the Cybernetic Self-Design of Boundary Conditions for Emergent Properties in Human Social Systems", 2009

M. Mogridge, „Travel in towns: jam yesterday, jam today and jam tomorrow?", Macmillan Press, 1990

Andy Molinsky, „Global Dexterity", Harvard Business Review Press, 2013

Stanislaus von Moos, „Chardigarh", Scheidegger & Spiess, 2010

Moravánszky, „Architekturtheorie im 20. Jahrhundert", Springer, 2002

Peter Morville, „Information Architecture on the World Wide Web", O'Reilly, 2006

Lewis Mumford, „The City in History", Mariner, 1968

Nicolas Negroponte, „Being Digital", Vintage, 2006

K. Nesbitt, „Theorizing, A new Agenda for Architecture", Princeton Architectural Press, 1996

Jakob Nielsen, „Designing Web Usability", Markt+Technik, 2004

Donald A. Norman, „Living with Complexity", MIT Press, 2011

Michael Nygard, „Release It!", Pragmatic Bookshelf, 2007

Andy Oram und Greg Wilson, „Beautiful Code", O'Reilly, 2007

Wanda Orlikowski, „Changing Frames", Nabu, 2011

Elinor Ostrom, „Understanding Institutional Diversity", Princeton University Press, 2005

C. Northcote Parkinson, „Parkinson's law, and other studies in administration", Houghton Mifflin, 1957

Kathrin Passig und Johannes Jander, „Weniger schlecht programmieren", O'Reilly, 2013

Tim Peierls und Brian Goetz et al., „Java Concurrency in Practice", Addison-Wesley, 2006

Roman Pichler, „Agile Product Management with Scrum", Addison-Wesley, 2010

Michael Pollan, „A Place of my own", Penguin, 2008

Mary Poppendieck, „Lean Software Development", Addison-Wesley, 2003

Garr Reynolds, „Presentation Zen", New Riders, 2011

Eric Ries, „The Lean Startup", Penguin, 2011

Dan Roam, „Back of the Napkin", Portfolio, 2008

B. Robertson und V. Sribar, „The Adaptive Enterprise", Addison-Wesley, 2002

Aldo Rossi, „The Architecture of the City", MIT Press, 1984

P. Rowe, „Design Thinking", MIT Press, 1987

Colin Rowe, „The Mathematics of the ideal villa", Architectural Review, 1947

Bernard Rudofsky, „Architecture without Architects", University of New Mexico Press, 1987

Carsten Ruhl, „Mythos Monument", transcript, 2011

Bertrand Russell, „Why I am not a Christian", Touchstone, 1967

Doug Saunders, „Arrival City", Pantheon, 2011

Friedemann Schulz von Thun, „Miteinander Reden (Serie)", Rowohlt, 2010

Patrik Schumacher, „The Autopoiesis of Architecture", Wiley, 2010

J. Scott, „Seeing Like a State", Yale University Press, 1999

Peter Seibel, „Coders at Work", Apress, 2009

Adam Sharr, „Heidegger for Architects", Routledge, 2007

Herbert A. Simon, „Sciences of the Artifical", MIT Press, 1996

Herbert A. Simon, „The Architecture of Complexity", American Philosophical Society, 1962

Paul Sloterdijk, „Sphären", Band 1: Blasen, Suhrkamp, 1998

P.D. Smith, „City", Bloomsbury, 2012

Rebecca Solnit, „A Field Guide to Getting Lost", Penguin, 2006

Robert E. Somol, „Autonomy and Ideology", Monacelli, 1997

Diomidis Spinellis und Georgios Gousios, „Beautiful Architecture", O'Reilly, 2009

Reinhard K. Sprenger, „Mythos Motivation", Thomas Plaßmann, 2010

Thomas Stahl, Markus Völter et al., „Modellgetriebene Softwareentwicklung", dpunkt, 2007

Gernot Starke und Peter Hruschka, „Knigge für Softwarearchitekten", entwickler.press, 2012

Gernot Starke und Peter Hruschka, „Software-Architektur kompakt", Spektrum, 2011

Mark Stickdorn, „This is Service Design Thinking", Wiley, 2011

Nicolas Taleb, „Antifragile", Random House, 2013

Emily Talen, „Urban Design Reclaimed", APA Planners Press, 2009

Manfredo Tartufi, „Architecture and Utopia", MIT Press, 1976

Dhiru A. Thadani und Léon Krier und Andres Duany, „The Language of Towns & Cities: A Visual Dictionary", Rizzoli, 2010

Richard Thaler und Cass Sunstein, „Nudge", Penguin, 2009

Henry Thoreau, „Walden", dtv, 1999

Stefan Tilkov, „REST und HTTP (Vorbestellt)", dpunkt,2014

Stephan Trüby, „Exit-Architektur", Springer, 2007

Edward R. Tufte, „Envisioning Information", Graphics Press, 1990

Edward R. Tufte, „The Cognitive Style of PowerPoint", Graphics Press, 2006

Fred Turner, „From Counterculture to Cyberculture", University of Chicago Press, 2006

Robert Venturi, „Complexity and Contradiction in Architecture", MoMa, 1966

Robert Venturi, „Learning from Las Vegas", MIT Press, 1972

Anthony Vidler, „The Architectural Uncanny", MIT Press, 1996

O. Vogel et al. , „Software Architektur", Spektrum, 2008

Larry Wall, „Programmieren mit Perl", O'Reilly, 2001

Mark Weiser, „The Computer for the 21st Century", Scientific American, 1991

Eyal Weizman, „Hollow Land", Verso, 2012

William H. Whyte, „The Organization Man", University of Pennsylvania Press, 1999

Terry Winograd, „Bringing Design to Software", Addison-Wesley, 1996

Stephen Wolfram, „A New Kind of Science", Wolfram Media, 2002

Lebbeus Woods, „Radical Reconstruction", Princeton University Press, 2001

Frank Lloyd Wright, „An Autobiography", Pomegranate, 2005

Luke Wroblewski, „Mobile First", abookapart, 2011

Nora Yoo und Anthoni Di Mari, „Operative Design: A Catalog of Spatial Verbs", BIS Publishers, 2010

Slavoj Žižek, „Auf verlorenem Posten", Suhrkamp, 2009

Peter Zumthor, „Architektur Denken", Birkhäuser, 2010

Abbildungsverzeichnis

- Kapitel 1
  - Titelbild: Vitruvianischer Mensch, Leonardo da Vinci, Reeed/Shutterstock.com
  - Abb. 1.1: Unité d'Habitation, vincent desjardins, Flickr, CC BY 2.0
  - Abb. 1.2: Chandigarh, Lian Chang, Flickr, CC BY 2.0
- Kapitel 2
  - Titelbild: Torre David, Photo: Iwan Baan
  - Abb. 2.1: Paris, PHOTOCREO Michal Bednarek/Shutterstock.com
  - Abb. 2.2: © The Plug-In City/Peter Cook, Archigram

- Abb. 2.3: Buckminster Fullers Biosphere, Montreal, meunierd/ Shutterstock.com

- Abb. 2.4: Niemeyers Brasilia, gary yim/Shutterstock.com

- Kapitel 3

  - Titelbild: Therme Vals, felipe camus, Flickr, CC BY 2.0

- Kapitel 4

  - Titelbild: Fallingwater, brian donovan, Flickr, CC BY-SA 2.0

  - Abb. 4.1: Kaufmann House, Rex Brown, Flickr, CC BY-ND 2.0

  - Abb. 4.2: Guggenheim Museum, Steve Broer/Shutterstock.com

  - Abb. 4.3: Thoreaus Hütte, RhythmicQuietude, Flickr, CC BY-SA 3.0

  - Abb. 4.4: BMW Welt, Jordan Tan/Shutterstock.com

- Kapitel 5

  - Titelbild: Nagakin Capsule Tower, Patrick Collins, Flickr, CC BY-ND 2.0

  - Abb. 5.1: Glass House, kathia shieh, Flickr, CC BY 2.0

  - Abb. 5.2: Straßennetz von Tokio vs. München, © Jan Peuker

  - Abb. 5.3: Sou Fujimoto, Maurits Ruis, Flickr, CC BY 2.0

  - Abb. 5.4: James Turrel, Sky Window, na0905, Flickr, CC BY 2.0

- Kapitel 6

  - Titelbild: Sagrada Familia, Josemaria Toscano/Shutterstock.com

  - Abb. 6.1: Herzog & de Meuron, Bird's Nest Stadion, East Images/ Shutterstock.com

  - Abb. 6.2: Parc de la Villette, Guillaume Baviere, Flickr, CC BY 2.0

  - Abb. 6.3: Marktplatz, Tupungato/Shutterstock.com

  - Abb. 6.4: Place de la Defense, Shchipkova Elena/Shutterstock.com

■ Kapitel 7

- Titelbild: Singapur, joyfull/Shutterstock.com
- Abb. 7.1: Robart's Library, Jon the Happy Web Creative, Flickr, CC BY 2.0
- Abb. 7.2: University of Oregon, Jeff Ozvold, Flickr, CC BY 2.0
- Abb. 7.3: Peter Eisenman, Denkmal für die ermordeten Juden Europas, meunierd/Shutterstock.com
- Abb. 7.4: Villa Capra „La Rotonda", T. Fabian/Shutterstock.com
- Abb. 7.5: Burj Khalifa, Dubai, Irina Schmidt/Shutterstock.com

■ Kapitel 8

- Titelbild: Rom, pisaphotography/Shutterstock.com
- Abb. 8.1: Tunnelbaustelle, Metropolitan Transportation Authority of the State of New York, Flickr, CC BY 2.0
- Abb. 8.2: Verfallende, modulare Gebäude, gopixgo/Shutterstock.com
- Abb. 8.3: Eiffeltum, prochasson frederic/Shutterstock.com

■ Kapitel 9

- Titelbild: Margaret Hunt Bridge, Santiago Calatrava, Dorti/Shutterstock.com
- Abb. 9.1: Cheonggyecheon Park, Seoul, Bankoo/Shutterstock.com
- Abb. 9.2: Paris vor den Haussmann'schen Änderungen, Antonio Abrignani/Shutterstock.com
- Abb. 9.3: Songdo International Business District, elTrekero, Flickr, CC BY 2.0
- Abb. 9.4: Bambusgerüst, Krailurk Warasup/Shutterstock.com

■ Kapitel 10

- Titelbild: Tadao Andō, Church of the light, Sira Anamwong/Shutterstock.com

- Abb. 10.1: Trampelpfad, George Redgrave, Flickr, CC BY-ND 2.0
- Abb. 10.2: Las Vegas, Kobby Dagan/Shutterstock.com

Creative-Commons-Lizenzen

- CC BY 2.0: http://creativecommons.org/licenses/by/2.0/legalcode
- CC BY-ND 2.0: http://creativecommons.org/licenses/by-nd/2.0/legalcode
- CC BY-SA 3.0: http://creativecommons.org/licenses/by-sa/3.0/legalcode

Stichwortverzeichnis

Symbole

A

entwickler.press

T

entwickler.press